统计学专业综合实验

宋马林　主　编
杨烨军　崔连标　副主编

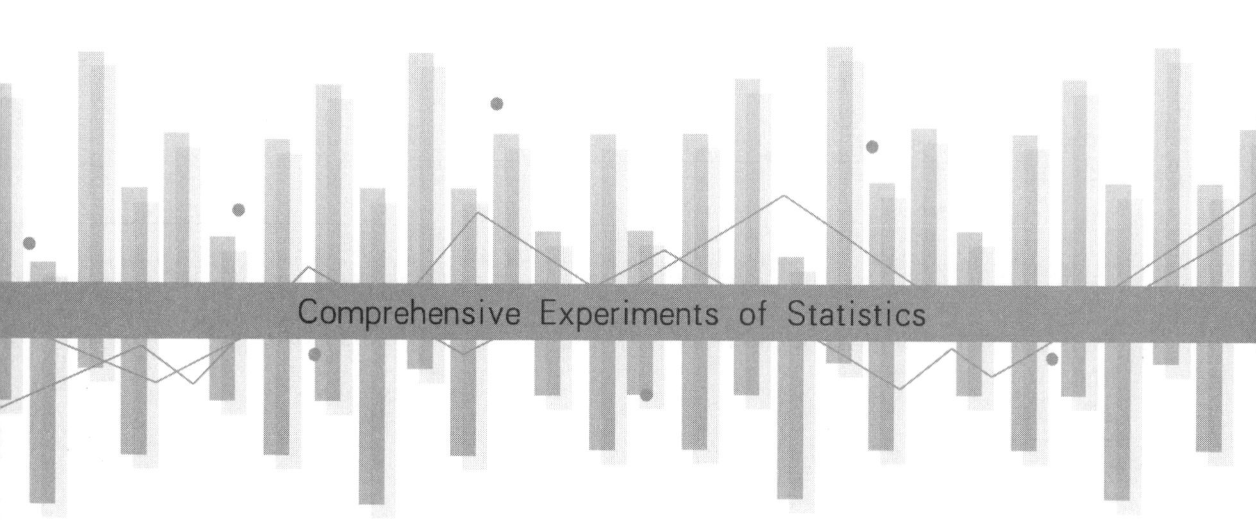

中国财经出版传媒集团
经济科学出版社
Economic Science Press

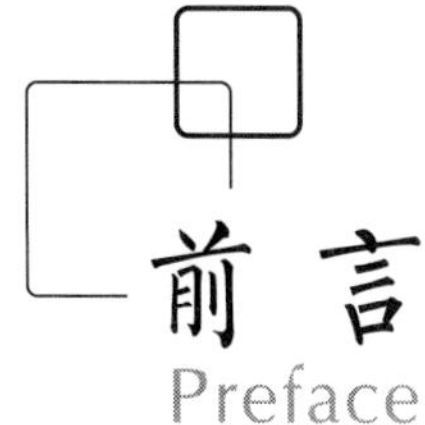

前言
Preface

本教材可供统计学类专业高年级本科生和对统计方法感兴趣的经济学类、管理学类专业学生学习使用。考虑到大学生日益广泛的学习兴趣和多元化的发展前景，我们在重视统计学专业基础知识培养的同时，在教学内容上实现理论学习、教学实验和科研实践相结合，注重统计学与经济、管理等学科领域的知识交叉融合，瞄准相关专业领域的发展前沿，不断吸收新知识，充实到教学内容中。在学生掌握《统计学》《计量经济学》《国民经济核算》等课程相关专业基础知识后，本教材从经济管理等领域设计了一系列综合实验，将相关知识点融入具体的实验案例中。通过系列实验案例的学习，帮助学生进一步掌握各类统计分析方法在实践中的应用场景和结果解读等注意事项，全方位多角度培养学生的统计思维能力、统计软件操作能力及运用统计工具解决实际问题的能力。

本书的实验内容包括探索性数据分析、多元回归分析、投入产出分析、马尔可夫预测、数据包络分析、时间序列分析、多元统计分析、机器学习和资金流量核算分析。在具体内容设计方面，既介绍相关统计方法的理论基础，也提供基于这种方法的统计案例。本教材相关案例的选取突出了统计在经济、管理等领域的应用，汲取了作者多年的教学实践和科研工作经验，案例的编写强调实际、实用，合理反映时代要求，具有较强的指导性和示范性。教材的每个案例都给出了相应的统计理论依据，达到理论与实践的融合，并给出了使用统计软件进行数据分析的操作提示，有利于培养学生学习兴趣和实践能力。实验案例设计结合生态环境保护、房价、新冠肺炎疫情对全球经济增长影响、投入产出效率、区域经济发展水平评价、中美经济增长比较、居民收入差距等社会热点问题，运用统计分析得出客观结论，突出统计分析方法的实践性，同时也便于开展专业课程思政教学，积极发挥专业课程的思政育人功能。

全书由宋马林担任主编，负责全书的设计、修改、总撰和定稿工作，杨烨军、崔连标担任副主编，校订了全书。各章节的主要编写者如下：周远翔（第一章）、孙玉环（第二章及第七章）、崔连标（第三章）、孙欣（第四章）、杜俊涛（第五章）、李超（第六章）、杨烨军（第八章第一、二节）、夏茂森（第八章第三、四节）和李芳芝（第九章）。在此，对所有为本书出版做出努力的单位和人士表示真诚的感谢。尽管我们为提高教材质量做了不少努力，但是由于水平有限，书中存在的疏漏或错误，恳请同行专家不吝赐教。

本教材在智慧树网络教学平台配套建设有教学视频资源，在各知识点后配有相应的二维码。教材使用者可以下载、安装“知到”App，注册后扫描二维码即可学习相应知识点的教学视频。

CONTENTS 目录

第一章
探索性数据分析实验

本章我们需要了解探索性数据分析的概念、特征、方法；理解平均指标和变异指标的概念、作用；了解平均指标的种类和区别；掌握平均指标和变异指标的计算方法及应用；掌握偏度和峰度指标的计算方法。统计数据经过加工整理形成变量数列后，我们对数据分布的类型和特征有了一个直观的了解，可以通过图表和数据特征分析得到初步印象或初步结论。然而，要进一步挖掘数据信息，做更深入的分析，仅靠直观了解是远远不够的，还需要寻找一些能充分度量统计数据特征的统计指标，对现象进行分析研究。对统计数据特征的度量包括：集中趋势和离散程度的度量、分布形态的度量等。对统计数据特征进行度量所使用的指标是平均指标、变异指标、偏度与峰度指标，最后通过 R 软件对数据进行探索性数据分析。

第一节　探索性数据分析概述

我们所生活的世界是复杂的、随机的，同时它又生成大量混乱的、无结构的海量数据，这些数据通过各种渠道源源不断地积累和记载着人类活动的各种痕迹。从书信到电报，从电话到网络，大数据带来的爆炸式的数据增长促使新时代的到来。探索性数据分析（exploratory data analysis，EDA）作为分析数据的重要工具之一，是系统化探索数据的第一步，也是统计学后续课程学习的基础。

美国约翰·怀尔德·杜克（John Wilder Tukey，1977）在《探索性数据分析》一书中首次系统地论述了 EDA 的概念。他认为，探索性数据分析与验证性数据分析（confirmatory data analysis，CDA）有所不同，前者注重对数据进行概括性的描述，不受数据模型和科研假设的限制，而后者只注重对数据模型和研究假设的验证。EDA 强调灵活探求线索和证据，发现数据中隐藏的有价值的信息，而验证性数据分析则着重评估这些证据，相对精确地研究一些具体情况。他还认为统计分析不应该只重视模型和假设的验证，而应该充分发挥探索性数据分析的长处，在描述中发现新的理论假设和数据模型。

探索性数据分析强调灵活探求线索和证据，而证实性数据分析则着重评估现有证据。对任何体量的数据开展分析，一般都要经过这两个阶段，通常还要交替地使用探索性技术和证实性技术，循环反复多次，才能得到科学、合理的结果。

一、探索性数据分析

（一）概念

探索性数据分析，也称描述统计分析，是指对已有数据（特别是调查或观察得来的原始数据）在尽量少的先验假设下通过作图、制表、方程拟合、计算特征量等手段探索数据的结构和规律的一种数据分析方法。特别是当我们对这些数据中的信息没有足够的经验，不知道该用何种传统统计方法进行分析时，探索性数据分析就会非常有效。

EDA 的出现主要是在对数据进行初步分析时，还无法进行常规的统计分析。这时候，如果分析者先对数据进行探索性分析，辨析数据的模式与特点，并把它们有序地发掘出来，就能够灵活地选择和调整合适的分析模型，并揭示数据相对于常见模型的种种偏离。在此基础上再采用以显著性检验和置信区间估计为主的统计分析技术，就可以科学地评估所观察到的模式或效应。

（二）基本思想

EDA 的基本思想是：从数据本身出发，不拘泥于模型的假设来探究数据分布的大致情况，也可以为进一步结合模型的研究提供线索，为传统的统计推断提供良好的基础并减少盲目性。

（三）主要特点

一是在分析思路上让数据说话，不强调对数据的整理。传统统计方法通常是先假定一个模型，如数据服从某个分布（特别常见的是正态分布），然后使用适合此模型的方法进行拟合、分析及预测。但实际上，多数数据（尤其是实验数据）并不能保证满足假定的理论分布。因此，传统方法的统计结果常常不令人满意，使用上受到很大的局限。EDA 则可以从原始数据出发，深入探索数据的内在规律，而不是从某种假定出发，套用理论结论，拘泥于模型的假设。

二是 EDA 分析方法灵活，不拘泥于传统的统计方法。传统的统计方法以概率论为基础，使用有严格理论依据的假设检验、置信区间等处理工具。EDA 处理数据的方式则灵活多样，分析方法的选择完全从数据出发，灵活对待，灵活处理，什么方法可以达到探索和发现的目的就使用什么方法。这里特别强调的是 EDA 更看重的是方法的稳健性，而不刻意追求概率意义上的精确性。

三是 EDA 分析工具简单直观，更易于普及。传统的统计方法都比较抽象和深奥，一般人难于掌握。EDA 则更强调直观及数据可视化，更强调方法的多样性及灵活性，使分析者能一目了然地看出数据中隐含的有价值的信息，显示出其遵循的普遍规律及与众不同的突出特点，促进发现规律，得到启迪，满足分析者的多方面要求，这也是 EDA 对于数据分析的主要贡献。

（四）作用与价值

通过 EDA，我们可以最真实、直接地观察到数据的结构及特征。EDA 在对数据进行概括性描述，发现变量之间的相关性以及引导出新的假设方面均有一定的优势。从逻辑推理上讲，EDA 属于归纳法，其有别于从理论出发的演绎法。因此，EDA 成为大数据分析中不可缺少的一步。高速处理海量数据的新技术加上数据可视化工具的日益成熟更推动了 EDA 的快速普及。

二、探索性数据分析的基本方法

（一）统计数据的量化尺度

统计数据是总体单位标志或统计指标的具体数量表现。统计数据是对客观现象进行计量的结果。由于不同事物性质不同，我们能够予以计量或测度的程度也不同，有些事物只能对其属性进行分类，如人口的性别和文化程度、产品的型号及质量等级等；有些则可以用比较精确的数字加以计算，如产量、价值、利润和销售量等。根据计量学的一般分类方法，按照对事物计量的精确程度，可以将所采用的计量尺度由低级到高级、由粗略到精确分为定类尺度、定序尺度、定距尺度、定比尺度四个层次。采用不同计量尺度，可以得到不同类型的数据。

1. 定类尺度

定类尺度是最粗略、计量层次最低的计量尺度，它是按照事物的某种属性对其进行平行的分类或分组，分类或分组的结果是用文字表示的。例如，按照性别将人口分为男、女两类。使用该尺度对事物所做的分类中，各类别之间是平等的并列关系，无法区分优劣或大小，各类之间的顺序是可以改变的。定类尺度计量的结果只是表现为某种类别，但为了便于统计处理，特别是为了便于计算机识别，我们可以对不同类别用不同的数字或编码来表示，如用“1”表示男性人口，“0”表示女性人口。这些数字只是给不同类别的一个代码，并不意味着这些数字可以区分大小或进行任何数学运算。

2. 定序尺度

定序尺度是对事物之间等级差别或顺序差别的一种测度，它也是按照事物属性对其进行分类，分类的结果也是用文字表示。该尺度不仅可以将事物分成不同的类别，而且还可以确定这些类别的优劣或顺序。定序尺度的计算结果虽然也表现为类别，但这些类别之间是可以比较顺序的。例如，产品等级就是对产品质量好坏的一种次序测度，它可以将产品分为一等品、二等品、三等品、次品；考试成绩可以分为优、良、中、及格、不及格。很显然，定序尺度对事物的计量要比定类尺度精确一些，但它只是测度了类别之间的顺序，而未测量出类别之间的准确差值。因此，该尺度的计算结果只能比较大小，不能进行加、减、乘、除等数学运算。

3. 定距尺度

定距尺度不仅能将事物区分为不同类型并进行排序，分类的结果用数字表示，而且可以准确地指出类别之间的差距是多少。定距尺度是对事物类别或次序之间的间距的测度，该类尺度通常使用自然或物理单位作为计量尺度，如收入用人民币元来度量，温度用摄氏度来度量，长度用米来度量等。因此，定距尺度的计量结果表现为数值。由于这种尺度的每一间距都是相等的，只要给出一个度量单位，就可以准确地指出两个计数之间的差值。如考试成绩 70 分与 95 分之间相差 25 分。由于定距尺度的计量结果表现为数值，并可以计算差值，因而其结果可以进行加、减运算。

4. 定比尺度

定比尺度与定距尺度属于同一层次，其计量的结果也表示为数值。它除了具有上述三种计量尺度的全部特性外，还具有一个特性，那就是可以计算两个测度值之间的比值。这就要求定比尺度中必须有一个绝对固定的“零点”，这也是它与定距尺度的唯一差别。换言之，定距尺度中没有绝对的零点，即定距尺度的计量值可以为“0”。这里的“0”是表示一个数值，即“0”水平，而不表示“没有”或“不存在”。例如，一个学生的统计学考试成绩为“0”分，是表示他的统计学成绩水平为“0”，并不表示他没有考试成绩或没有任何统计学知识。可见，定距尺度中的“0”是一个有意义的数值。定比尺度则不同，它有一个绝对“零点”。也就是说，在定比尺度中，“0”表示“没有”或“不存在”。在现实生活中，大多数情况下我们使用的都是定比尺度。可见，定距尺度只能进行加、减运算，而定比尺度则可以进行加、减、乘、除运算。

（二）数据分类

针对数据本身，我们可以从不同角度对数据进行分类。

按照所采用的计量尺度不同，可以将统计数据分为分类数据、顺序数据和数值型数据。分类数据是只能归于某一类别的非数字型数据，它是对事物进行分类的结果，数据表现为类别，用文字来表述的，如人口按性别分为男、女。顺序数据是只能归于某一有序类别的非数字型数据。顺序数据虽然也是类别，但这些类别是有序的，如将产品分为一等品、二等品、三等品、次品等。数值型数据是按数字尺度测量的观测值，其结果表现为具体的数值。现实中所处理得到的大多数都是数值型数据。

按照统计数据的收集方法，可以将其分为观测数据和实验数据。观测数据是通过调查或观测而收集到的数据，这类数据是在没有对事物人为控制的条件下得到的，有关社会经济现象的统计数据几乎都是观测数据。实验数据则是在实验中控制实验对象而收集到的数据。

按照被描述的现象与时间的关系，可以将统计数据分为截面数据和时间序列数据。截面数据是在相同或近似相近的时间点上收集到的数据，这类数据通常是在不同的空间上获得的，用于描述现象在某一时刻的变化情况，如 2015 年我国各地区食品中污染物数据。时间序列数据是在不同时间上收集到的数据，这类数据是按时间顺序收集到的，用于描述现象随时间变化的情况，如 2010 ~ 2015 年北京市某食源性疾病的发病率数据。

（三）数据分布特征的测度和描述

数据分布的特征可以从三个方面进行测度和描述：一是分布的集中趋势，反映各数据向其中心值靠拢或聚集的程度；二是分布的离散程度，反映各数据远离其中心值的趋势；三是分布的形状，反映数据分布的偏态和峰态。这三个方面分别反映了数据分布特征的不同侧面。

1. 集中趋势

集中趋势是指一组数据向某一中心值靠拢的程度，它反映了一组数据中心点的位置所在。对分类数据，一般使用众数，众数是一组数据中出现次数最多的变量值。顺序数据一般使用中位数和分位数描述数据的集中趋势，中位数是一组数据排序后处于中间位置上的变量值。数值型数据一般使用平均数来描述数据的集中趋势，它是一组数据相加后除以数据的个数得到的结果。

2. 离散趋势

离散趋势是数据分布的另一个重要特征，反映的是各变量值远离其中心值的程度。数据的离散程度越大，集中趋势的测度值对该组数据的代表性就越差；离散程度越小，其代表程度就越好。描述数据离散程度采用的测度值，根据所依据数据类型的不同，我们一般用异众比率、极差、分位差、方差、标准差、离散系数等指标描述数据变异程度。

3. 形态测度

集中趋势和离散趋势是数据分布的重要特征，但要全面了解数据分布的特点，还需要知道数据分布的形状是否对称、偏斜程度以及分布的扁平程度等。偏度和峰态就是对分布形状的测度。

本章内容将围绕具体的探索性数据分析方法展开，利用数据可视化方法和数据转换来展开具体问题的分析，具体将通过 R 语言进行实现。

（四）图表分析

得到数据后，可以通过图表和数据特征分析得到初步印象或初步结论。图表分析包括直方图、饼图、茎叶图、箱线图、交叉表等。利用图表展示数据，可以对数据分布的形状和特征有一个大致的了解。但要全面把握数据分布的特征，还需要找到反映数据分布的各个代表值。

第二节　数据集中趋势分析及实现

集中趋势值是一组数据向某一中心值靠拢的倾向。研究数据分布的集中趋势的主要指标是各类统计平均数，或称平均指标。统计平均指标能将总体中变量值的差异抽象化，反映总体分布的一般水平或代表水平，反映数据分布的集中趋势。取得集中趋势代表值平均数的方法通常有两种：一种是根据各项数据来计算的平均指标，它能够概括反映所有各项数据的平均水平，这种平均指标称为数值平均数，常用的数值平均数有算术平均数、调和平均数和几何平均数等；另一种是把总体中处于特殊位置上的数据看作平均数，这种平均值称为位置平均数，常用的位置平均数有中位数、分位数和众数等。

一、平均指标的概念和作用

（一）平均指标的概念

平均指标是统计分析和一般经济分析中广泛应用的一种统计指标，在统计学中占有重要的地位。平均指标是指在同质总体内将各单位某一数量标志的差异抽象化，用以反映总体在具体条件下的一般水平。简言之，平均指标是说明同质总体内某一数量标志在一定历史条件下一般水平的综合指标，如职工的平均工资、商品的平均价格、粮食的单位面积产量等。

（二）平均指标的特点

一是将数量差异抽象化，是一个代表值。平均指标是把各个变量之间的差异抽象化，从而说明总体的一般水平。如某企业的平均工资就是把员工之间不同工资的差异抽象化，用以说明该企业员工工资的一般水平。只有数量标志才能求其平均数，品质标志一般不能计算平均数，但个别能以数量大小来表示其变异的品质标志，如产品质量等级用自然数表示，可求其平均等级指标，来反映其质量变动情况。

二是只能就同类现象计算。计算平均指标的各单位必须具有同类性质，即同质性，这是计算平均指标的前提。只有对本质相同的现象进行计算，其平均数才能正确反映客观实际情况；如果把不同性质的个体混杂在一起，由此计算的平均数只会掩盖事物的本质区别，得出错误的结论。

三是能反映总体变量值的集中趋势。从总体变量分布的情况看，多数现象的分布服从钟型分布，即不管用什么技术方法求得的平均数，都靠近分布的中间，而不会在两头。这就说明多数标志值集中在平均数附近，所以平均指标是标志值集中趋势的测度数，是反映总体变量集中倾向的代表值。

（三）平均指标的作用

一是平均指标可用于同类现象在不同空间条件下的对比。例如，用劳动生产率单位产品成本等平均数对比，由于消除了企业规模大小的影响，就能反映不同规模企业的工作成绩和质量，以便找到差距，从而提高经济效益。

二是平均指标可用于同一总体指标在不同时间的对比。例如，由于各月的日历日数不同，往往会影响工业产品总产量的多少，使各月的总产量不可比。如果计算出各月的每日平均产量，就可以进行对比了，它能明确反映每日生产效率的一般情况。

三是平均指标可作为论断事物的一种数量标准或参考。例如，对某企业 450 人劳动效率的评定，通常是以他们的平均劳动生产率水平为标准。

四是平均指标也可用于分析现象之间的依存关系和进行数量上的估算。例如，商业企业规模的大小和商品流通费用率之间存在的依存关系，可以根据商品流转额来划分不同规模的贸易企业，再计算各类企业的平均商品流通费用率，就可看出商品流转额的增减和流通费用率升降的依存关系。

在社会经济统计中常用的平均指标有算术平均数、调和平均数、几何平均数、中位数、分位数和众数等。算术平均数、调和平均数、几何平均数等都是根据分布数列中各单位的标志值计算而来的，称数值平均数；中位数、分位数和众数等是根据分布数列中某些标志值所处的位置来确定的，称位置平均数。各种平均指标的计算方法不同，指标的含义、应用场合也有所不同，但它们都是总体各单位数量标志值一般水平的代表值。

二、算术平均数

（一）算术平均数的基本公式

算术平均数也叫均值，是分析社会经济现象一般水平和典型特征的最基本指标。其基本公式为：

$$算术平均数=\frac{总体标志总量}{总体单位总数}$$

算术平均数在统计学中具有重要的地位，是集中趋势的最主要测度值，之所以如此，原因有两个：一是因为它的计算方法与许多客观现象中的个别现象与总体现象间存在的数量关系相符合；二是用算术平均数作为一组数据的集中趋势值不仅考虑到变量值的大小，还考虑到变量值出现的频数。变量数列中任何变量值大小的变化及变量值出现频数的变化，都会引起算术平均数的改变。因此，它是一个最灵敏的指标，也是对资料所提供信息运用最充分的指标。根据掌握资料的不同，算术平均数的计算可分为简单算术平均数和加权算术平均数。

（二）简单算术平均数

如果掌握的资料是总体各单位的标志值，而且没有经过分组，则可先将各单位的标志值相加得出标志总量，然后再除以总体单位数，这种计算平均数的方法称为简单算术平均数。设一组数据为 x_1，x_2，…，x_n，则简单算术平均数 $\bar{x}$ 的计算公式为：

$$\bar{X}=\frac{x_1+x_2+\cdots+x_n}{n}=\frac{\sum_{i=1}^{n}x_i}{n}$$

［例 1－1］某同学语文成绩 93 分、数学成绩 85 分、英语成绩 92 分，该同学各科成绩平均分为：

$$\bar{X}=\frac{93+85+92}{3}=90$$

R 语言代码实现：

```
x <- c(93,85,92)
mean(x)
[1] 90
```

（三）加权算术平均数

如果掌握的资料是经过分组整理编成了单项数列或组距数列，并且每组次数不同时，就应采用加权算术平均数的方法计算算术平均数。具体方法是：（1）将各组标志值分别乘以相应的频数求得各组的标志总量，并加总得到总体标志总量；（2）将各组的频数加总，得到总体单位总数；（3）用总体标志总量除以总体单位总数，即得算术平均数。设原始数据被分为 n 组，各组的变量值为 x_1，x_2，…，x_n，各组变量值出现的次数为 f_1，f_2，…，f_n，则加权算术平均数的计算公式为：

$$\bar{X}=\frac{x_1f_1+x_2f_2+\cdots+x_nf_n}{f_1+f_2+\cdots+f_n}=\frac{\sum_{i=1}^{n}x_if_i}{\sum_{i=1}^{n}f_i}$$

［例 1－2］某同学某课程期中成绩 88 分、期末成绩 92 分、平时成绩 96 分，按照期中成绩 30%、期末成绩 50%、平时成绩 20% 的权重，计算该同学此门课程总成绩为：

$$\bar{X}=\frac{88\times30\%+92\times50\%+96\times20\%}{30\%+50\%+20\%}=91.6$$

R 语言代码实现：

```
wt <- c(0.3,0.5,0.2)
x2 <- c(88,92,96)
weighted.mean(x2,wt)
[1] 91.6
```

从加权算术平均数计算过程可以看出，其数值的大小不仅受各组变量值 x_i 大小的影响，而且受各组变量值出现的频数即权数 f_i 大小的影响。如果某一组的频数较大，说明该组的数据较多，那么该组数据的大小对算术平均数的影响就越大，反之则越小。统计上把各组的频数称为权数，因为它对平均数的大小起权衡轻重的作用。当各组频数相等时，加权算术平均数就等于简单算术平均数。因此，权数对平均数大小的影响实际上不是取决于频数而是取决于频率的大小。变量数列的权数有两种形式：一种是以绝对数表示，称次数或频数；另一种是以比重表示，称比率或频率。同一总体资料，用这两种权数所计算的加权算术平均数完全相同。加权算术平均数采用频率为权数计算，其计算公式为：

$$\bar{X}=\frac{x_1f_1+x_2f_2+\cdots+x_nf_n}{f_1+f_2+\cdots+f_n}$$

$$= \frac{x_1f_1 + x_2f_2 + \cdots + x_nf_n}{\sum_{i=1}^{n} f_i} = x_1 \frac{f_1}{\sum_{i=1}^{n} f_i} + x_2 \frac{f_2}{\sum_{i=1}^{n} f_i} + \cdots + x_n \frac{f_n}{\sum_{i=1}^{n} f_i}$$

$$= \sum_{i=1}^{n} x_i \frac{f_i}{\sum_{i=1}^{n} f_i} \quad (1-1)$$

由式（1－1）可以清楚地看出，加权算术平均数受各组变量值 x_i 大小和各组频数占总频数的比重，即 $\frac{f_i}{\sum_{i=1}^{n} f_i}$ 频率大小的影响。当我们掌握的不是各组变量值出现的频数，而是频率时，也可直接根据上面的公式计算算术平均数。用频率加权与用频数加权计算的算术平均数完全相同。组距数列计算的算术平均数在计算时用组中值作为组平均值进行计算，因此，计算得到的算术平均数通常只是一个近似值。

（四）算术平均数的数学性质

算术平均数有两个重要的数学性质。

1. 各个变量值与算术平均数的离差之和等于零

简单算术平均数：$\sum_{i=1}^{n}(x_i - \bar{X}) = 0$

证明：

$$\sum_{i=1}^{n}(x_i - \bar{X}) = \sum_{i=1}^{n} x_i - n\bar{X} = \sum_{i=1}^{n} x_i - n\frac{\sum_{i=1}^{n} x_i}{n} = \sum_{i=1}^{n} x_i - \sum_{i=1}^{n} x_i = 0$$

加权算术平均数：$\sum_{i=1}^{n}(x_i - \bar{X})f_i = 0$

证明：

$$\sum_{i=1}^{n}(x_i - \bar{X})f_i = \sum_{i=1}^{n} x_if_i - \bar{X}\sum_{i=1}^{n} f_i = \sum_{i=1}^{n} x_if_i - \frac{\sum_{i=1}^{n} x_if_i}{\sum_{i=1}^{n} f_i}\sum_{i=1}^{n} f_i = \sum_{i=1}^{n} x_if_i - \sum_{i=1}^{n} x_if_i = 0$$

这一性质表明，算术平均数用来代表个别变量值存在误差，但用来代表所有变量值的一般水平却没有误差，它把变量值的差异全部抽象化。因此，算术平均数是集中趋势的最好代表值。

2. 各个变量值与算术平均数的离差平方之和等于最小值

简单算术平均数：$\sum_{i=1}^{n}(x_i - \bar{X})^2$ ＝最小值

加权算术平均数：$\sum_{i=1}^{n}(x_i - \bar{X})^2 f_i$ = 最小值

证明：设 x_0 为任意数，c 为常数，$c = \bar{X} - x_0$ 则有 $x_0 = \bar{X} - c$，以 x_0 为中心的离差平方和为：

$$\sum_{i=1}^{n}(x_i - x_0)^2 = \sum_{i=1}^{n}[x_i - (\bar{X} - c)]^2 = \sum_{i=1}^{n}[x_i - \bar{X} + c]^2$$

$$= \sum_{i=1}^{n}(x_i - \bar{X})^2 + 2c\sum_{i=1}^{n}(x_i - \bar{X}) + nc^2 = \sum_{i=1}^{n}(x_i - \bar{X})^2 + nc^2$$

$\because nc^2 \geqslant 0$

$\therefore \sum_{i=1}^{n}(x_i - x_0)^2 \geqslant \sum_{i=1}^{n}(x_i - \bar{X})^2$

$\therefore \sum_{i=1}^{n}(x_i - \bar{X})^2$ 为最小值

同理，$\sum_{i}^{n}(x_i - \bar{X})^2 f_i$ 为最小值。

这一性质表明，在所有可能衡量变量值一般水平的代表值中算术平均数与各变量值的离差平方和是最小的，因而从这一角度看，算术平均数也是集中趋势的最好代表值。

（五）算术平均数的不足

算术平均数适合用代数方法运算，因此，在实践中应用很广，但有两点不足：一是算术平均数易受极端变量值的影响，使 $\bar{X}$ 的代表性变小；而且受极大值的影响大于受极小值的影响。二是当组距数列为开口组时，由于组中值不易确定，使 $\bar{X}$ 的代表性也不是很可靠。

三、调和平均数

（一）调和平均数的基本公式

调和平均数也称倒数平均数，它是对变量的倒数求平均，然后再取倒数而得到的平均数，调和平均数用 H 表示。具体计算方法如下：

第一步：先计算各个变量值的倒数，即$\frac{1}{x}$；

第二步：计算上述各个变量值倒数的算术平均数，即 $\frac{\sum_{i=1}^{n}\frac{1}{x_i}}{n}$；

第三步：再计算这种算术平均数的倒数，即调和平均数：

$$H = \frac{n}{\sum_{i=1}^{n} \frac{1}{x_i}}$$

由于所得资料的具体内容不同，调和平均数也有简单调和平均数和加权调和平均数两种。

（二）简单调和平均数

$$H = \frac{n}{\sum_{i=1}^{n} \frac{1}{x_i}}$$

［例1－3］商店购进甲、乙、丙三种糖所用的钱数相等，其中甲每千克6元，乙每千克12元、丙每千克8元，现将三种糖混合为什锦糖售出，试计算什锦糖每千克的成本为多少元。

R语言代码实现：

```
install.packages("psych")
library(psych)
x3 <- c(6,12,8)
harmonic.mean(x3)   #使用 psych 包中的 harmonic.mean 函数
[1] 8
```

（三）加权调和平均数

$$H = \frac{\sum_{i=1}^{n} f_i}{\sum_{i=1}^{n} \frac{1}{x_i} f_i} \tag{1-2}$$

在我们的现实生活中，直接用调和平均数的地方很少遇到，而在社会经济统计学中经常用到的仅是一种特定权数的加权调和平均数，一般是把它作为算术平均数的变形来使用的，而且两者计算的结果是相同的，仅计算的过程不同而已。即有以下数学关系式成立：

$$\bar{X} = \frac{\sum_{i=1}^{n} x_i f_i}{\sum_{i=1}^{n} f_i} = \frac{\sum_{i=1}^{n} x_i f_i}{\sum_{i=1}^{n} \frac{1}{x_i} x_i f_i} = \frac{\sum_{i=1}^{n} m_i}{\sum_{i=1}^{n} \frac{m_i}{x_i}} = H \tag{1-3}$$

其中，$m_i = x_i f_i$，m_i 是一种特定权数，它不是各组变量值出现的次数，而是各组标志总量，m_i 具有加权算术平均数权数的数学性质，即各组权数 m_i 同时扩大或缩小若干倍数，平均数值不变。

［例 1－4］某工厂购进材料三批，每批价格及采购金额资料如表 1－1 所示。

表 1－1　　三批材料采购资料

采购批次	价格（元/千克）	采购金额（元）	采购数量（千克）
第一批	35	10000	286
第二批	40	20000	500
第三批	45	15000	330
合计	—	45000	1116

$$H_n = \frac{\sum_{i=1}^{3} m_i}{\sum_{i=1}^{3} \frac{m_i}{x_i}} = \frac{45000}{1116} = 40.32 \tag{1-4}$$

R 语言代码实现：

```
m <- c(10000,20000,15000,45000)
n <- c(286,500,330,1116)
(x <- sum(m)/sum(n))
[1] 40.32258
```

（四）调和平均数的特点

调和平均数有如下特点：

（1）如果数列中有一标志值等于零，则无法计算 H；

（2）它作为一种数值平均数，受所有标志值的影响，它受极小值的影响大于受极大值的影响，但较之算术平均数，H 受极端值的影响要小。

四、几何平均数

（一）几何平均数的基本公式

几何平均数又称“对数平均数”，它是若干项变量值连乘积开其项数次方的算术根。当所掌握的变量值本身是比率的形式，而且各比率的乘积等于总的比率，这时就应采用几何平均法计算平均比率。

几何平均数根据资料情况，可分简单几何平均数和加权几何平均数两种。前者适用于未分组资料，后者适用于分组后的变量数列。但常用的是简单几何平均数。

（二）简单几何平均数

简单几何平均数是 n 个变量值连乘积的 n 次方根，其计算公式为：

$$G = \sqrt[n]{x_i \cdot x_2 \cdot \cdots \cdot x_n} = \sqrt[n]{\prod_{i=1}^{n} x_i} \tag{1-5}$$

［例 1－5］已知某市 2010～2014 年国内生产总值的增长率（以上 1 年为 1）分别为 12%、8%、14%、16% 和 13%，试计算该市 5 年的平均增长率。

$$G = \sqrt[5]{12\% \times 8\% \times 14\% \times 16\% \times 13\%} = 0.1228266$$

R 语言代码实现：

```
x4 <- c (12,8,14,16,13) /100
exp(mean(log(x4)))   #方法一:公式计算
[1] 0.1228266
geometric.mean(x4)   #方法二:psych 包中的函数计算
[1] 0.1228266
```

（三）加权几何平均数

当各个变量值的次数（权数）不相同时，应采用加权几何平均数，其计算公式为：

$$G = \sqrt[n]{x_1^{f_1} \cdot x_2^{f_2} \cdot \cdots \cdot x_n^{f_n}} = \sqrt[n]{\prod_{i=1}^{n} x_i^{f_i}} \tag{1-6}$$

［例 1－6］某银行的某笔投资按复利计算，在 11 年中环比增长率：有 3 年为 2%、5 年为 4%、1 年为 1%、2 年为 3%，试计算该银行该笔投资年平均增长率。

$$G = \sqrt[4]{2\%^3 \times 4\%^5 \times 1\%^1 \times 3\%^2} = 5.210844e-05$$

R 语言代码实现：

```
x5 <- c (2,4,1,3) /100
wt <- c (3,5,1,2)
(r <- exp(mean(log((x5)^wt))))
[1] 5.210844e-05
```

几何平均数适用于反映特定现象的平均水平，即现象的总标志值不是各单位标志值的总和，而是各单位标志值的连乘积。几何平均数较之算术平均数，应用范围较窄。

（四）几何平均数的特点

几何平均数还有如下特点：一是如果数列中有一个标志值等于零或负值，就无法计算 G；二是受极端值影响较 $\bar{X}$ 和 H 小，故较稳健。

五、众数

（一）众数的概念

众数是一组数据中出现频数最多的变量值，用 M_0 表示。众数也是一种位置平均数，不受极端数值的影响，在实际工作中应用较为普遍，在总体单位数较多，且具有明显的集中趋势时可以用众数表示集中趋势代表值。如果总体单位数较少或虽多但无明显集中趋势就不存在众数。当变量数列中有两个或几个变量值的频数都比较集中时，就可能有两个或几个众数，因此，众数可能不是唯一的。

由众数的定义可看出众数存在的条件就是：如果总体的单位数较多，各标志值的次数分配又有明显的集中趋势时才存在众数；如果总体单位数较少，尽管次数分配较集中，那么计算出来的众数意义不大；如果总体单位数较多，但次数分配不集中，即各单位的标志值在总体中出现的比重较均匀，那么也无所谓众数。

（二）众数的计算方法

（1）单项数列确定众数的方法——观察次数，出现次数最多的标志值就是众数。

（2）组距数列确定众数的方法——观察次数，首先由最多次数来确定众数所在组，其次再用比例插值法推算众数的近似值。其计算公式为：

$$\text{下限公式：}M_0 = L + \frac{\Delta_1}{\Delta_1 - \Delta_2} \cdot d \tag{1-7}$$

$$\text{上限公式：}M_0 = U - \frac{\Delta_2}{\Delta_1 - \Delta_2} \cdot d \tag{1-8}$$

其中，L 为众数组下限；U 为众数组的上限；Δ_1 为众数组频数与上一组频数之差；Δ_2 为众数组频数与下一组频数之差；d 为众数组间距。

［例 1－7］某公司员工的月工资（元）如表 1－2 所示，试计算这组数据的众数。

表 1－2　　某公司员工月工资　　单位：元

项目	经理	副经理	职员 A	职员 B	职员 C	职员 D	职员 E	职员 F	职员 G
金额	4800	3500	2000	1900	1800	1600	1600	1600	1000

R 语言代码实现：

```
x6 <- c (4800,3500,2000,1900,1800,1600,1600,1600,1000)
as. numeric(names(table(x6)))[table(x6) == max(table(x6))]
[1] 1600
```

（三）众数的特点

从众数的计算可看到众数的特点：

（1）众数是一个位置平均数，它只考虑总体分布中最频繁出现的变量值，而不受极端值和开口组数列的影响，从而增强了对变量数列一般水平的代表性；

（2）众数是一个不容易确定的平均指标，当分布数列没有明显的集中趋势而趋均匀分布时，则无众数可言，当变量数列是不等距分组时，众数的位置也不好确定。

六、中位数

（一）中位数的概念

现象总体中各单位标志值按大小顺序排列，居于中间位置的那个标志值就是中位数，一般用 M_e 表示。可见，中位数把全部标志值分成两个部分：一部分标志值比它大，另一部分标志值比它小，而且比它大的标志值个数等于比它小的标志值个数。中位数和众数一样，有时可代替算术平均数来反映现象的一般水平。

用中位数表示现象的一般水平，在许多场合有其特殊的意义。例如，在进行产品质量控制中，对生产的产品随机抽几个进行观察，若计算其平均数则较麻烦，只要看中位数的大小就可知道其一般水平如何了。

（二）中位数的计算方法

中位数的计算一般分为两步：首先，确定中位数的位置；其次，找出中间位置对应的变量值。

1. 由未分组资料确定中位数

首先确定中位数的位置，即对某个标志值按大小顺序加以排列；其次用下列公式确定中位数的位置。其公式为：

$$中位数的位置=\frac{n+1}{2} \tag{1-9}$$

其中，n 为变量值的个数。若 n 为奇数，则对应中位数位置的那个变量值 M_e 即中位数；若 n 是偶数，则居于中间位置的两项数值的算术平均数是中位数。

2. 由单项数列确定中位数

单项数列确定中位数的方法比较简单：

（1）求中位数位置。

$$中位数的位置=\frac{\sum_{i=1}^{n} f_i}{2} \tag{1-10}$$

（2）计算各组的累计次数（向上累计次数或向下累计次数）。

（3）根据中位数位置找出中位数。

3. 由组距数列确定中位数

由组距数列确定中位数，首先按台的公式求出中位数所在组的位置，其次用比例插值法确定中位数的值。其计算公式如下：

$$下限公式(向上累计时用):M_e = L + \frac{\frac{\sum_{i=1}^{n} f_i}{2} - S_{m-1}}{f_m} \cdot d \tag{1-11}$$

$$上限公式(向下累计时用):M_e = U - \frac{\frac{\sum_{i=1}^{n} f_i}{2} - S_{m+1}}{f_m} \cdot d \tag{1-12}$$

其中，L 为中位数所在组的下限，U 为中位数所在组的上限，f_m 为中位数所在组的次数，S_{m-1}为中位数所在组以前一组的累计次数，S_{m+1}为中位数所在组以后一组的累计次数，$\sum_{i=1}^{n} f_i$ 为总次数，d 为中位数所在组间距。

[例 1－8] 党的十八大以来，中国能源生产和利用方式发生重大变革，基本形成了多轮驱动的能源稳定供应体系，能源利用效率显著提高，能源消费结构向清洁低碳加快转变。表 1－3 为 2016～2020 年清洁能源消费量占能源消费总量的比重，试计算该组数据的中位数。

表 1－3　2016～2020 年清洁能源消费量占能源消费总量的比重　单位：%

项目	2016 年	2017 年	2018 年	2019 年	2020 年
比重	19.1	20.5	22.1	23.3	24.3

资料来源：《中华人民共和国 2020 年国民经济和社会发展统计公报》。

R 语言代码实现：

```
x7 <- c(19.1,20.5,22.1,23.3,24.3)/100
median(x7)
[1] 0.221
```

（三）中位数的特点

中位数具有以下特点。

（1）与众数一样，也是一种位置平均数，不受极端值及开口组的影响，具有稳健性。

（2）各单位标志值与中位数离差的绝对值之和为最小值。利用中位数的这一性质，可解决一些实际问题。例如，要在一条长街上设个居民生活燃料供应站，使该站到各用户的距离总和为最短。

（3）对某些不具有数学特点或不能用数字测定的现象，可用中位数求其一般水平。例如，印染企业对某种颜色按不同深浅排列后，可以求出其中位数色泽。

七、分位数

（一）分位数的概念

分位数是将变量值按大小顺序排列并等分为若干部分后，处于等分点位置的数值。常用的分位数有四分位数、十分位数和百分位数，它们分别是将数值序列 4 等分、10 等分和 100 等分的 3 个点、9 个点和 99 个点上的数值。其中，四分位数第 2 点的数值、十分位数第 5 个点的数值和百分位数第 50 个点的数值，就是中位数。所以，中位数就是一个特殊的分位数。这里只介绍四分位数的计算，其他分位数与之类似。

（二）四分位数的计算方法

1. 根据未分组数据确定分位数

对于未分组的原始数据，确定四分位数的位置，设 Q_L、Q_M、Q_U 分别表示第一个、第二个和第三个四分位数，则它们的位置分别为$\frac{n+1}{4}$、$\frac{2(n+1)}{4}$和$\frac{3(n+1)}{4}$，根据位置即可确定各个四分位数。

2. 根据变量数列确定分位数

为了简便起见，这里仅给出下限公式。设 Q_L、Q_M和 Q_U 分别表示第一个、第二个和第三个四分位数，则它们的位置分别为$\frac{\sum_{i=1}^{n} f_i}{4}$、$\frac{2\sum_{i=1}^{n} f_i}{4}$和$\frac{3\sum_{i=1}^{n} f_i}{4}$，根据位置即可确定各个四分位数。

$$\text{下四分位数公式}: Q_L = L_{Q_L} + \frac{\frac{\sum_{i=1}^{n} f_i}{4} - S_{Q_L-1}}{f_{Q_L}} \cdot d_{Q_L} \quad (1-13)$$

$$\text{上四分位数公式}: Q_U = L_{Q_U} + \frac{\frac{3\sum_{i=1}^{n} f_i}{4} - S_{Q_U-1}}{f_{Q_U}} \cdot d_{Q_U} \quad (1-14)$$

其中，L_{Q_L}为下四分位数组的下限；L_{Q_U}为上四分位数组的下限；f_{Q_L}为下四分位数组的频数；f_{Q_U}为上四分位数组的频数；d_{Q_L}为下四分位数组的组距；d_{Q_U}为上四分位数组的组距；S_{Q_L-1}为向上累计，累计到下四分位数组前一组的累计频数；S_{Q_U-1}为向上累计，累计到上四分位数组前一组的累计频数。

［例 1－9］“十三五”期间，我国把坚决打赢蓝天保卫战作为污染防治的重中之重，各省环境空气质量持续好转。表 1－4 为 2020 年河北省 11 设区市优良天数同比（2015 年）增加量，试计算这组数据的四分位数。

表 1－4　　2020 年河北省 11 设区市优良天数同比（2015 年）增长量　　单位：天

项目	衡水	保定	唐山	邢台	邯郸	廊坊	承德	沧州	张家口	秦皇岛	石家庄
增加量	118	115	93	72	71	67	62	44	30	28	25

资料来源：河北省生态环境厅发布。

R 语言代码实现：

```
x8 <- c(118,115,93,72,71,67,62,44,30,28,25)
quantile(x8,na.rm = TRUE)
0%    25%    50%    75%    100%
25.0   37.0   67.0   82.5   118.0
quantile(x8, probs = c(0.1, 0.8), na.rm = TRUE) #参数 probs 可以指定分位
10% 80%
28   93
```

八、各种平均数之间的关系

以算术平均数为中心，各种平均数之间的相互关系体现在以下两方面。

（一）算术平均数、几何平均数和调和平均数三者的关系

例如，有变量值 4、8、10、12，对其计算三种平均数，得 $\bar{X}=8.5$、$H=7.16$、$G=7.87$。可见，用同一种资料计算的结果是，几何平均数大于调和平均数而小于算术平均数，只有当所有变量值都相等时，这三种平均数才相等。它们的关系用不等式表示为：

$$\bar{X} \leqslant H \leqslant G \tag{1-15}$$

值得注意的是，上述三种平均数由于计算公式的表现形式不同，因而适用场合也不同，算术平均数和调和平均数适用于对静态的总量指标、相对指标和平均指标来计算平均数，几何平均数则主要用于计算时间上相互衔接的比率或速度的平均数。

（二）算术平均数、众数和中位数三者的关系

算术平均数、众数和中位数和都是反映数据分布的集中趋势的代表值，众数是一组数据分布的最高峰值，中位数是处于一组数据中间位置上的值，而算术平均数则是全部数据的算术平均值，是一组数据的重心。因此，对同一组数据计算算术平均数、众数、中位数，三者之间具有一定的关系，这种关系既反映数据分布的特征，又可反映数据数值上的关系。

从数据分布特征看，如果一组数据具有单一众数且分布是对称的，众数、中位数和算术平均数相等，即 $M_e=M_0=\bar{X}$；如果数据是左偏分布，说明数据存在极小值，必然使算术平均数受极小值的影响偏小，而众数和中位数是位置平均数，不受极小值的影响，三者之间的关系为 $M_0>M_e>\bar{X}$；如果数据是右偏分布，说明数据存在极大值必然使算术平均数受极大值的影响偏大，则 $M_0<M_e<\bar{X}$；上述关系如图 1-1 所示。

从数值关系上看，根据经验在分布偏斜程度不大的情况下，不论左偏或右偏，众数、中位数、算术平均数存在一定比例关系，中位数居中间，众数与中位数的距离约为算术平均数与中位数的距离的 2 倍，即 $|M_e-M_0|\approx 2\times|\bar{X}-M_e|$。

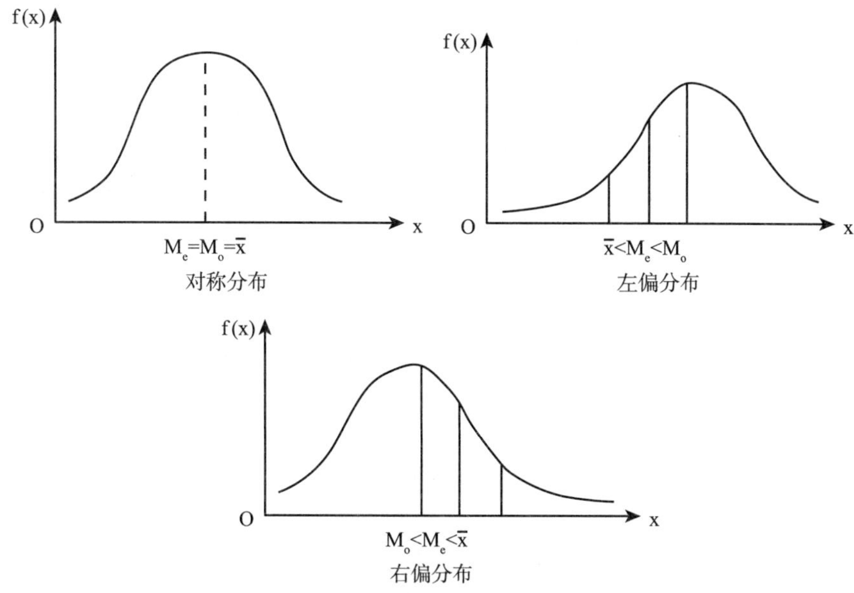

图 1－1　算术平均数、众数和中位数的关系

由此可以推出三者之间的关系式：

$$M_0 \approx 3M_e - 2\bar{X} \tag{1-16}$$

$$\bar{X} = \frac{3M_e - 2M_0}{2} \tag{1-17}$$

九、正确应用平均指标的原则

平均指标在统计分析中应用很广，但在具体应用时应注意以下几个问题。

（一）平均指标只能运用于同质总体

平均指标所处理的是同质异量的大量现象。只有在同质总体中，总体各单位才具有共同的特征，从而才能计算它们的平均数来反映现象的一般水平，否则，计算的平均数就会把现象的本质差异掩盖起来，不能起到说明事物性质及其规律性的作用。

（二）用组平均数补充说明总平均数

许多平均指标的计算，是在科学分组的基础上进行的。我们应该重视影响总平均数的各个有关因素的作用，通过计算组平均数对总平均数做补充说明，来揭示现象内部结构组成的影响，从而克服认识上的片面性。

（三）用分配数列补充说明平均数

平均数只是说明现象的共性，即一般水平，而把总体各单位数量标志值的差异给抽象化了，掩盖了总体各单位的差异及其分配情况。为了比较深入地说明问题，在利用平均数对社会经济现象进行分析时，还要结合原来的分配数列，分析平均数在原数列中所处的位置，以及各单位标志值在平均数上下的分配情况。

第三节　数据离散程度及实现

集中趋势是数据分布的一个特征，反映的是各变量值向其中心值聚集的程度。离散程度是数据分布的另一个特征。实际上，变量值之间是有差别的，差异程度如何，就需要考察数据的分散程度即离散程度，数据离散程度大，各变量值向其中心值聚集的程度就小，集中趋势的测度值平均数对该组数据的代表性就小；反之，离散程度小，变量值向其中心值聚集的程度就大，集中趋势的测度值平均数对该组数据的代表性就大。测定离散程度的指标叫变异指标。变异指标在实际应用中主要用于衡量平均指标的代表性。同时，变异指标也经常用以表明客观事物发展过程中的均衡性、稳定性。一般来说，变异指标值越小，说明客观现象活动过程越均衡，进行得越有节奏；变异指标值越大，说明客观现象活动过程存在着陡起陡落的情况，需要加以调控。常用的变异指标有：全距、分位差、平均差、方差与标准差和离散系数等。

一、变异指标的概念和作用

（一）变异指标的概念

变异指标是反映总体各个单位变量值的离散程度大小或差异大小的综合指标，又称离散程度。

前述平均指标，是将总体中各单位的标志值差异抽象化，以反映各单位在这一标志上的一般水平。通过它只看出被研究现象的共性，而看不出差异性。但是，在同质总体中各单位标志值的差异还是客观存在的，因此，还必须进一步对被抽象化的各单位标志值的变异程度进行测定。

（二）变异指标的作用

1. 变异指标是评价平均数代表性的依据

指标变动度愈大，平均数代表性愈小；指标变动度愈小，平均数代表性愈大。

例如，某车间有甲、乙两个生产小组，都是 7 名员工，各人日产件数如下：

甲组：20，40，60，70，80，100，120

乙组：67，68，69，70，71，72，73

甲、乙两组的平均每人日产量都相等，即 $\bar{X}_{甲} = \bar{X}_{乙} = 70$（件）。但甲组各员工日产件数相差很大，分布很分散；而乙组各员工日产件数相差不大，分布相对集中。因此，虽然平均数都是 70 件，对甲组来讲，其代表性要小得多；对乙组来说，代表性相对较大。

2. 标志变动度可用来反映社会生产和其他社会经济活动过程的均衡性或协调性，以及产品质量的稳定性程度

例如，甲、乙两钢铁企业某年第一季度供货计划完成情况如表 1－5 所示。

表 1－5　　甲、乙两钢铁企业某年第一季度供货计划完成测度统计　　单位：%

企业	供货计划完成百分比			
	季度总供货计划执行结果	1 月	2 月	3 月
甲	100	32	34	34
乙	100	20	30	50

从表 1－5 看，两企业供货计划虽然都已完成了，但计划执行的均衡性不同，甲企业按月均衡地完成了规定的季度供货计划，而乙企业则前松后紧，1～2 月总共完成计划的 50%，3 月再完成计划的 50%，这样就缺乏均衡性。

又如产品质量检验，如果指标变动度大，则说明产品质量不稳定；如果指标变动度小，则产品质量显得稳定。

二、全距

（一）全距的概念与计算公式

全距又称“极差”，它是总体各单位标志的最大值和最小值之差，用以说明标志值变动范围的大小，通常用 R 表示全距。其计算公式为：

$$R = X_{max} - X_{min} \tag{1-18}$$

对于根据组距数列求全距，可以用最高组的上限与最低组的下限之差，求全距的近似值。但当有开口组时，若不知极端数值，则无法求全距。

（二）全距的特点

全距的计算方便，也易于理解。在工业生产过程中，全距常被用来检查产品质量的稳定性和进行质量控制。在正常的生产条件下，产品的质量性能指标（如强度、浓度、长度等）的误差总在一定范围内波动，如果误差超出了一定范围，就说明生产可能出现毛病。利用全距指标可以及时发现生产中存在的问题，采取相应措施，保证产品的质量。全距是反映数据离散程度的最简单的指标，但是它容易受极端值的影响。由于全距只是利用两个极端值计算的，不能反映中间数据的分散状况，也不受次数分配的影响，因而不能准确地描述数据的离散程度。

[例 1 - 10] 进入 21 世纪，中国农业生产能力得到了很大提升，粮食总产量连上新台阶，这为中国粮食安全提供了坚实的物质基础和供给保障。表 1 - 6 为 2016 ~ 2020 年中国粮食产量，试计算该组数据的全距。

表 1 - 6　　2016 ~ 2020 年中国粮食产量　　单位：万吨

项目	2016 年	2017 年	2018 年	2019 年	2020 年
产量	66044	66161	65789	66384	66949

资料来源：《中华人民共和国 2020 年国民经济和社会发展统计公报》。

R 语言代码实现：

```
y1 <- c(66044,66161,65789,66384,66949)
(y <- max(y1) - min(y1))
[1] 1160
```

三、分位差

分位差是对全距指标的一种改进，它是从变量数列中剔除了一部分极端值之后重新计算的类似于全距的指标。常用的分位差有四分位差、八分位差、十分位差以及百分位差等，这里以四分位差为例加以说明。

把一个变量数列分为四等分，形成三个分割点（Q_1、Q_2、Q_3），这三个分割点的数值就称为四分位数。其中，第二个四分位数 Q_2 就是中位数 M_e，四分位差就是第三个四分位数 Q_3 与第一个四分位数 Q_1 之差。用 Q. D 表示四分位差，则公式为：

$$Q.D = Q_3 - Q_1 \tag{1-19}$$

对一个变量数列的资料，四分位差就是舍去数列中最低的$\frac{1}{4}$和最高的$\frac{1}{4}$数值，仅用中间那部分标志值的全距来充分反映集中于数列中间 50% 数值的差异程度。四分位差 Q. D 数值越大，表明 Q_1 与 Q_3 之间变量值分布愈远离它们的中点 Q_2，即远离中位数 M_e，说明中位数的代表性愈差；反之，四分位差 Q. D 数值愈小，说明中位数的代表性愈好。

［例 1 －11］推动京津冀地区协同发展，是以习近平同志为核心的党中央在新的历史条件下作出的重大决策部署。它对京津冀地区乃至全国区域发展带来的积极影响和推动作用，是全方位和深层次的，是历史性和转折性的。表 1 －7 为 2010 ~ 2019 年京津冀区域发展总指数，试计算该组数据的分位差。

表 1 －7　　　2010 ~ 2019 年京津冀区域发展总指数

项目	2010 年	2011 年	2012 年	2013 年	2014 年	2015 年	2016 年	2017 年	2018 年	2019 年
总指数	100	104. 87	112. 06	117. 70	130. 33	141. 64	152. 68	153. 99	160. 13	167. 72

资料来源：《京津冀区域发展指数持续提升》。

R 语言代码实现：

```
y2 <- c(100,104.87,112.06,117.70,130.33,141.64,152.68,153.99,160.13,
167.72)
IQR(y2)
[1] 40.1925
```

四、方差与标准差

方差和标准差是测度数据变异程度的最重要、最常用的指标。方差是各个变量值与其算术平均数的离差平方的算术平均数。方差的计量单位和量纲不便于从经济意义上进行解释，所以，实际统计工作中多用方差的算术平方根——标准差，来测度总体的离散程度。标准差又称均方差，具有量纲，与变量值的计量单位一致。方差和标准差的计算也分为简单平均法和加权平均法，另外，对于总体和样本，公式略有不同。

（一）总体的方差和标准差

总体的方差为 σ^2，标准差为 σ。

对于未分组整理的原始资料，方差和标准差的计算式分别为：

$$\sigma^2 = \frac{\sum_{i=1}^{n}(X_i - \bar{X})^2}{N} \tag{1-20}$$

$$\sigma = \sqrt{\frac{\sum_{i=1}^{n}(X_i - \bar{X})^2}{N}} \tag{1-21}$$

对于分组整理的原始资料，方差和标准差的计算式分别为：

$$\sigma^2 = \frac{\sum_{i=1}^{n}(X_i - \bar{X})^2 F_i}{\sum_{i=1}^{n} F_i} \tag{1-22}$$

$$\sigma = \sqrt{\frac{\sum_{i=1}^{n}(X_i - \bar{X})^2 F_i}{\sum_{i=1}^{n} F_i}} \tag{1-23}$$

（二）样本的方差和标准差

样本的方差、标准差与总体的方差、标准差在计算上有所差别。总体的方差和标准差在对各个离差平方平均时是除以数据个数或总频数，而样本的方差在对各个离差平方平均时是用总离差平方和除以样本数据个数或总频数减1。

样本的方差为 s^2，标准差为 s。

对于未分组整理的原始资料，方差和标准差的计算式为：

$$s^2 = \frac{\sum_{i=1}^{n}(x_i - \bar{x})^2}{n-1} \tag{1-24}$$

$$s = \sqrt{\frac{\sum_{i=1}^{n}(x_i - \bar{x})^2}{n-1}} \tag{1-25}$$

对于分组数据，方差和标准差的计算式为：

$$s^2 = \frac{\sum_{i=1}^{n}(x_i - \bar{x})^2 f_i}{\sum_{i=1}^{n} f_i - 1} \tag{1-26}$$

$$s = \sqrt{\frac{\sum_{i=1}^{n}(x_i - \bar{x})^2 f_i}{\sum_{i=1}^{n} f_i - 1}} \tag{1-27}$$

一般情况下，我们只能计算样本方差或标准差。

[例1-12] 从玉米苗中抽10株，测得它们的株高（cm）分别为21、42、39、14、19、22、37、41、40、25厘米，试计算玉米苗株高的方差和标准差。

R 语言代码实现：

```
y3 <- c(21,42,39,14,19,22,37,41,40,25)
var(y3)  #注意:var 函数计算的是样本方差,而非总体方差
[1] 115.7778
sd(y3)
[1] 10.76001
```

五、离散系数

以上计算的各种指标，包括全距、四分位差、平均差、方差与标准差，都是绝对指标，都有与平均指标相同的计量单位。各种指标的数值大小，不仅受离散程度的影响，而且还受数列水平（即标志本身的水平）高低的影响。因此，在对比分析中，不宜直接用上述各种标志变异指标来比较不同水平数列之间的标志离散程度，必须用反映标志变异程度的相对指标来比较，即用离散系数比较。

离散系数也称为标志变动系数。各种标志变异指标都可以计算离散系数，来反映总体各单位标志值的相对离散程度，但最常用的是根据标准差与算术平均数对比的离散系数，称作“标准差系数”，用 V_σ 表示，其计算公式如下：

$$V_\sigma = \frac{\sigma}{\bar{X}} \times 100\%$$

离散系数值越小，说明平均数代表性越好；离散系数值越大，则平均数代表性越差。

［例 1－13］根据第七次全国人口普查结果，从我国 31 个省（自治区、直辖市）常住人口分区域看，东部地区人口为 563717119 人，中部地区人口为 364694362 人，西部地区人口为 382852295 人，东北地区人口为 98514948 人。试计算该组数据的离散系数。

R 语言代码实现：

```
install.packages("raster")
library(raster)
y4 <- c(563717119,364694362,382852295,98514948)
cv(y4)
[1] 54.37779
```

第四节　数据形态测度分析及实现

集中趋势和离散程度是数据分布的两个重要的特征，但要全面了解数据的分布特点，还要知道数据分布的形状是否对称、偏斜的程度以及分布的扁平程度等。偏度和峰度就是对这些分布特征的进一步描述。

一、偏度及其测度

偏度是对分布偏斜方向及程度的测度。利用众数、中位数和算术平均数之间的关系就可以判断分布是左偏还是右偏。显然，判别偏态的方向并不困难，但要测量偏斜的程度就需要计算偏度了。偏度的计算方法很多，这里仅介绍其中比较常用的一种。偏度是对分布偏斜程度的测度，其计算式为：

$$\alpha_3 = \frac{\sum_{i=1}^{n}(x_i - \bar{x})^3 f_i}{\sigma^3 \sum_{i=1}^{n} f_i} \tag{1-28}$$

其中，α_3 为偏度，σ^3 为标准差的三次方。

从式（1－28）可以看到，偏度是根据离差的三次方的平均数再除以标准差的三次方，当分布对称时，离差三次方后正负离差可以相互抵消，因而 α_3 的分子等于 0，则 $\alpha_3=0$；当分布不对称时，正负离差不能抵消，就形成了正或负的偏度 α_3。当 α_3 为正值时，表示正偏离差值较大，可以判断为正偏或右偏；反之，当 α_3 为负值时，表示负离差数值较大可以判断为负偏或左偏。在计算 α_3 时，将离差三次方的平均数除以 σ^3 是将偏态指标转换为相对数，α_3 的绝对值愈大，表示偏斜的程度就愈大。

二、峰度及其测定

峰度是分布集中趋势高峰的形状。它通常是与正态分布相比较而言，在归化到同一方差时，若分布的形状比正态分布更瘦、更高，则称为尖峰分布，若比正态分布更矮、更胖，为平峰分布（见图 1－2）。

峰度系数是离差四次方的平均数，再除以标准差的四次方，其计算式为：

$$\alpha_4 = \frac{\sum_{i=1}^{n}(x_i - \bar{x})^4 f_i}{\sigma^4 \sum_{i=1}^{n} f_i} \tag{1-29}$$

其中，α_4 为峰度系数，σ^4 为标准差的四次方。

式（1－29）中将离差的四次方除以 σ^4 是为了将峰度指标转化成相对数。用峰度系数说明分布的尖峰和扁平程度，是通过与正态分布的峰度系数进行比较而言的。由于正态分布的峰度系数为 3，当 $\sigma^4 > 3$ 时，为尖峰分布；当 $\sigma^4 < 3$ 时，为扁平分布。

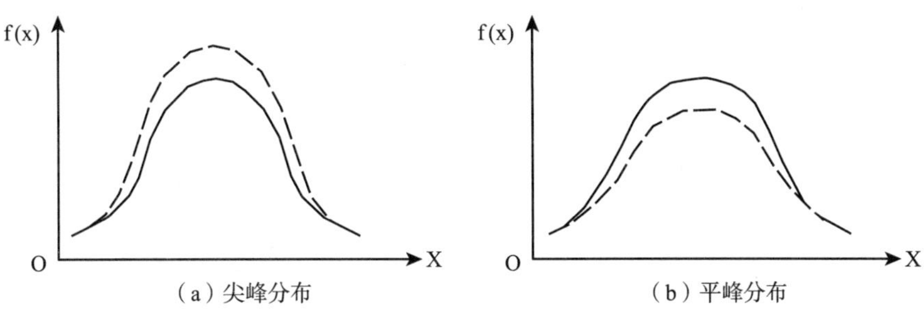

图 1－2　尖峰分布与平峰分布

［例 1－14］一台机床生产一种尺寸为 10 毫米的零件，现在从中抽测 10 个，尺寸分别为 10.2、10.1、10、9.8、9.9、10.3、9.7、10、9.9、10.1 毫米，试计算该组数据的偏态和峰度。

R 语言代码实现：

```
install.packages("moments")
library(moments)
z <- c(10.2,10.1,10,9.8,9.9,10.3,9.7,10,9.9,10.1)
skewness(z)   #偏态系数
[1] 0
kurtosis(z)   #峰度系数
[1] 2.2
```

第五节　探索性数据分析综合实验案例

一、数据背景

党的十八大以来，以习近平同志为核心的党中央高度重视生态文明建设和环境保护，提出一系列新理念新思想新战略。2017 年 10 月 18 日，党的十九大报告中指出，坚持人与自然和谐共生。必须树立和践行绿水青山就是金山银山的理念，坚持节约资源和保护环境的基本国策，建设美丽中国，为人民创造良好生产生活环境，为全球生态安全作出贡献。

空气污染对生态环境和人类健康危害巨大。随着国家环保战略的提出，治理空气污染被提到了空前的高度。通过对“两尘四气”（$PM_{2.5}$、PM_{10}、CO、NO_2、SO_2、O_3）浓度的实时监测，可以及时掌握空气质量，对污染源采取相应措施。“两尘四气”浓度的实时监测主要有两种方式：一种是国家控制站监测；另一种是社会机构应用微型空气质量监测仪进行监测。虽然国家监测控制站点（国控点）对“两尘四气”有监测数据，且较为准确，但因为国控点的布控较少，数据发布时间滞后且花费较大，无法给出实时快速的空气质量监测结果和预报。国内许多公司积极响应国家环保战略，自主研发了各种微型空气质量监测仪。这种空气质量监测仪造价相对较低，可对某一地区空气质量进行实时网格化监控，并同时监测风速、压强、降水量、温度、湿度等气象参数。这些监测仪所使用的电化学气体传感器在长时间使用后会产生一定的零点漂移和量程漂移，非常规气态污染物浓度变化对传感器存在交叉干扰，以及天气因素对传感器的影响，它们都造成微型空气质量监测仪所采集的数据与该地同一时间国控点采集的数据存在一定的差异。我们可以通过来源于国控点和自建点的两种数据的探索性分析，显化其差异性的存在，可以得到造成“两尘四气”数据差异的 5 个影响因素从强到弱的排序，来寻找数据的差异以及产生差异的主要原因。

二、数据来源

本章实验案例数据以 2019 年全国大学生数学建模竞赛 D 题《空气质量数据的校准》的数据为基础，给出了从 2018 年 11 月 14 日至 2019 年 6 月 11 日共 4200 组整点时刻的“两尘四气”浓度数据（数据见“data1. csv”）。

三、数据指标

$PM_{2.5}$：监测时刻 $PM_{2.5}$ 的浓度。

PM_{10}：监测时刻 PM_{10} 的浓度。

CO：监测时刻 CO 的浓度。

NO_2：监测时刻 NO_2 的浓度。

SO_2：监测时刻 SO_2 的浓度。

O_3：监测时刻 O_3 的浓度。

t：监测时刻。

四、探索性数据分析

R 语言代码实现：

```
install.packages("tidyverse")
library("tidyverse")
xx <- read_csv("C:/Users/lenovo/Desktop/data1.csv")
apply(xx[1:6],2,mean)
   PM2.5        PM10        CO        NO2        SO2        O3
56.725476  83.822381  1.119185  32.643095  22.404762  54.766190
apply(xx[1:6],2,max)
   PM2.5      PM10      CO      NO2      SO2      O3
246.000  985.000  3.895  141.000  150.000  259.000
apply(xx[1:6],2,min)
PM2.5  PM10    CO   NO2   SO2    O3
   1.00  2.00  0.05  5.00  1.00  1.00
apply(xx[1:6],2,median)
PM2.5  PM10    CO   NO2   SO2    O3
49.00  76.00  1.05  26.00  15.00  45.00
apply(xx[1:6],2,sd)
   PM2.5        PM10         CO         NO2         SO2         O3
34.5688253  50.8652439  0.4920927  24.3034323  20.0259531  47.9892581
install.packages("moments")
library(moments)
apply(xx[1:6],2,skewness)
   PM2.5       PM10       CO       NO2       SO2       O3
1.1426801  3.3148856  0.9433436  1.2327463  2.0630676  1.3847221
apply(xx[1:6],2,kurtosis)
   PM2.5       PM10       CO       NO2       SO2       O3
4.520455    49.725089  4.951199  4.332413  7.489126  5.089843
```

拓展：summary 函数。

当我们有多组数据时，Summary 函数可以一次性计算出它们的描述性统计量。最后的结论中，min 是最小值，1st Qu 是下四分位点，median 是中位数，mean 是均值，3rd Qu 是上四分位数，man 是最大数值。

R 语言代码实现：

```
summary(xx["PM2.5"])   #以“PM2.5”为例
        PM2.5
Min.     :  1.00
1st Qu.  : 31.00
Median   : 49.00
Mean     : 56.73
3rd Qu.  : 76.00
Max.     :246.00
```

本知识点微课视频二维码

第六节　统计表和统计图

统计表和统计图都是显示统计数据的重要方式。在日常生活中，阅读报纸、杂志，或者在看电视、查阅计算机网络时，都能看到大量的统计表和统计图。统计图是把数据形象地显示出来，统计表把杂乱的数据有条理地组织在一张简明的表格内。当对某些实际问题进行研究时，经常要使用统计表和统计图。正确使用统计表和统计图也是做好统计分析的最基本技能。

一、统计表

统计表是统计用数字说话的一种最常用的形式。把统计调查得来的数字资料，经过汇总整理后，得出一些系统化的统计资料，将其按一定顺序填列在一定的表格内，这个表格就是统计表。

（一）统计表的作用

统计表有以下四点作用：

（1）能使大量的统计资料系统化、条理化，因而能更清晰地表述统计资料的内容；

（2）利用统计表便于比较各项目（指标）之间的关系，而且也便于计算（如有些计算表比用公式更简易、明了）；

（3）采用统计表格表述统计资料比用叙述的方法表述统计资料显得紧凑、简明、醒目，使人一目了然；

（4）利用统计表易于检查数字的完整性（是否有遗漏）和正确性。统计表既是调查整理的工具，又是分析研究的工具。广义的统计表包括统计工作各个阶段中所用的一切表格，如调查表、整理表、计算表等，它们都是用来提供统计资料的重要工具。

（二）统计表的结构

从内容上看，统计表由主词和宾词两部分组成。主词是统计表所要说明的总体及其分组；宾词是用来说明总体的统计指标。通常情况下，表的主词排列在表的左方，列于横栏；表的宾词排列在表的右方，列于纵栏。但有时为了更好地编排表的内容，也可以将主词与宾词更换位置或合并排列。从构成要素看，统计表包括以下三个部分。

（1）总标题。就是统计表的名称，简要说明全表的内容，一般都写在表的上端中央。

（2）分标题（又叫标目）。就是指总体名称或分类名称及说明总体的各种项目。横行标题（横标目）写在表的左方，纵栏标题（纵标目）写在表的上方。

（3）纵、横栏组成的本身及表中的数字。另外，还应有必要的附注和注明资料来源。

现以图 1－3 为例说明统计表的结构。表头部分主要说明统计表的名称，一般包括表号、总标题，在所有数字资料的计量单位相同时，其计量单位在表的右上角注明。总标题应放在表的上方，它说明统计表的主要内容。横行标题和纵栏标题通常安排在统计表的第一列和第一行，它所表示的主要是所研究问题的类别名称和指标

总标题

表×× 2014年我国对主要国家和地区货物进出口额及其增长速度 单位：亿美元

国家和地区	出口额	比上年增长(%)	进口额	比上年增长(%)
欧盟	22 787	8.3	15 031	9.7
美国	24 382	6.4	9 764	3.1
中国香港	22 307	-6.6	792	-21.5
东盟	16 712	10.3	12 794	3.3
日本	9 187	-1.4	10 027	-0.5
韩国	6 162	8.9	11 677	2.8
印度	3 331	10.7	1 005	-4.6
中国台湾	2 843	12.7	9 337	-3.9
俄罗斯	3 297	7.2	2 555	3.7
合计	110 954	—	72 982	—

纵栏标题
横行标题
指标数值
主词栏
宾词栏

图 1－3　统计表形式

名称。如果是时间序列数据，横行标题和纵栏标题也可以是时间和指标名称，当数据较多时，通常将时间放在横行标题的位置，指标放在纵栏标题的位置。表的其余部分是具体的数字资料，处在统计表中间的部分。必要时可以在统计表的下方加上表外附加，表外附加主要包括资料来源、指标的解释和必要的说明等内容。从内容上看统计表由主词和宾词两部分构成。主词是统计表要说明的总体或者总体分成的各个组，宾词是说明的统计指标和指标数值。

（三）统计表的种类

统计表按照总体分组情况不同，可分为简单表、分组表和复合表三类。

1. 简单表

表的主词未经任何分组的统计表称为简单表。简单表的主词一般按时间顺序排列，或按总体各单位名称排列。通常是对调查来的原始资料初步整理所采用的形式，如表 1－8 所示。

表 1－8　　2016 年某公司所属两企业成套家具合格品数量　　单位：套

企业	合格品数量
甲企业	5000
乙企业	7000
合计	12000

2. 分组表

表的主词按照某一标志进行分组的统计表称为分组表。利用分组表可以揭示不同类型现象的特征，说明现象内部的结构，分析现象之间的相互关系等，如表 1－9 所示。

表 1－9　　2016 年某地区工业增加值和员工人数

项目		增加值（万元）	员工人数（人）
内资企业	大型	9750	13800
	中型	8600	45000
	小型	4200	10050
外商投资企业	大型	7300	7500
	中型	5200	10400
	小型	4400	4500

3. 复合表

表的主词按照两个或两个以上标志进行复合分组的统计表称为复合表。复合表能更深刻、更详细地反映客观现象，但使用复合表应恰如其分，并不是分组越细越好。因为复合表中多进行一次分组，组数将成倍增加，分组太细反而不利于研究现象的特征，如表1－10所示。

表1－10　　2014年我国各种运输方式完成旅客运输量及其增长速度

指标	单位	绝对数	比上年增长（%）
旅客运输总量	亿人次	220.7	3.9
铁路	亿人次	23.6	11.9
公路	亿人次	190.5	2.8
水运	亿人次	2.6	12.3
民航	亿人次	3.9	10.6
旅客运输周转量	亿人千米	29994.2	8.8
铁路	亿人千米	11604.8	9.5
公路	亿人千米	11981.7	6.5
水运	亿人千米	74.4	8.9
民航	亿人千米	6333.3	12.0

资料来源：《中华人民共和国2014年国民经济和社会发展统计公报》。

（四）统计表的设计规则

为了使统计表能清楚地说明被研究现象的特征，要求统计表满足科学、实用、简练、美观的设计原则。具体来说，编制统计表时应注意如下几点。

（1）合理安排统计表的结构。采用恰当的横竖比例。有时可以交换横行标题和纵栏标题，避免过高或过长的统计表形式。

（2）统计表的总标题、横行标题、纵栏标题都能简明扼要地说明有关内容。总标题应简明确切地概括出统计表的内容，一般需要表明时间、地点以及何种数据。当各数据的计量单位不同时，则应放在每个指标后单独列出。

（3）统计表的左右两端一律不封口，表的上下两端一般用粗线，其他的中间线都用细线隔开，为使统计表简单明了，在必要时纵栏标题之间可用细线分开，而横行标题中间一般不用横线分开，对于处在最后一行的合计栏，一般要用细线与横行标题分开。

（4）表中数据一般采用右对齐形式，有小数点时以小数点对齐，同栏数据要具有同一精确度；不要求填写或不可能有答案的表格单元，一般用“—”表示，在数字资料区不能出现“同上”“同左”等文字。

（5）若使用的是次级资料，应在表的下方注明资料来源，既显示对原作者的尊重，又便于读者查对。有时还需要在表的下方附上简明的指标解释。

二、统计图

统计资料整理成统计表后，便于清晰地展示变量的变化规律。为了使这种规律更有直观性，也常用图形表示，称为统计图。在数据分析中，一张好的统计图往往胜过冗长的文字表述。通过统计图，可以直观地看出数量变化的特征和规律。统计图的类型很多，多数统计图属于二维平面图，也可以绘制三维立体图。本节介绍几种常用的统计图形。

（一）柱形图

柱形图是用宽度相同的长方形的高度或长短来表示数据变动的图形。柱形图可以竖置和横置，横置时也就是条形图。另外，柱形图还有单式、复式等形式。根据表 1-11 的数据可绘制如图 1-4 所示的柱形图。

表 1-11　　2000～2007 年我国居民家庭收入　　单位：元

项目	2000 年	2001 年	2002 年	2003 年	2004 年	2005 年	2006 年	2007 年
城镇居民家庭人均可支配收入	6280.0	6859.6	7702.8	8472.2	9421.6	10493.0	11759.0	13786.0
农村居民家庭人均纯收入	2253.4	2366.4	2475.6	2622.2	2936.4	3255.0	3587.0	4140.0

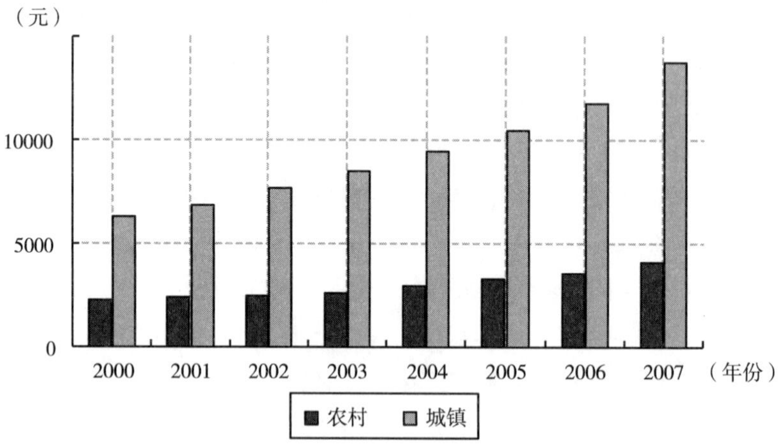

图 1-4　2000～2007 年我国居民家庭收入

R 语言代码实现：

```
data3 <- read_csv("C:/Users/lenovo/Desktop/data3.csv")
data3 <- pivot_longer(data3,col = c("town","rural"),
```

```
                    names_to = "area",
                    values_to = "income")
data3$year <- as.character(data3$year)
library(ggplot2)
ggplot(data3) +
aes(x = year, fill = area, weight = income) +
geom_bar(position = "dodge") +
scale_fill_manual(values = list(
rural = "#BDB7B7", town = "#000000")) +
labs(x = "年份", y = "收入(元)", fill = "地区") +
theme_minimal()
```

（二）散点图

散点图是以一个变量为横轴，另一个变量为纵轴，利用散点的分布形态反映变量统计关系的一种图形。其能直观表现出影响因素，预测现象之间的总体关系趋势。散点图不仅可以传递变量之间的关系类型的信息，也能反映变量间关系的密切程度。例如，根据表 1 – 12 中的数据绘制的产量与单位成本的散点图，如图 1 – 5 所示。

表 1 – 12　　某地区 6 个同类企业月产量和单位成本资料

项目	企业 1	企业 2	企业 3	企业 4	企业 5	企业 6
月产量 x（千件）	10	16	20	25	31	36
单位成本（元/件）	160	151	114	128	85	91

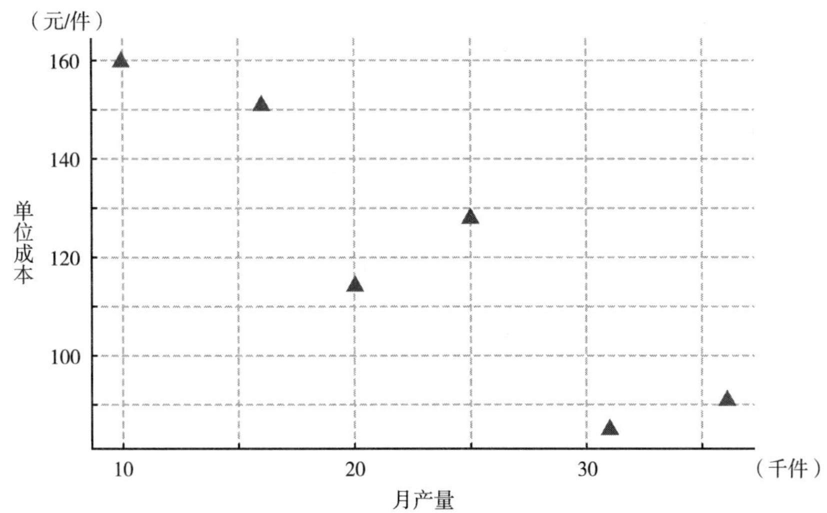

图 1 – 5　某地区 6 个同类企业月产量和单位成本

R 语言代码实现：

```
data4$number <- as.character(data4$number)
library(ggplot2)
ggplot(data4) +
aes(x = x, y = c, fill = number) +
geom_point(shape = "triangle", size = 4L, colour = "#112446") +
scale_fill_brewer(palette = "Greys", direction = 1) +
labs(x = "月产量(千件)", y = "单位成本(元/件)") +
theme_minimal() +
theme(legend.position = "none")
```

（三）折线图

折线图是在平面坐标上用折线表现数量变化特征和规律的统计图。折线图主要用于显示时间数列的数据，以反映事物发展变化的规律和趋势。例如，根据表 1 – 11 中 2000 ~ 2007 年我国居民家庭收入中的数据绘制的折线图，如图 1 – 6 所示。

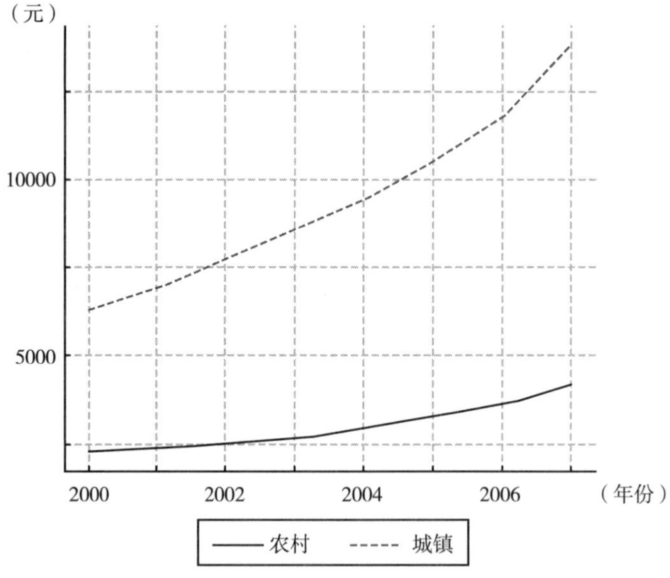

图 1 – 6　2000 ~ 2007 年我国居民家庭收入

R 语言代码实现：

```
data3$year <- as.numeric(data3$year)
library(ggplot2)
```

```
ggplot(data3) +
mapping = aes(x = year, y = income, linetype = area) +
geom_line() +
labs(x = "年份", y = "收入(元)")
```

绘制折线图时要注意以下几点：

（1）时间一般绘制在横轴上，指标数据绘制在纵轴上；

（2）图形长宽比例要适当，一般应绘成横轴略大于纵轴的长方形，其长宽比例要适当，一是符合审美观点，二是不会给人造成视觉上的错觉，便于对数变化的理解；

（3）一般情况下，纵轴数据下端应从“0”开始，以便于比较，数据如果与0之间的间距过大，可以采取折断的符号将纵轴折断。

（四）箱线图

箱线图（box plot），也称箱须图（box-whiskerplot），是利用一组数据中的五个统计量：最小值、下四分位数、中位数、上四分位数与最大值来描述数据的一种方法，它主要用于反映原始数据的分布特征，还可以进行多组数据分布特征的比较，通过箱线图可以看出数据是否具有对称性，分布的分散程度等信息。

箱线图由一个箱子和两条线段组成。其绘制方法是：首先，找出一组数据的五个特征值，即最大值、最小值、中位数 Me 和两个四分位数（下四分位数 QL 和上四分位数 QU）；其次，连接两个四分位数画出箱子；最后，把最大值和最小值与箱子相连接，中位数在箱子中间。单组数据箱线图的一般形式如图 1－7 所示。

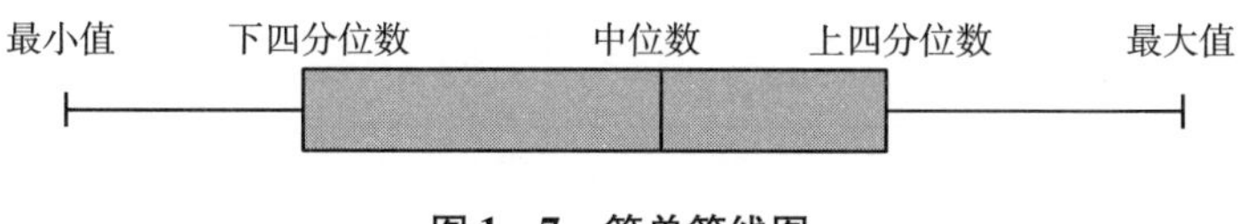

图 1－7　简单箱线图

我们通过箱线图的形状可以看出数据分布的特征。图 1－8 就是几种不同的箱线图与其所对应的分布性状的比较。对于多组数据，可以将各组数据的箱线图并列起来，从而进行分布特征的比较。

［例 1－15］在某城市中随机抽取 9 个家庭，调查得到每个家庭的人均月收入分别为 1500、750、780、1080、850、960、2000、1250、1630 元，试绘制该组数据的箱线图。

该组数据的箱线图如图 1－9 所示。

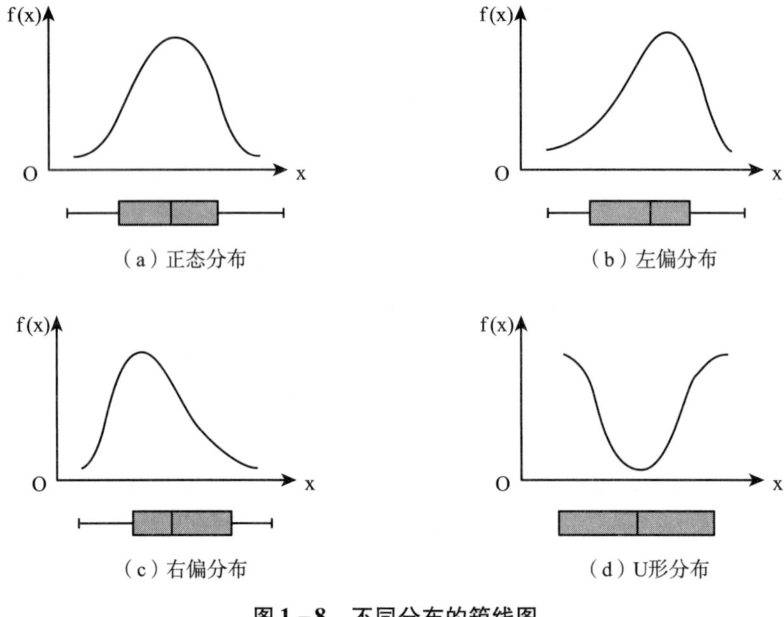

图 1－8　不同分布的箱线图

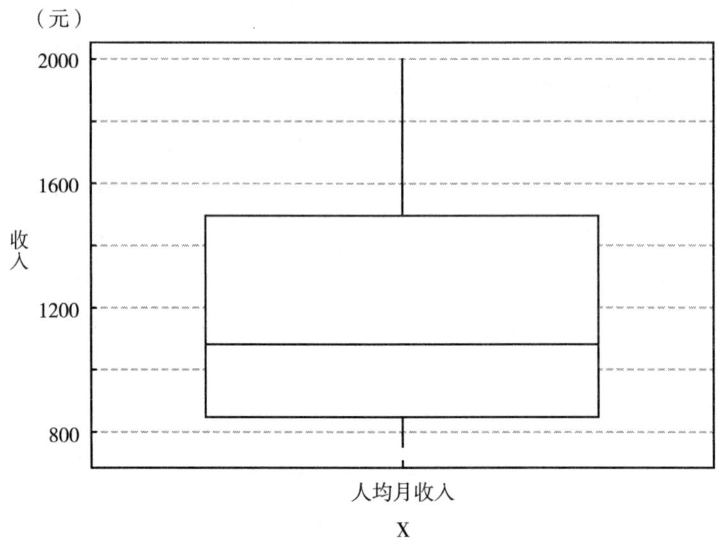

图 1－9　9 个家庭的人均月收入箱线图

R 语言代码实现：

```
data5 <- tibble(
+   family = 1:9,
+   income = c(1500,750,780,1080,850,960,2000,1250,1630))
library(ggplot2)
ggplot(data = data5,aes(x = "人均月收入",y = income)) + geom_boxplot()
```

本知识点视频学习二维码

思考练习

基于实验案例，空气质量监测仪的监测数据是否科学真实、准确可靠是生产者和使用者最关心的问题。一般情况下，国家空气质量监测控制站点对“两尘四气”（$PM_{2.5}$、PM_{10}、CO、NO_2、SO_2、O_3）浓度的监测数据比较准确，企业自主研发的微型空气质量监测仪容易受到各种因素，尤其是风速、压强、降水量、温度、湿度的影响，测量出来的数据往往存在着一定的误差。通过来源于国控点和自建点的两种数据的探索性分析，显化其差异性的存在。为此，我们还需要对企业自建点的数据利用 R 软件进行探索性数据分析。本题数据给出了相同时间段内分钟时刻的“两尘四气”浓度数据和 5 个天气因素——风速 ws、压强 p、降水量 pr、温度 T、湿度 h（数据见“data2. csv”）。

要求：

（1）首先对数据进行探索性数据分析，利用 R 软件，通过均值、最值、中位数、标准差、偏度以及峰度等统计量，分析自建点监测数据的数量特征。

（2）进一步地，将（1）中实验结果与第五节实验案例的国控点数据的数量特征进行对比，寻找数据差异以及产生差异的主要原因。

第二章 多元回归分析实验

在实际问题中，影响因变量的因素往往不止一个，如影响学生 BAT 移动支付使用意愿的因素不仅包括个人对 BAT 认知，还包括个体创新力、感知风险以及感知利益等因素。在实际应用中很难从主观分辨哪一个因素重要，哪一个因素不重要，但分析各个因素对因变量的影响程度是判定学生 BAT 移动支付使用意愿来源的必要环节，此时就需要从数据出发进行因变量与多个自变量之间的回归分析，即多元回归分析。

第一节　多元线性回归模型的一般形式

多元回归分析常用于分析事物之间的统计关系，侧重考察变量之间的数量变化规律。基于样本数据可以估计多元回归方程中不同解释变量对应的系数，即解释变量的变化引起被解释变量的变差，为分析和预测社会现象提供科学依据。

一、多元线性回归模型

含有一个被解释变量与多个解释变量的回归是多元回归模型，若被解释变量与解释变量之间表现为线性关系，就称之为多元线性回归模型。多元线性回归模型是一元线性回归模型的扩展和延伸，其一般形式如下：

$$Y_i = \beta_1 + \beta_2 X_{2i} + \beta_3 X_{3i} + \cdots + \beta_k X_{ki} + \mu_i (i = 1, 2, \cdots, n) \tag{2-1}$$

其中，Y 是被解释变量，X_2，X_3，…，X_k 是 k-1 个解释变量，下标 i 表示第 i 次观测；β_j（j=1，2，…，k）称为偏回归系数，表示在其他自变量保持不变的情况下，自变量 X_j 变动一个单位所引起的因变量平均变动的数额，β_1 是常数项，为以下的推导方便，将它视为取值恒为 1 的自变量 X_1 的系数，这样模型中解释变量的个数就变为 k；μ_i 是随机误差项，又称随机扰动项，它是一个特殊的随机变量，用来解释除了 X_{2i}，X_{3i}，…，X_{ki}对 Y_i 的线性影响之外的随机因素对 Y_i 的影响。

（一）多元线性回归模型的意义

分别从经济意义、代数意义和几何意义的角度对多元线性回归模型进行解释。

（1）经济意义：X_{ji}是 Y_i 的解释变量且 Y_i 与 X_{ji}存在线性关系。

（2）代数意义：Y_i 与 X_{ji}存在线性关系。

（3）几何意义：考虑问题的角度从二维空间向多维空间转化。

（二）多元总体回归函数的定义

多元总体回归函数是描述被解释变量 Y_i 的总体条件期望值与解释变量线性关系的方程。多元总体回归函数的数学表达式为：

$$E(Y_i \mid X_{2i}, X_{3i}, \cdots, X_{ki}) = \beta_1 + \beta_2 X_{2i} + \cdots + \beta_k X_{ki} (i = 1, 2, \cdots, n) \qquad (2-2)$$

其中，$\beta_j(j = 1, 2, \cdots, k)$也称为偏回归系数，表示在其他自变量保持不变的情况下，自变量 X_j 变动一个单位所引起的 Y 的均值 E(Y)的变化，或者说 β_j 给出 X_j 的单位变化对 Y 均值的“直接”或“净”的影响。此时 Y 总体条件期望的轨迹是 K 维空间的一条线。

各被解释变量与相应条件均值的偏差就是随机误差项或随机扰动项，用 μ_i 表示，其数学表达式为：

$$\mu_i = Y_i - E(Y_i \mid X_{2i}, X_{3i}, \cdots, X_{ki}) \qquad (2-3)$$

（三）多元样本回归函数的定义

利用多元样本回归函数可以基于样本数据得到总体回归函数的估计量，多元样本回归函数的数学表达式为：

$$\hat{Y}_i = \hat{\beta}_1 + \hat{\beta}_2 X_{2i} + \hat{\beta}_3 X_{3i} + \cdots + \hat{\beta}_k X_{ki} (i = 1, 2, \cdots, n) \qquad (2-4)$$

其中，$\hat{\beta}_j$ 为偏回归系数 β_j 的估计量，$\hat{Y}_i$ 为第 i 次观测点处 Y_i 的拟合值。由于拟合值与参数的估计方法和样本数据有关，因而对于选定的参数估计方法，$\hat{\beta}_j$ 和 $\hat{Y}_i$ 随样本变化而变化。所以，在一般情形下，$\hat{Y}_i$ 与实际值 Y_i 并不相等。我们称 Y_i 与 $\hat{Y}_i$ 之差为残差，用 e_i 表示，数学公式如下：

$$e_i = Y_i - \hat{Y}_i \qquad (2-5)$$

多元总体回归函数与多元样本回归函数的区别主要有以下三点。

（1）多元总体回归函数虽然未知，但是唯一存在的；反之，多元样本回归函数虽然可以计算，但由于可得样本数据的随机性，多元样本回归函数有多个，且随抽样的变化而变化。

（2）多元总体回归函数的系数 β_j 是确定的常数，但无法计算得出，只能通过样本数据进行估计；多元样本回归函数的系数 $\hat{\beta}_j$ 是随机变量。

（3）多元总体回归函数中随机扰动项 μ_i 是未知的，但多元样本回归函数中残差 e_i 是可以计算的。

二、多元线性回归模型的矩阵表示

对于容量为 n 的样本，多元回归模型可表示为：

$$\begin{cases} Y_1 = \beta_1 + \beta_2 X_{21} + \beta_3 X_{31} + \cdots + \beta_k X_{k1} + \mu_1 \\ Y_2 = \beta_1 + \beta_2 X_{22} + \beta_3 X_{32} + \cdots + \beta_k X_{k2} + \mu_2 \\ \cdots \\ Y_n = \beta_1 + \beta_2 X_{2n} + \beta_3 X_{3n} + \cdots + \beta_k X_{kn} + \mu_n \end{cases} \tag{2-6}$$

相应地，多元总体回归函数可表示为：

$$\begin{cases} E(Y_1) = \beta_1 + \beta_2 X_{21} + \beta_3 X_{31} + \cdots + \beta_k X_{k1} \\ E(Y_2) = \beta_1 + \beta_2 X_{22} + \beta_3 X_{32} + \cdots + \beta_k X_{k2} \\ \cdots \\ E(Y_n) = \beta_1 + \beta_2 X_{2n} + \beta_3 X_{3n} + \cdots + \beta_k X_{kn} \end{cases} \tag{2-7}$$

利用矩阵运算，式（2－6）和式（2－7）可以分别表示为如下矩阵形式：

$$Y = X\beta + \mu \tag{2-8}$$

和

$$E(Y) = X\beta \tag{2-9}$$

其中，

$$Y = \begin{bmatrix} Y_1 \\ Y_2 \\ \vdots \\ Y_n \end{bmatrix}, \ X = \begin{bmatrix} 1 & X_{21} & X_{31} & \cdots & X_{k1} \\ 1 & X_{22} & X_{32} & \cdots & X_{k2} \\ \vdots & \vdots & \vdots & \cdots & \vdots \\ 1 & X_{2n} & X_{3n} & \cdots & X_{kn} \end{bmatrix}, \ \beta = \begin{bmatrix} \beta_1 \\ \beta_2 \\ \vdots \\ \beta_n \end{bmatrix}$$

$$\mu=\begin{bmatrix}\mu_1\\ \mu_2\\ \vdots\\ \mu_n\end{bmatrix},\ E(Y)=\begin{bmatrix}E(Y_1)\\ E(Y_2)\\ \vdots\\ E(Y_n)\end{bmatrix}$$

与总体的情形类似，可以把多元样本回归函数和多元样本回归模型分别写成如下矩阵形式：

$$\hat{Y}=X\hat{\beta} \tag{2-10}$$

和

$$Y=X\hat{\beta}+e \tag{2-11}$$

其中，

$$\hat{Y}=\begin{bmatrix}\hat{Y}_1\\ \hat{Y}_2\\ \vdots\\ \hat{Y}_n\end{bmatrix},\ X=\begin{bmatrix}1 & X_{21} & X_{31} & \cdots & X_{k1}\\ 1 & X_{22} & X_{32} & \cdots & X_{k2}\\ \vdots & \vdots & \vdots & \cdots & \vdots\\ 1 & X_{2n} & X_{3n} & \cdots & X_{kn}\end{bmatrix},\ \beta=\begin{bmatrix}\hat{\beta}_1\\ \hat{\beta}_2\\ \vdots\\ \hat{\beta}_n\end{bmatrix},\ e=\begin{bmatrix}e_1\\ e_2\\ \vdots\\ e_n\end{bmatrix}$$

三、多元线性回归模型的基本假定

为了使模型具有良好的统计性质，对于多元线性回归模型可作一些基本假设。

假定1 解释变量是非随机的或固定的，且每个解释变量之间互不相关，即解释变量之间无多重共线性。从矩阵的角度理解就是解释变量观测值矩阵的秩是K，此时解释变量观测值矩阵X的维度为n行K列，即Rank（X）=k，Rank（X′X）=k。

假定2 随机误差项具有零均值、同方差及无自相关性。

$$E(\mu_i)=0,\ i=1,2,\cdots,n$$
$$Var(\mu_i)=\sigma^2,\ i=1,2,\cdots,n$$
$$cov(\mu_i,\mu_j)=0,\ i\neq j,\ i,j=1,2,\cdots,n$$

这一假定强调了每个样本个体随机误差的期望为0，其分布具有相同的离散程度，且每个随机误差项无自相关，即对于任意的i和j（$i\neq j$），μ_i 和 μ_j 的取值互不影响。该假定保证了估计系数的有效性。

假定3 解释变量与随机误差项不相关。

$$cov(X_{ji},\mu_i)=0,\ j=2,3,\cdots,k;i=1,2,\cdots,n$$

该假定保证了解释变量系数估计的无偏性。

假定 4 随机误差项服从正态分布，即：

$$\mu_i \sim N(0,\sigma^2),\ i=1,2,\cdots,n$$

该假定保证了后续统计推断工作的顺利开展。

本知识点微课视频二维码

第二节 多元线性回归模型的估计

在确定样本数据中的解释变量与被解释变量后，需要根据一定的统计拟合准则对模型中的各个参数进行估计。

一、参数的最小二乘估计

与一元线性回归方程的参数估计原理一样，多元线性回归仍然可以采用普通最小二乘法（ordinary least square estimation，OLS）来估计多元回归模型的系数。该方法是通过使因变量的观测值 Y_i 与估计值 $\hat{Y}_i$ 之间的离差平方和达到最小来估计参数 β_i 的方法。由于估计值 $\hat{Y}_i$ 可能大于观测值 Y_i，也可能小于观测值 Y_i，两者的差值 e_i 可能为正也可能为负，直接对 e_i 求和可能导致符号相互抵消的问题。为消除符号不一致带来的影响，可以将 Y_i 与估计值 $\hat{Y}_i$ 间的偏差距离定义为 e_i^2，此时偏差距离的总和就转化为离差平方和。

用 OLS 估计多元回归模型 $Y = X\beta + \varepsilon$，就是寻找参数 β_1，β_2，…，β_k 的估计值 $\hat{\beta}_1$，$\hat{\beta}_2$，…，$\hat{\beta}_k$，使离差平方和 $Q(\beta_1,\beta_2,\cdots,\beta_k) = \sum_{i=1}^{n}(y_i - \beta_1 - \beta_2 x_{2i} - \cdots - \beta_k x_{ki})^2$ 最小。也就是说，满足条件 $Q(\hat{\beta}_1,\hat{\beta}_2,\cdots,\hat{\beta}_k) = \min\sum_{i=1}^{n}(y_i - \beta_1 - \beta_2 x_{2i} - \cdots - \beta_k x_{ki})^2$ 所求得的 $\hat{\beta}_1$，$\hat{\beta}_2$，…，$\hat{\beta}_k$ 为回归参数 β_1，β_2，…，β_k 的最小二乘估计。

由于 Q 是关于 β_1，β_2，…，β_k 的非负二次函数，因而其最小值总是存在的。根据微积分中求极值的原理，$\hat{\beta}_1$，$\hat{\beta}_2$，…，$\hat{\beta}_k$ 应满足下列方程组：

$$\frac{\partial Q}{\partial \hat{\beta}_1} = -2\sum_{i=1}^{n}(y_i - \beta_1 - \beta_2 x_{2i} - \beta_3 x_{3i} - \beta_k x_{ki})^2 = 0$$
$$\frac{\partial Q}{\partial \hat{\beta}_2} = -2\sum_{i=1}^{n}(y_i - \beta_1 - \beta_2 x_{2i} - \beta_3 x_{3i} - \beta_k x_{ki})^2 x_{2i} = 0$$
$$\cdots$$
$$\frac{\partial Q}{\partial \hat{\beta}_k} = -2\sum_{i=1}^{n}(y_i - \beta_1 - \beta_2 x_{2i} - \beta_3 x_{3i} - \beta_k x_{ki})^2 x_{ki} = 0 \qquad (2-12)$$

对式（2－12）中的方程组进一步整理，可得到正规方程组如下：

$$\sum_{i=1}^{n}(y_i - \beta_1 - \beta_2 x_{2i} - \beta_3 x_{3i} - \beta_k x_{ki})^2 = \sum y_i$$
$$\sum_{i=1}^{n}(y_i - \beta_1 - \beta_2 x_{2i} - \beta_3 x_{3i} - \beta_k x_{ki})^2 x_{2i} = \sum y_i x_{2i}$$
$$\cdots$$
$$\sum_{i=1}^{n}(y_i - \beta_1 - \beta_2 x_{2i} - \beta_3 x_{3i} - \beta_k x_{ki})^2 x_{ki} = \sum y_i x_{ki} \qquad (2-13)$$

式（2－13）也可用矩阵表示：

$$X'(Y - X\hat{\beta}) = 0 \qquad (2-14)$$

或

$$X'X\hat{\beta} = X'Y \qquad (2-15)$$

当 $(X'X)^{-1}$ 存在时，得到的回归参数最小二乘估计为：

$$\hat{\beta} = (X'X)^{-1}X'Y \qquad (2-16)$$

求得 β 的最小二乘估计 $\hat{\beta}$ 后，得到多元样本回归方程：

$$\hat{y} = \hat{\beta}_1 + \hat{\beta}_2 x_2 + \hat{\beta}_3 x_3 + \cdots + \hat{\beta}_k x_k \qquad (2-17)$$

二、最小二乘估计量的性质

（一）线性性

线性性指 OLS 估计量 $\hat{\beta}$ 是因变量的观测值 y_1，y_2，…，y_n 的线性函数。

证明：

$$\hat{\beta} = (X'X)^{-1}X'Y \qquad (2-18)$$

设 $P=(X'X)^{-1}X'$，则矩阵 P 为一个非随机的 $k\times n$ 阶常数矩阵。因此式（2－18）可表示为（2－19）：

$$\hat{\beta}=PY \tag{2-19}$$

显然，OLS 估计量 $\hat{\beta}$ 是因变量的观测值 y_1，y_2，…，y_n 的线性函数。

（二）无偏性

无偏性指 OLS 估计量 $\hat{\beta}$ 是 β 的无偏估计。

证明：

将 $Y=X\beta+\varepsilon$ 代入 $\hat{\beta}=(X'X)^{-1}X'Y$ 中，得到：

$$\hat{\beta}=(X'X)^{-1}X'(X\beta+\varepsilon)=(X'X)^{-1}X'X\beta+(X'X)^{-1}X'\varepsilon=\beta+(X'X)^{-1}X'\varepsilon \tag{2-20}$$

则

$$E(\beta)=\beta+E[(X'X)^{-1}X'\varepsilon]=\beta+(X'X)^{-1}X'E(\varepsilon)=\beta \tag{2-21}$$

所以 $\hat{\beta}$ 是 β 的无偏估计。

（三）最小方差性

证明：

$$\begin{aligned}
Var(\hat{\beta})&=E[(\hat{\beta}-\beta)(\hat{\beta}-\beta)']\\
&=E\left[\begin{bmatrix}\hat{\beta}_1-\beta_1\\ \hat{\beta}_2-\beta_2\\ \vdots\\ \hat{\beta}_k-\beta_k\end{bmatrix}(\hat{\beta}_1-\beta_1,\hat{\beta}_2-\beta_2,\cdots,\hat{\beta}_k-\beta_k)\right]\\
&=\begin{bmatrix}Var(\hat{\beta}_1) & cov(\hat{\beta}_1,\hat{\beta}_2) & \cdots & cov(\hat{\beta}_1,\hat{\beta}_k)\\ cov(\hat{\beta}_2,\hat{\beta}_1) & Var(\hat{\beta}_2) & & cov(\hat{\beta}_2,\hat{\beta}_k)\\ \vdots & & \ddots & \vdots\\ cov(\hat{\beta}_k,\hat{\beta}_1) & cov(\hat{\beta}_k,\hat{\beta}_2) & \cdots & Var(\hat{\beta}_k)\end{bmatrix}
\end{aligned}$$

由式（2－20）可得：

$$\hat{\beta}-\beta=(X'X)^{-1}X'\varepsilon$$

$$(\hat{\beta}-\beta)'=[(X'X)^{-1}X'\varepsilon]'=\varepsilon'X(X'X)^{-1}$$

因此

$$\begin{aligned}
\mathrm{Var}(\hat{\beta}) &= E[(\hat{\beta}-\beta)(\hat{\beta}-\beta)'] \\
&= E[(X'X)^{-1}X'\varepsilon\varepsilon'X(X'X)^{-1}] \\
&= (X'X)^{-1}X'E(\varepsilon\varepsilon')X(X'X)^{-1} \\
&= (X'X)^{-1}X'\sigma_\varepsilon^2 I_n X(X'X)^{-1} \\
&= \sigma_\varepsilon^2(X'X)^{-1}
\end{aligned}$$

这个矩阵中主对角线上的元素表示 $\hat{\beta}$ 的方差，非主对角线上的元素表示 $\hat{\beta}$ 的协方差。例如，$\mathrm{Var}(\hat{\beta}_i)$是位于 $\sigma_\varepsilon^2(X'X)^{-1}$的第 i 行与第 i 列交叉处的元素（主对角线上的元素）；$\mathrm{cov}(\hat{\beta}_i,\hat{\beta}_j)$是位于 $\sigma_\varepsilon^2(X'X)^{-1}$的第 i 行与第 j 列交叉处的元素（非主对角线上的元素）。

在应用上，主要关心 $\hat{\beta}$ 的方差，而忽略协方差，得到：

$$\mathrm{Var}(\hat{\beta}) = \sigma_\varepsilon^2(X'X)_{ii}^{-1} \tag{2-22}$$

记 $S^{-1}=(X'X)^{-1}=(C_{ij})$，$(i,j=1,2,\cdots,k)$，则 $\mathrm{Var}(\hat{\beta}_i)=\sigma_\varepsilon^2 C_{ii}$，所以 $\hat{\beta}$ 是 β 的最小方差线性无偏估计。

本知识点微课视频二维码

第三节　多元线性回归模型检验

多元线性回归模型可以揭示被解释变量与其他多个解释变量之间的线性关系，但其不可以直接用于分析与预测现实社会经济现象，需要先经过多元回归的拟合优度检验、显著性检验以及回归系数的显著性检验，若皆通过检验，方可用于实际问题中。

一、多元回归的拟合优度检验

多元回归的拟合优度检验可以验证回归方程对样本数据的代表性，其实质就是检验样本数据点聚集在回归线周围的密集程度。若样本数据点多聚集在回归线周围，说明该回归方程的拟合程度较好；若样本数据点距离回归线均较分散，说明拟合程度较差，仅利用解释变量 X 无法良好的分析和预测被解释变量 Y 的变化过程。

由回归方程式（2-1）可知，Y 的不同观测值之间的差异主要来自解释变量 X 和随机误差项 μ_i。由于解释变量 X 的变化最终会映射在 Y 上，故定义由此引起的 Y 的变差平方和为回归平方和（regression sum of squares，RSS），即 $\sum(\hat{Y}_i-\bar{Y})^2$。定义由随机因素引起的 Y 的变差平方和为剩余平方和（errors sum of squares，ESS），即 $\sum(Y_i-\bar{Y})^2$。Y 的不同观测值之间的差异即 Y 的总离差平方和（total sum of squares，TSS）可以表示为 $\sum(Y_i-\bar{Y})^2$，且有式（2-23）成立：

$$\sum(Y_i-\bar{Y})^2=\sum(\hat{Y}_i-\bar{Y})^2-\sum(Y_i-\bar{Y})^2 \tag{2-23}$$

当所有的样本数据点均落在回归线上时，回归方程的拟合优度最高，此时 X 能完全解释 Y 的变化，TSS 仅包括 RSS，ESS 为 0。因此，RSS 占 TSS 的比例越高，说明回归方程能够解释的变差所占比例较大，回归方程的拟合程度也就越好。

（一）多重可决系数

在多元回归模型中，由各个解释变量联合起来解释了 Y 的变差占 Y 的总变差的比重，称为多重可决系数，用 R^2 表示。多重可决系数的数学公式为：

$$R^2=\frac{RSS}{TSS}=\frac{\sum(\hat{Y}_i-\bar{Y})^2}{\sum(Y_i-\bar{Y})^2}=\frac{TSS-ESS}{TSS}=1-\frac{ESS}{TSS}=1-\frac{\sum e_i^2}{\sum y_i^2} \tag{2-24}$$

多重可决系数 R^2 反映了回归方程所能解释的变差比例，$1-R^2=ESS/TSS$ 反映了随机因素引起的变差比例。由式（2-24）可知，R^2 的取值范围在 0~1 之间，R^2 越接近 1，回归方程所能解释的变差比就越大，拟合优度越高；反之，R^2 越接近 0，由随机误差引力的变差比例越大，拟合优度越低。但多重可决系数没有考虑解释变量的个数，不适用于比较不同回归方程的拟合程度，因此需要进一步的修正。

（二）修正的可决系数

多重可决系数只涉及变差，没有考虑到自由度，若用自由度来矫正所计算的变差，可以纠正解释变量个数不同引起的对比困难。修正的可决系数用 $\bar{R}^2$ 表示，其数学表达式如下：

$$\bar{R}^2=1-\frac{\frac{\sum ESS}{n-k}}{\frac{\sum TSS}{n-1}}=1-\frac{n-1}{n-k}\frac{\sum ESS}{\sum TSS}=1-\frac{n-1}{n-k}(1-R^2) \tag{2-25}$$

其中，总离差平方和 TSS 的自由度为 n - 1，回归平方和 RSS 的自由度为 k - 1，剩余平方和 ESS 的自由度为 n - k。修正的拟合系数 $\bar{R}^2$ 的取值范围和数值大小的意义与 R^2 完全相同，$\bar{R}^2$ 越接近于 1，拟合优度越高；$\bar{R}^2$ 越接近于 0，拟合优度越低。

二、回归方程的显著性检验

多元回归方程中包含多个解释变量，只有当其与被解释变量之间存在显著的线性关系时，由此构造的方程才能较好地反映被解释变量和解释变量之间的统计关系。因此为确认线性回归方程是否适合所选数据，需要先进行回归方程的显著性检验。回归方程的显著性检验在拟合优度检验的基础上采用方差分析的方法，验证 TSS 中 RSS 所占的比例是否显著超过 ESS，若 RSS 占较大比例，说明 Y 与 X 之间的线性关系明显，可以利用多元线性回归反映 Y 与 X 之间的关系；反之，Y 与 X 之间存在非线性关系，需要进一步判断。

多元线性回归反映的是所有解释变量联合起来对被解释变量影响的显著性，或整个方程总的联合显著性，因此需要对方程的显著性在方差分析的基础上进行 F 检验。多元线性回归方程的显著性检验的原假设为 $H_0: \beta_2 = \beta_3 = \cdots = \beta_k = 0$，若所有解释变量的线性回归系数均为 0，说明所有解释变量联合起来对被解释变量的影响不显著。备择假设为 $H_1: \beta_j \neq 0\ (j = 2, 3, \cdots, k)$，即存在解释变量的线性回归系数不为 0。F 统计量的数学定义为：

$$F = \frac{\frac{ESS}{k-1}}{\frac{RSS}{n-k}} = \frac{\frac{\sum(\hat{Y}_i - \bar{Y})^2}{k-1}}{\frac{\sum(Y_i - \hat{Y}_i)^2}{n-k}} \tag{2-26}$$

其中，k - 1 为线性回归方程中解释变量的个数，F 统计量服从(k - 1, n - k)自由度的 F 分布。对于给定的显著性水平 α，通过查阅 F 分布表可以获取自由度为 k - 1 和 n - k 的临界值 $F_\alpha(k-1, n-k)$。若通过样本观测值计算的 F 值大于临界值 $F_\alpha(k-1, n-k)$ 或观测 F 统计量对应的 P 值小于 α，则拒绝原假设 $H_0: \beta_2 = \beta_3 = \cdots = \beta_k = 0$，说明该多元线性回归模型有显著意义，即所有的解释变量便合起来对 Y 确有显著影响。若计算的 F 值小于临界值 $F_\alpha(k-1, n-k)$ 或观测 F 统计量对应的 P 值大于 α，则不拒绝 $H_0: \beta_2 = \beta_3 = \cdots = \beta_k = 0$，说明回归模型未通过显著性检验，即所有解释变量联合起来对 Y 没有显著影响。

三、回归系数的显著性检验

回归方程的显著性检验是对整个方程总的联合显著性检验，回归系数的显著性检验是对每个解释变量与被解释变量的线性关系进行检验，也就是各个解释变量能否有效地解释被解释变量的线性变化。回归系数的显著性检验可以用于判断某个解释变量是否可以保留在多元线性回归方程中。

一元回归中，F 检验与 t 检验是等价的，这是由于它们的原假设均为 $H_0: \beta_2 = 0$，即解释变量的回归系数为 0 时，X 的变化不会引起 Y 的变动。但在多元回归中，F 检验显著并不意味着每一个解释变量都与 Y 有显著的线性关系，还需要分别检验当其他解释变量保持不变时，各个解释变量 X 对被解释变量是否有显著影响。

多元线性回归系数的显著性检验的原假设为 $H_0: \beta_j = 0(j = 2, 3, \cdots, k)$，即解释变量 X_j 的回归系数与 0 无差异，这说明无论 X_j 如何变动都不会对被解释变量造成影响，X_j 与无法解释 Y 的线性变化，因此应剔除 X_j。备择假设为 $H_1: \beta_j \neq 0 (j = 2, 3, \cdots, k)$，即解释变量 X_j 的回归系数一定不为 0，X_j 与 Y 具有显著的线性关系，应保留 X_j。在多元线性回归中，如果解释变量之间互相独立，则回归系数估计量的抽样分布为：

$$\hat{\beta}_j \sim t\left(\beta_j, \frac{\sigma^2}{\sum(x_{ij} - \bar{x}_j)}\right) \tag{2-27}$$

因此，假设原假设成立，可构造 t 统计量为：

$$t^* = \frac{\hat{\beta}_j - \beta_j}{SE(\hat{\beta}_j)} \sim t(n-k) \tag{2-28}$$

其中，t 统计量服从自由度为 n - k 的 t 分布。对于给定的显著性水平 α，通过查阅 t 分布表可以获取自由度为 n - k 的临界值 $t_{\alpha/2}(n-k)$。若通过样本观测值计算的 t 值满足 $-t_{\alpha/2}(n-k) \leqslant t^* \leqslant t_{\alpha/2}(n-k)$ 或观测 T 统计量对应的 p 值大于 α，则不拒绝原假设 $H_0: \beta_j = 0$，即认为 β_j 所对应的解释变量 X_j 对被解释变量 Y 的影响不显著，X_j 不应该保留在回归方程中。若通过样本观测值计算的 t 值满足 $t^* < -t_{\alpha/2}(n-k)$ 或 $t^* > t_{\alpha/2}(n-k)$，就拒绝原假设 $H_0: \beta_j = 0$，即认为 β_j 所对应的解释变量 X_j 对被解释变量 Y 的影响是显著的，X_j 应该保留在回归方程中。

本知识点微课视频二维码

第四节　多元线性回归分析案例

一、多元线性回归分析的一般步骤

多元线性回归分析的一般步骤如下。

（一）确定回归分析中的解释变量和被解释变量

由于多元回归分析常用于分析事物之间的统计关系，侧重考察变量之间的数量变化规律。因此，多元回归分析的第一步是确定回归分析中的解释变量和被解释变量，也就是确认研究的主体是什么。将研究主体作为被解释变量 Y，通过分析引起 Y 变化的原因找到所有可能的解释变量 X。回归分析意在建立 Y 关于 X 的多元回归方程，并在给定 X 的条件下，通过回归方程预测 Y 的平均值。尽管通过回归分析可以了解 Y 与 X 之间关系，但回归分析不同于相关分析，一旦对被解释变量和解释变量做出变动，其回归方程也会随之改变。这也进一步说明了确定解释变量和被解释变量的重要性。

（二）确定回归模型

只有当被解释变量与解释变量之间存在线性关系时，才能进行线性回归。可以根据样本数据建立散点图，确定被解释变量与解释变量之间的关系，若存在非线性关系，则应进行非线性回归分析。

（三）建立多元线性回归方程

根据收集的样本数据以及第二步确定的多元回归线性模型，利用最小二乘法估计模型中的各个参数，可以得到一个确定的多元线性回归方程。

（四）多元线性回归方程的检验

由于多元线性回归方程式是现有样本数据的基础上得到的，回归方程是否能真正反映事物总体间的统计关系以及回归方程能否用于预测等都需要进行检验。对回归方程的显著性检验可以验证 $k-1$ 个解释变量对被解释变量的解释程度，若通过回归方程的显著性检验，说明建立的多元回归方程能够较大程度反映事物总体间的统计关系。对回归方程系数的显著性检验可以筛选 $k-1$ 个解释变量中对分析预测无用的变量，若通过回归方程系数的显著性检验，说明目前挑选的解释变量和被解释变量间存在线性关系，变量选择是合理的。

（五）利用多元线性回归方程进行分析和预测

通过多种检验后，多元线性回归方程就可以用于分析和预测实际的事物变化情况。利用 R 语言进行回归分析时，应重点关注上述过程中的第一步和最后一步，中间的估计和检验可以通过 R 语言编写程序直接计算出来。

二、多元线性回归分析实验案例

在与房地产领域相关的众多经济和社会问题中，房地产价格影响因素以及房地产价格指数测度问题，尤其受到社会各界的关注。为系统研究城市房地产价格变动的主要原因，分析不同因素对城市房地产价格的影响方向和程度，本书以大连市为研究对象搜集了相关的观测数据。现利用多元线性回归分析方法构建大连市商品住宅的特征价格模型。本节中，被解释变量为住宅的成交均价，解释变量则依据房屋类别、建筑面积、区位特征和交通条件进行划分。

（一）变量选取的理论分析

1. 被解释变量的选取

在构建住宅特征价格模型时，既可以用一套住宅的总成交金额作为因变量（贾生华，2004），也可以用一套住宅的每平方米成交价格作为因变量（中国指数研究院，2005），住宅的总成交金额等于面积单价与建筑面积的乘积。与存量房销售不同，开发商销售新建商品住宅时，一般是先确定面积单价，然后按每平方米价格乘以每套住宅的建筑面积计算得到的总金额进行出售。因此，本节将选择以住宅的成交均价作为因变量。

2. 解释变量的选取

（1）房屋类别。按房屋类别不同，可以将商品住宅进一步划分为普通住宅、公寓和别墅。由于大连房地产市场别墅的成交量很少，而且别墅的价格及特征与普通住宅和公寓市场相差较大，别墅建设在我国受宏观经济政策的影响也很大，把别墅纳入模型进行分析可能会引起过大的误差，因此，将仅限于考察普通住宅和公寓两种建筑类别住宅的特征价格。

（2）建筑面积。建筑面积是用来衡量户型大小的标志变量，由于“五脏俱全”的小户型住宅，每平方米的建筑成本一般要高于大户型，而且一套小户型住宅的总价款相对较低，在目前房价已经超过普通百姓承受能力的情况下，小户型可能更受购房者的青睐，因此建筑面积对住宅价格的影响预期为负，不过这种影响是否具有统计意义上的显著性，尚有待通过模型的拟合结果进行检验。

（3）区位特征。由于住宅具有不可移动的特点，使得住宅表现出明显的区位特征，不同区域住宅的便利条件、舒适程度、稀缺程度可能都会有所不同。住宅区位特征的差异非常复杂，本研究根据大连市市内四个行政区域的划分标准，将住宅划分为中山区、西岗区、沙河口区和甘井子区四个区域。由于行政分区变量具有四种属性，因此需要引入3个虚拟变量，即以甘井子区为基准，再引入“是否中山区”“是否西岗区”和“是否沙河口区”三个虚拟变量，它们对住宅价格的影响预期为正。

此外，还需引入星海湾区域和高新技术园区分析其对大连房地产市场的影响。星海湾区域依山临海，集会展、商务、旅游、文化、餐饮、休闲等城市功能于一体，是大连市最热门、价格也最高的住宅区域之一；大连高新技术园区是1991年3月经中国政府批准建立的首批国家级高新技术产业园区，也是大连市的对外开放先导区，聚集了大量的高新技术人才。为定量分析星海湾区域和高新技术园区对大连房地产市场的影响，引入“是否星海湾区域”和“是否高新园区”虚拟变量，它们对住宅价格的影响预期为正。

（4）交通条件。公共交通目前还仍是城市居民出行的主要交通方式，住宅小区所在区域的交通便利情况，对住宅价格有重要影响。为对公共交通因素进一步量化，采用住宅小区附近500米范围内公交线路的条数作为交通条件变量。一般而言，公交线路越多，居民出行就越方便，其对住宅价格应该有正的影响。不过，考虑到当公交线路条数多到一定数量后，再增加公交线路，对居民出行便利与否的影响就会变得不再显著，因此本书在对公交线路进行量化时，对于公交线路超过15条的，均规定为15条。公共交通变量对住宅价格的影响预期为正。

（二）数据预处理及R语言实现

1. 数据预处理

确定被解释变量和解释变量后，需要对原始数据进行预处理。

（1）对交通条件变量的调整。交通条件是住宅小区附近500米范围内公交线路的条数，反映的是小区所在区域的交通便利情况。在对公交线路进行量化时，可以考虑将公交线路超过15条的，均规定为15条。

（2）剔除异常值。异常值是指标准化残差过大的观测量，由于不同小区、不同建筑类别、不同层高类别的住宅，成交均价可能会差别很大，因此剔除异常值时，需将上述交易记录按照小区、建筑类别及层高类别进行交叉分组，再计算各组成交均价的标准化值，凡是成交均价标准化值的绝对值大于或等于3的交易记录，可视为异常值加以剔除；重复计算各组成交均价的标准化值，再将其绝对值大于或等于3的交易记录剔除；再检验，再剔除，直至无异常数据为止。累计删除511条，最终实际得到有效观测记录数据20313条。

由于样本数据较多，此处仅显示其中的30条样本观测进行预览（见表2-1）。

表 2 - 1　　大连市住宅成交均价及主要影响因素预览数据

区域	房屋类别	建筑面积（平方米）	成交均价（元）	是否星海湾区域	是否高新园区	是否中山区	是否沙河口区	是否西岗区	交通条件
甘井子区	1	97.01	5600.00	0	1	0	0	0	2
沙河口区	1	127.62	5749.79	0	0	0	1	0	10
甘井子区	1	144.57	6350.00	0	0	0	0	0	6
沙河口区	0	29.92	4169.95	0	1	0	1	0	8
甘井子区	1	107.58	4091.90	0	0	0	0	0	10
甘井子区	1	108.16	4075.30	0	0	0	0	0	10
沙河口区	1	96.86	2845.92	0	0	0	1	0	7
甘井子区	1	98.77	3572.83	0	0	0	0	0	3
甘井子区	1	130.22	6327.45	0	1	0	0	0	3
甘井子区	1	99.22	6100.00	0	0	0	0	0	6
沙河口区	1	138.25	3176.28	0	0	0	1	0	7
甘井子区	1	83.25	3602.20	0	0	0	0	0	5
沙河口区	1	95.22	5478.00	0	0	0	1	0	4
甘井子区	1	79.19	3955.00	0	0	0	0	0	5
甘井子区	1	79.25	3400.79	0	0	0	0	0	3
沙河口区	1	99.79	4556.70	0	0	0	1	0	15
沙河口区	0	47.7	7898.47	1	0	0	1	0	11
沙河口区	1	181.53	7930.00	0	0	0	1	0	5
甘井子区	1	50.51	4580.00	0	0	0	0	0	5
甘井子区	1	102.44	4915.89	0	0	0	0	0	10
甘井子区	0	80.83	5310.00	0	0	0	0	0	15
沙河口区	0	32.33	4335.66	0	0	0	1	0	10
中山区	1	108.33	6770.71	0	0	1	0	0	5
甘井子区	1	62.77	3092.46	0	0	0	0	0	1
甘井子区	1	47.53	4437.18	0	0	0	0	0	10
沙河口区	1	98.08	6951.00	0	1	0	1	0	8
甘井子区	1	86.07	3901.51	0	0	0	0	0	7
中山区	0	59.39	8735.01	0	0	1	0	0	4
甘井子区	1	114.26	4930.20	0	0	0	0	0	8
甘井子区	1	66.09	4487.59	0	0	0	0	0	5

注：该表数据为随机抽取的原样本中 30 条观测，仅用于展示数据类型。

2. R 语言实现

利用 R 语言的实现步骤如下。

（1）将样本数据保存至 D 盘下，此例中数据文件命名为“住宅特征价格 . csv”。利用 setwd 命令设置工作路径，便于数据的读取。R 语言中，注释用“#”表示。

```
setwd("D:/编写教材")                    #设置工作路径
DYHG = read. csv("住宅特征价格 . csv",header = TRUE,encoding = 'UTF - 8') #读
入数据
view(DYHG)                              #预览数据
```

以上三句代码中，setwd 命令用于设置工作路径，便于 R 软件找到数据文件所在位置；read. csv 命令用于读入 csv 格式的数据文件，并将包含住宅特征价格数据的矩阵定义为 DYHG，其中 header = TURE 表明 csv 文件中数据的第一行为列名；view 命令用于预览数据，便于初步确认数据导入的准确性。

（2）根据变量特征设置变量属性。

```
#房屋类别设置为哑变量
DYHG$房屋类别 = factor(DYHG$房屋类别,levels = c("公寓","住宅"), labels = c
(0,1))
```

上述代码中，factor 命令用于把房屋类别设置为哑变量，其中住宅为 1，公寓为 0。下面将以甘井子区为基准，利用 R 语言依次引入“是否中山区”“是否沙河口区”“是否西岗区”三个虚拟变量；

```
#引入是否中山区虚拟变量
ZSQ = vector(length  =  dim(DYHG)[1])
for(i in 1:length(DYHG$X. U. FEFF. 区域)){
  if (DYHG$X. U. FEFF. 区域[i] == "中山区"){
  ZSQ[i] =1
  }
  else if(DYHG$X. U. FEFF. 区域[i] == "甘井子区"|DYHG$X. U. FEFF. 区域
[i] == "西岗区"|DYHG$X. U. FEFF. 区域[i] == "沙河口区")
  ZSQ[i] =0
}
DYHG$是否中山区 =ZSQ
```

以上四句代码中，vector 命令用于生成一个空向量，变量长度为 DYHG 列长；for 语句用于循环 i，i 从 1 循环到 DYHG 列长；if 语句用于设置是否为中山区虚拟变量，i 如果等于“中山区”，则变量 ZSQ 下标为 i 的值为 1，i 如果等于“甘井子区”或者“西岗区”或者“沙河口区”，则变量 ZSQ 下标为 i 的值为 0。同理分别对“是否沙河口区”“是否西岗区”的变量进一步处理。

```
#引入是否沙河口区虚拟变量
SHKQ = vector(length = dim(DYHG)[1])
for(i in 1:length(DYHG$X. U. FEFF. 区域)){
  if (DYHG$X. U. FEFF. 区域[i] == "沙河口区"){
  SHKQ[i] = 1
  }
  else if(DYHG$X. U. FEFF. 区域[i] == "甘井子区" | DYHG$X. U. FEFF. 区域
[i] == "西岗区" | DYHG$X. U. FEFF. 区域[i] == "中山区")
  SHKQ[i] = 0
  }
  DYHG$是否沙河口区 = SHKQ
#引入是否西岗区虚拟变量
XGQ = vector(length = dim(DYHG)[1])
for(i in 1:length(DYHG$X. U. FEFF. 区域)){
  if (DYHG$X. U. FEFF. 区域[i] == "西岗区"){
  XGQ[i] = 1
  }
  else if(DYHG$X. U. FEFF. 区域[i] == "甘井子区" | DYHG$X. U. FEFF. 区域
[i] == "中山区" | DYHG$X. U. FEFF. 区域[i] == "沙河口区")
  XGQ[i] = 0
}
DYHG$是否西岗区 = XGQ
```

（三）回归方程的估计和检验

对数据处理后，根据得到的样本进行多元线性回归估计和检验，该步骤的结果可以通过 R 语言编写程序直接计算出来。

1. 参数估计

利用最小二乘法，以成交均价作为因变量，房屋类别、建筑面积、是否中山区、是否沙河口区、是否西岗区、是否星海湾区域、是否高新园区以及交通条件作为自变量，建立多元线性回归模型。

多元线性回归参数估计和模型检验的 R 代码如下。

```
#多元线性回归参数估计和模型检验
lm_model = lm(成交均价 ~ 房屋类别 + 建筑面积 + 是否中山区 + 是否沙河口区 + 是否西岗区 + 是否星海湾区域 + 是否高新园区 + 交通条件 + 绿化率,data = DYHG)
#进行多元线性回归,并得到估计值和相关检验结果
summary(lm_model)
```

上述代码中，lm 命令用于对数据进行回归及检验；summary 命令则用于获取描述性统计量，得到最小值、最大值、四分位数和数值型变量的均值，以及因子向量和逻辑型向量的频数统计等。

结果如图 2－1 所示。

```
Coefficients:
               Estimate Std. Error t value Pr(>|t|)
(Intercept)    3652.1874    33.2105  109.97   <2e-16 ***
房屋类别1      -440.5788    26.6659  -16.52   <2e-16 ***
建筑面积          7.6010     0.2294   33.14   <2e-16 ***
是否中山区     2670.8520    26.6434  100.24   <2e-16 ***
是否沙河口区    774.0203    22.9992   33.65   <2e-16 ***
是否西岗区     2018.1153    39.0608   51.67   <2e-16 ***
是否星海湾区域 2331.7728    52.0833   44.77   <2e-16 ***
是否高新园区   1303.3428    26.7779   48.67   <2e-16 ***
交通条件         46.6164     2.4451   19.07   <2e-16 ***
---
Signif. codes:  0 '***' 0.001 '**' 0.01 '*' 0.05 '.' 0.1 ' ' 1

Residual standard error: 1088 on 20304 degrees of freedom
Multiple R-squared:  0.5677,    Adjusted R-squared:  0.5675
F-statistic:  3333 on 8 and 20304 DF,  p-value: < 2.2e-16
```

图 2－1　模型试运算估计结果（1）

图 2－1 圈出的数据为各个解释变量系数的估计值，因此模型估计的结果写为：

$$\hat{Y}_i = 3652.1874 - 440.5788X_2 + 7.601X_3 + 2670.852X_4 + 774.0203X_5$$
$$(33.2105)\quad(26.6659)\quad(0.2294)\quad(26.6434)\quad(22.9992)$$
$$t = (109.97)\quad(-16.52)\quad(33.14)\quad(100.24)\quad(33.65)$$
$$+2018.1153X_6 + 2331.7728X_7 + 1303.3428X_8 + 46.6164X_9$$
$$(39.0608)\quad(52.0833)\quad(26.7779)\quad(2.4451)$$
$$t = (51.67)\quad(44.77)\quad(48.67)\quad(19.07)$$

模型估计结果表明，住宅的基准价格为 3652.19 元/平方米。在假定其他变量不变的情况下，普通住宅的价格比公寓低 440.58 元/平方米；建筑面积每增长 1 平方米，平均说来成交均价将增长 7.60 元；中山区住宅的价格比甘井子区高 2670.85 元/

平方米；沙河口区住宅的价格比甘井子区高 774.02 元/平方米；西岗区住宅的价格比甘井子区高 2018.12 元/平方米；位于星海湾区域的住宅比其他住宅的价格高 2331.77 元/平方米；位于高新园区的住宅比其他住宅的价格高 1303.34 元/平方米；公交路线每增加 1 条，平均说来成交均价将增长 46.62 元。

2. 多元回归的拟合优度检验

图 2-2 圈出的数据分别为回归模型的 R^2 和 $\bar{R}^2$，R^2 表示回归模型所能解释的响应变量的方差比例，即拟合优度，R^2 越接近 1 则越显著。$\bar{R}^2$ 为修正的可决系数，由于 $\bar{R}^2$ 考虑了模型中变量的数目，能实际地评估模型的有效性，因此常用 $\bar{R}^2$ 判断多元线性回归模型的拟合优度。由图 2-2 可知，$\bar{R}^2$ 为 0.5675，说明选取的 8 个解释变量能较大程度解释住宅交易价格的变化。

```
Coefficients:
                Estimate Std. Error t value Pr(>|t|)
(Intercept)     3652.1874    33.2105  109.97   <2e-16 ***
房屋类别1        -440.5788    26.6659  -16.52   <2e-16 ***
建筑面积           7.6010     0.2294   33.14   <2e-16 ***
是否中山区       2670.8520    26.6434  100.24   <2e-16 ***
是否沙河口区      774.0203    22.9992   33.65   <2e-16 ***
是否西岗区       2018.1153    39.0608   51.67   <2e-16 ***
是否星海湾区域   2331.7728    52.0833   44.77   <2e-16 ***
是否高新园区     1303.3428    26.7779   48.67   <2e-16 ***
交通条件           46.6164     2.4451   19.07   <2e-16 ***
---
Signif. codes:  0 '***' 0.001 '**' 0.01 '*' 0.05 '.' 0.1 ' ' 1

Residual standard error: 1088 on 20304 degrees of freedom
Multiple R-squared:  0.5677,    Adjusted R-squared:  0.5675
F-statistic:  3333 on 8 and 20304 DF,  p-value: < 2.2e-16
```

图 2-2　模型试运算估计结果（2）

3. 回归方程的显著性检验

图 2-3 圈出的部分为回归方程的显著性检验结果。针对 H_0：$\beta_2=\beta_3=\cdots=\beta_k=0$，给定显著性水平 $\alpha=0.05$，在 F 分布表中查出自由度为 $k-1=8$ 和 $n-k=20304$ 的临界值 $F_\alpha(8,20304)=1.91$。由图 2-3 中得到的 $F=3333>F_\alpha(8,20304)=1.91$，应拒绝原假设 H_0：$\beta_2=\beta_3=\cdots=\beta_k=0$，说明回归方程显著，即"房屋类别""建筑面积""是否中山区""是否沙河口区""是否西岗区""是否星海湾区域""是否高新园区"以及"交通条件"等变量联合起来，确实对"住宅均价"有显著影响。

4. 回归系数的显著性检验

图 2-4 圈出的部分为回归方程系数的显著性检验结果。分别针对原假设 H_0：$\beta_j=0(j=1,2,3,4,5,6,7,8,9)$，给定显著性水平 $\alpha=0.05$，查 t 分布表得自由度为 $n-k=20304$，临界值 $t_{0.05/2}(n-k)=1.96$。由图 2-4 中数据可得，$\hat{\beta}_2$、$\hat{\beta}_3$、$\hat{\beta}_4$、$\hat{\beta}_5$、$\hat{\beta}_6$、$\hat{\beta}_7$、$\hat{\beta}_8$、$\hat{\beta}_9$ 所对应的 t 统计量绝对值均大于 $t_{0.05/2}(n-k)=1.96$，说明在显

著性水平 $\alpha=0.05$ 的情况下，解释变量“房屋类别”“建筑面积”“是否中山区”“是否沙河口区”“是否西岗区”“是否星海湾区域”“是否高新园区”以及“交通条件”均对被解释变量“住宅均价”有显著的线性影响。

```
Coefficients:
              Estimate Std. Error t value Pr(>|t|)
(Intercept)   3652.1874    33.2105  109.97   <2e-16 ***
房屋类别1     -440.5788    26.6659  -16.52   <2e-16 ***
建筑面积         7.6010     0.2294   33.14   <2e-16 ***
是否中山区    2670.8520    26.6434  100.24   <2e-16 ***
是否沙河口区   774.0203    22.9992   33.65   <2e-16 ***
是否西岗区    2018.1153    39.0608   51.67   <2e-16 ***
是否星海湾区域 2331.7728   52.0833   44.77   <2e-16 ***
是否高新园区  1303.3428    26.7779   48.67   <2e-16 ***
交通条件        46.6164     2.4451   19.07   <2e-16 ***
---
Signif. codes:  0 '***' 0.001 '**' 0.01 '*' 0.05 '.' 0.1 ' ' 1

Residual standard error: 1088 on 20304 degrees of freedom
Multiple R-squared:  0.5677,    Adjusted R-squared:  0.5675
F-statistic:  3333 on 8 and 20304 DF,  p-value: < 2.2e-16
```

图 2-3 模型试运算估计结果（3）

```
Coefficients:
              Estimate Std. Error t value Pr(>|t|)
(Intercept)   3652.1874    33.2105  109.97   <2e-16 ***
房屋类别1     -440.5788    26.6659  -16.52   <2e-16 ***
建筑面积         7.6010     0.2294   33.14   <2e-16 ***
是否中山区    2670.8520    26.6434  100.24   <2e-16 ***
是否沙河口区   774.0203    22.9992   33.65   <2e-16 ***
是否西岗区    2018.1153    39.0608   51.67   <2e-16 ***
是否星海湾区域 2331.7728   52.0833   44.77   <2e-16 ***
是否高新园区  1303.3428    26.7779   48.67   <2e-16 ***
交通条件        46.6164     2.4451   19.07   <2e-16 ***
---
Signif. codes:  0 '***' 0.001 '**' 0.01 '*' 0.05 '.' 0.1 ' ' 1

Residual standard error: 1088 on 20304 degrees of freedom
Multiple R-squared:  0.5677,    Adjusted R-squared:  0.5675
F-statistic:  3333 on 8 and 20304 DF,  p-value: < 2.2e-16
```

图 2-4 模型试运算估计结果（4）

（四）回归方程的预测

对多元线性回归模型进行估计并通过检验后，可以投入实际问题进行分析和预测。对于最终得到的回归模型（2.29），可以从多个角度预测房屋类别、建筑面积、区位特征和交通条件变化对住宅均价的影响。

$$\hat{Y}_i=3652.1874-440.5788X_2+7.601X_3+2670.852X_4+774.0203X_5+2018.1153X_6+2331.7728X_7+1303.3428X_8+46.6164X_9 \quad (2-29)$$

本知识点微课视频二维码

思考练习

为分析影响不良贷款的因素，一家商业银行在所属的多家分行中随机抽取25家，得到不良贷款、贷款余额、贷款项目个数、固定资产投资等有关数据如表2－2所示。

表2－2　某商业银行分行不良贷款及主要影响因素数据

不良贷款（亿元）	贷款余额（亿元）	应收贷款（亿元）	贷款项目个数（个）	固定资产投资（亿元）
0.9	67.3	6.8	5.0	51.9
1.1	111.3	19.8	16.0	90.9
4.8	173.0	7.7	17.0	73.7
3.2	80.8	7.2	10.0	14.5
7.8	199.7	16.5	19.0	63.2
2.7	16.2	2.2	1.0	2.2
1.6	107.4	10.7	17.0	20.2
12.5	185.4	27.1	18.0	43.8
1.0	96.1	1.7	10.0	55.9
2.6	72.8	9.1	14.0	64.3
0.3	64.2	2.1	11.0	42.7
4.0	132.2	11.2	23.0	76.7
0.8	58.6	6.0	14.0	22.8
3.5	174.6	12.7	26.0	117.1
10.2	263.5	15.6	34.0	146.7
3.0	79.3	8.9	15.0	29.9
0.2	14.8	0.6	2.0	42.1
0.4	73.5	5.9	11.0	25.3
1.0	24.7	5.0	4.0	13.4
6.8	139.4	7.2	28.0	64.3

续表

不良贷款（亿元）	贷款余额（亿元）	应收贷款（亿元）	贷款项目个数（个）	固定资产投资（亿元）
11.6	368.2	16.8	32.0	163.9
1.6	95.7	3.8	10.0	44.5
1.2	109.6	10.3	14.0	67.9
7.2	196.2	15.8	16.0	39.7
3.2	102.2	12.0	10.0	97.1

要求：利用 R 软件进行回归分析，并回答下面的问题。

（1）以不良贷款作为因变量，写出估计的回归方程。

（2）不良贷款的总变差中被估计的回归方程所解释的比例是多少？

（3）检验回归方程的线性关系是否显著（$\alpha=0.05$）。

（4）检验各回归系数是否显著（$\alpha=0.05$）。

（5）若回归系数显著，解释回归系数的实际意义。

第三章 投入产出分析实验

经济系统的各个部分之间存在着错综复杂的相互依存关系，由这些关系将经济系统的各个部分连成一个不可分割的整体。通过对这些相互依存关系的描述和分析，就可以揭示经济系统中包含的各种数量关系。投入产出分析是研究经济系统中各个部分之间在投入与产出方面相互依存的经济数量分析方法，它是指在一定的经济理论指导下，利用投入产出表和相应的投入产出模型，对各种经济活动的投入产出关系进行的经济分析和预测。

第一节 投入产出表介绍

投入产出分析，又称“部门平衡”分析，或称“产业关联”分析，最早由美国经济学家华西里·列昂惕夫（W. Leontief，1936）提出。正是因为提出这种方法，华西里·列昂惕夫在 1973 年获得诺贝尔经济学奖。投入产出分析的主要思想是通过编制投入产出表及建立相应的数学模型，以反映经济系统各个部门（产业）之间的相互关系。自 20 世纪 60 年代以来，这种方法就被经济学家广泛地应用于区域产业构成分析、区域相互作用分析，以及资源利用与环境保护研究等各个方面。在现代经济学中，投入产出分析方法是必不可少的研究方法之一。例如，基于全球价值链分析中美贸易冲突的利益得失，采用投入产出模型研究新冠肺炎疫情的经济冲击效应，等等。

一、投入产出法的部门分类

投入产出表刻画的是经济系统中不同产业部门之间相互联系、相互制约的数量依存关系。具体到生产过程，从产出来看，它反映的是各部门间相互提供产品，而从投入来看，它刻画的是各部门间相互消耗产品。投入产出表描绘了部门间的技术经济联系，由于受客观条件制约，它具有一定的数量界限和规律，需要制定和运用专门的投入产出方法来加以研究。投入产出核算是以适当的国民经济产品部门分类为基础，通过专门的平衡表和消耗系数描述各部门之间错综复杂的投入产出数量关系，并利用数学方法建立经济模型，进行相应的经济分析和预测。

（一）产品部门及其特征

投入产出表关于产品部门有两个重要假设：一是产出的同质性，即假定一个部门只能生产同一种类的产品。如果一个部门除了主要产品之外，还生产其他次要产品，就必须把后者的产出划归到将其作为主要产品来生产的相应部门，如林场生产林木、木材和木制家具。二是投入的同质性，即假定一个部门只能以相同或相似的投入结构和生产工艺生产同一种类的产品。如果在生产同类产品的过程中使用了两种不同的投入结构或生产工艺，也应该把有关生产活动分别划归到不同产品部门，如火力发电和水力发电。

（二）产品部门与产业部门的关系

产品部门与产业部门的相似之处：都是从生产的角度进行的部门分类，都要适当考虑各部门在投入和产出两方面的同质性，具有相同或相近的分析目的和分析要求。

产品部门与产业部门的不同之处：产业部门并非是完全满足同质性要求的“纯部门”；只有产品部门才是真正的“纯部门”。

国民核算需要将产品部门、产业部门和机构部门等分类有机结合，分别应用于不同研究领域。

（三）产品部门划分的方式

产品部门分类也可参照产业部门分类标准中有关部门的名称来确定产品部门，并根据分析需要和核算条件来确定产品部门划分的粗细程度。但仍应注意到，产品部门与产业部门是两种既相似、又不同的部门分类。

（1）对于投入结构和生产工艺的区分不是绝对的，而是相对的。例如，电力生产部门：水电、火电、核电、风电、油电……这些子部门可分也可合、可细也可粗。

（2）产品部门分得越细，其同质性越好，但实际划分时应兼顾需要与可能。例如，我国的 2002 年投入产出表划分 123 个二级部门，42 个一级部门，公布资料时更简化。

（3）在现实经济生活中，产品部门之间的关系无法直接观察到，其资料可用适当方法推算出来。基本过程为：实际投入产出资料→产业部门资料→产品部门资料。

二、投入产出表的种类和结构

（一）投入产出表的种类

投入产出表（部门联系平衡表）：以产品部门分类为基础的棋盘式平衡表，用于反映国民经济各部门的投入和产出、投入的来源和产出的去向，以及部门与部门之间相互提供、相互消耗产品的错综复杂的技术经济关系。按不同的分类方式，投入产出表可分为以下类型。

按计量单位分：价值型和实物型；

按表式结构分：对称型（纯部门）和 U－V 型；

按资料范围分：全国表、地区表和企业表；

按时间期限分，静态表和动态表。

（二）投入产出表的四大象限

暂不考虑作为合计数的“总投入”行与“总产出”列以及生产部门的“小计”栏，可将投入产出表划分为四大象限，分别表达特定的经济内容，如表 3－1 和表 3－2 所示。

表 3－1　　投入产出表四大象限示意图

象限Ⅰ：中间流量	象限Ⅱ：最终产品
象限Ⅲ：最初投入	象限Ⅳ：空白象限

表 3－2　　价值型投入产出表

类别		投入部门（中间产品）					最终产品	总产出
		部门 1	部门 2	…	部门 n	小计		
产出部门中间投入	部门 1	x_{11}	x_{12}	…	x_{1n}	$\sum x_{1j}$	f_1	q_1
	部门 2	x_{21}	x_{22}	…	x_{2n}	$\sum x_{2j}$	f_2	q_2
	⋮	⋮	⋮	⋱	⋮	⋮	⋮	⋮
	部门 n	x_{n1}	x_{n2}	…	x_{nn}	$\sum x_{nj}$	f_n	q_n
	小计	$\sum x_{i1}$	$\sum x_{i2}$	…	$\sum x_{in}$	$\sum\sum x_{ij}$	$\sum f_i$	$\sum q_i$
最初投入	固定资产折旧	d_1	d_2	…	d_n	$\sum d_j$		
	劳动者报酬	v_1	v_2	…	v_n	$\sum v_j$		
	生产税净额	s_1	s_2	…	s_n	$\sum s_j$		
	营业盈余	m_1	m_2	…	m_n	$\sum m_j$		
	增加值	y_1	y_2	…	y_n	$\sum y_j$		
总投入		q_1	q_2	…	q_n	$\sum q_j$		

表3-1第Ⅰ象限代表中间产品或中间消耗，是投入产出表的核心部分，主要反映各部门之间相互提供、相互消耗产品的技术经济联系。横行标题和纵栏标题是名称、排序相同的产品部门，具有严整的棋盘式结构。其中，横行表示提供中间产品的部门（产出部门），纵栏代表消耗中间产品的部门（投入部门），表中每项数据都具有“产出”与“消耗”的双重含义。该象限的所有 n^2 个数据组成“中间流量（中间产品、中间消耗）矩阵”：

$$X=(x_{ij})_{n\times n},\quad x_{ij}\geqslant 0$$

第Ⅱ象限（最终产品或最终使用），反映各部门提供最终产品的数量和构成情况，可以细分为消费、投资和净出口，其数据组成“最终产品列向量”：

$$f=(f_1,f_2,\cdots,f_n)',\quad f_i\geqslant 0$$

第Ⅲ象限（最初投入或增加值），反映各部门的最初投入数量及其构成，可细分为固定资产折旧、劳动者报酬、生产税净额和营业盈余等，其数据组成“最初投入（增加值）行向量”：

$$y'=(y_1,y_2,\cdots,y_n),\quad y_i>0$$

第Ⅳ象限为空白象限，可在国民核算矩阵中适当开发。

投入产出表具有两个主要方向，代表不同的经济内容。横表，即Ⅰ+Ⅱ，反映各部门的产出及其使用去向，也就是“产品分配”过程；竖表，即Ⅰ+Ⅲ，反映各部门的投入及其提供来源，也就是“价值形成”过程。“横表”和“竖表”各自存在一定的平衡关系，彼此之间又在总量上相互制约，构成投入产出表建模分析的基础框架。

（三）投入产出表的平衡关系

投入产出表的基本平衡关系有三种：产品平衡方程，价值平衡方程和物质平衡方程。

（1）各行（横表）的平衡，也称之为产品平衡方程，即中间产品+最终产品=总产出：

$$X1+f=q,\quad 1=(1,1,\cdots,1)'$$

（2）各列（竖表）的平衡，也称之为价值平衡方程，即中间投入+最初投入=总投入：

$$1'X+y'=q',\quad X'1+y=q$$

（3）各行列（横表和竖表）的对应平衡，也称之为物质平衡方程，即各部门总产出等于该部门总投入：

$$\sum_{j=1}^{n} x_{kj} + f_k = q_k = \sum_{i=1}^{n} x_{ik} + y_k,\ k = 1,2,\cdots,n$$

$$X1 + f = q = X'1 + y \tag{3-1}$$

式（3-1）表明，“产品平衡方程”与“价值平衡方程”既相对独立，又相互制约。从投入产出表所有行列的角度看，所有部门的总产出等于所有部门的总投入，即：

$$\sum_{i=1}^{n}\sum_{j=1}^{n} x_{ij} + \sum_{i=1}^{n} f_i = \sum_{j=1}^{n}\sum_{i=1}^{n} x_{ij} + \sum_{j=1}^{n} y_j$$

此外，所有部门的中间产品 = 所有部门的中间消耗，即：

$$\sum_{i=1}^{n}\sum_{j=1}^{n} x_{ij} = \sum_{j=1}^{n}\sum_{i=1}^{n} x_{ij}$$

类似地，所有部门提供的最终产品 = 所有部门创造的增加值：

$$\sum_{i=1}^{n} f_i = \sum_{j=1}^{n} y_j$$

但应注意，每个部门所提供的中间产品价值与其消耗的中间产品价值通常不等，即：

$$\sum_{j=1}^{n} x_{kj} \neq \sum_{i=1}^{n} x_{ik},\quad k = 1,2,\cdots,n$$

不仅如此，每个部门所提供的最终产品价值与其创造的增加值通常也不等，即：

$$f_k \neq y_k,\quad k = 1,2,\cdots,n$$

本知识点微课视频二维码

第二节　技术经济系数和投入产出模型

一、几种中间消耗概念

投入产出表存在三种消耗概念，即直接消耗、间接消耗和完全消耗。其中，直接消耗是指在某种产品的生产过程中，对有关产品的第一轮消耗；间接消耗是通过被消耗品的媒介关系而形成的对有关产品的消耗；完全消耗是指对某种产品的直接消耗与所有各次间接消耗之和。

如图 3-1 所示，以炼钢为例，炼钢过程直接消耗生铁和电力，此即直接消耗；通过生铁间接消耗焦炭和电力，这是第一次间接消耗；通过焦炭间接消耗原煤和电力，这是第二次间接消耗；通过原煤间接消耗坑木和电力，这是第三次间接消耗，以此类推。

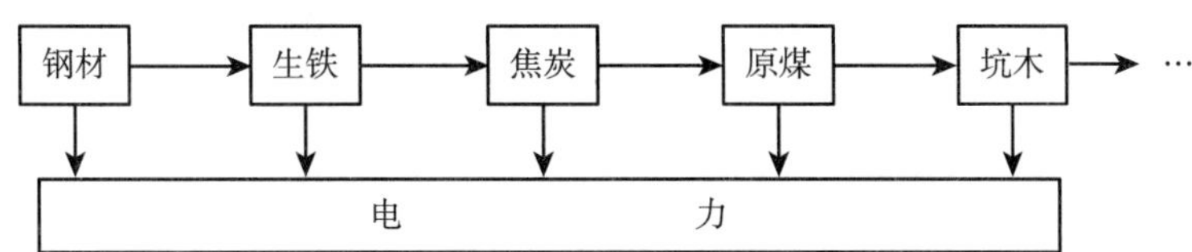

图 3-1　电力行业投入产出关系

间接消耗具有以下特征。

(1) 传递性，即不是直接观察到的第一次消耗，而是通过被消耗品的传递关系形成的消耗。

(2) 层次性，即根据传递环节的不同而有不同的层次。

(3) 无限性，即社会生产的循环过程无始无终，间接消耗的传递关系是永无止境的。

(4) 收敛性，即在极限意义上，间接消耗的不断传递过程本身是收敛的。这样才有可能计算出全部间接消耗。

注意两点：一是完全消耗总是大于直接消耗；二是当一个部门对某种产品没有直接消耗时，却仍然对它有间接消耗，因而完全消耗通常不为零。

(一) 直接消耗系数

直接消耗系数 (a_{ij})，即 j 部门每生产一单位产出对 i 部门产出的直接消耗量。其计算公式为：

$$a_{ij}=\frac{x_{ij}}{q_j},\quad i,j=1,2,\cdots,n$$

所有 n^2 个直接消耗系数组成"直接消耗系数矩阵"：

$$A=(a_{ij})_{n\times n}=X\hat{q}^{-1}=\begin{pmatrix}x_{11}&x_{12}&\cdots&x_{1n}\\x_{21}&x_{22}&\cdots&x_{2n}\\\vdots&\vdots&\ddots&\vdots\\x_{n1}&x_{n2}&\cdots&x_{nn}\end{pmatrix}\begin{pmatrix}q_1^{-1}&0&\cdots&0\\0&q_2^{-1}&\cdots&0\\\vdots&\vdots&\ddots&\vdots\\0&0&\cdots&q_n^{-1}\end{pmatrix}$$

直接消耗系数的取值范围为：

$$0 \leqslant a_{ij} < 1, \quad 0 < \sum_{i=1}^{n} a_{ij} < 1$$

直接消耗系数的作用：（1）反映部门间直接的技术经济联系；（2）构成中间产品（消耗）与总产出之间的媒介；（3）计算完全消耗系数（和其他系数）的基础。

以上考虑的是“价值型直接消耗系数”，与之对应的还有“实物型直接消耗系数”。如表 3－3 所示，可引入实物量的中间消耗、总产出以及相应的实物型直接消耗系数：

$$X^* = (x_{ij}^*)_{n\times n}, \qquad x_{ij}^* \geqslant 0$$

$$q^* = (q_1^*, q_2^*, \cdots, q_n^*)', \qquad q_i^* \geqslant 0$$

$$\alpha_{ij} = a_{ij}^* = \frac{x_{ij}^*}{q_j^*}, \qquad i, j = 1, 2, \cdots, n$$

显然，实物型与价值型的直接消耗系数之间存在如下数量关系：

$$a_{ij} = \frac{p_i x_{ij}^*}{p_j q_j^*} = \frac{p_i}{p_j} \cdot a_{ij}^*, \quad i, j = 1, 2, \cdots, n$$

表 3－3　　实物型投入产出表

类别		投入部门（中间产品）					最终产品	总产出
		部门 1	部门 2	…	部门 n	小 计		
产出部门中间投入	部 门 1	x_{11}^*	x_{12}^*	…	x_{1n}^*	$\sum x_{1j}^*$	f_1^*	q_1^*
	部 门 2	x_{21}^*	x_{22}^*	…	x_{2n}^*	$\sum x_{2j}^*$	f_2^*	q_2^*
	⋮	⋮	⋮	⋱	⋮	⋮	⋮	⋮
	部 门 n	x_{n1}^*	x_{n2}^*	…	x_{nn}^*	$\sum x_{nj}^*$	f_n^*	q_n^*
	小计	$\sum x_{i1}$	$\sum x_{i2}$	…	$\sum x_{in}$	$\sum\sum x_{ij}$	$\sum f_i$	$\sum q_i$
最初投入	固定资产折旧	d_1	d_2	…	d_n	$\sum d_j$		
	劳动者报酬	v_1	v_2	…	v_n	$\sum v_j$		
	生产税净额	s_1	s_2	…	s_n	$\sum s_j$		
	营业盈余	m_1	m_2	…	m_n	$\sum m_j$		
	增 加 值	y_1	y_2	…	y_n	$\sum y_j$		
总 投 入		q_1	q_2	…	q_n	$\sum q_j$		

（二）最初投入系数和增加值系数

各部门每生产一单位产出所需的有关最初投入，或所创造的增加值数量。计算公式分别为：

$$固定资产折旧系数：\bar{d}_j = \frac{d_j}{q_j}, \quad j = 1, 2, \cdots, n$$

劳动者报酬系数：　$\bar{v}_j = \frac{v_j}{q_j}$,　$j = 1, 2, \cdots, n$

生产税系数：　$\bar{s}_j = \frac{s_j}{q_j}$,　$j = 1, 2, \cdots, n$

营业盈余系数：　$\bar{m}_j = \frac{m_j}{q_j}$,　$j = 1, 2, \cdots, n$

增加值系数：　$\bar{y}_j = \frac{y_j}{q_j}$,　$j = 1, 2, \cdots, n$

用矩阵表示各种最初投入系数：

$$A_y = \begin{pmatrix} \bar{d}_1 & \bar{d}_2 & \cdots & \bar{d}_n \\ \bar{v}_1 & \bar{v}_2 & \cdots & \bar{v}_n \\ \bar{s}_1 & \bar{s}_2 & \cdots & \bar{s}_n \\ \bar{m}_1 & \bar{m}_2 & \cdots & \bar{m}_n \end{pmatrix}$$

$$= \begin{pmatrix} d_1 & d_2 & \cdots & d_n \\ v_1 & v_2 & \cdots & v_n \\ s_1 & s_2 & \cdots & s_n \\ m_1 & m_2 & \cdots & m_n \end{pmatrix} \begin{pmatrix} q_1^{-1} & 0 & \cdots & 0 \\ 0 & q_2^{-1} & \cdots & 0 \\ \vdots & \vdots & \ddots & \vdots \\ 0 & 0 & \cdots & q_n^{-1} \end{pmatrix}$$

增加值系数与各种最初投入系数之间的关系：

$$\bar{y}_j = \bar{d}_j + \bar{v}_j + \bar{s}_j + \bar{m}_j$$

增加值系数与直接消耗系数之间的关系：

$$\bar{y}_j + \sum_{i=1}^{n} a_{ij} = 1,\quad \bar{y}_j = 1 - \sum_{i=1}^{n} a_{ij}$$

$$\bar{y}_j + a_{cj} = 1,\quad \bar{y}_j = 1 - a_{cj}$$

其中，$a_{cj} = \sum_{i=1}^{n} a_{ij} = 1 - \bar{y}_j$。$a_{cj}$称作 j 部门的“中间消耗（中间投入）系数”。

二、完全消耗系数和完全需求系数

（一）完全消耗系数

完全消耗系数（b_{ij}），表示 j 部门每生产一单位最终产品对 i 部门产品的完全消耗量，包括直接消耗和各次间接消耗。其理论公式为：

$$b_{ij}=\frac{完全消耗量}{最终产品量}=直接消耗系数\ a_{ij}+间接消耗系数$$

需要注意，完全消耗系数从另一角度反映了生产过程的技术经济联系，它与直接消耗系数的分析意义不同。完全消耗系数通常需要运用矩阵代数方法从整体上加以计算，直接运用理论公式计算单个系数较为困难。

对于完全消耗系数 b_{ij} 的计算，假设 j 部门对有关各部门的直接消耗系数为 a_{kj}（$k=1，2，\cdots，n$），k 部门对 i 部门的直接消耗系数为 a_{ik}，则 j 部门生产单位最终产品对 i 部门的第一次间接消耗（系数）为：

$$\sum_{k=1}^{n}a_{kj}a_{ik}$$

再设 k 部门对各有关部门的直接消耗系数为 $a_{sk}(s=1,2,\cdots,n)$，s 部门对 i 部门的直接消耗系数为 a_{is}，则 j 部门生产单位最终产品对 i 部门的第二次间接消耗（系数）为：

$$\sum_{k,s=1}^{n}a_{kj}a_{sk}a_{is}$$

依此类推，j 部门对 i 部门的完全消耗系数为：

$$b_{ij} = a_{ij} + \sum_{k=1}^{n}a_{kj}a_{ik} + \sum_{k,s=1}^{n}a_{kj}a_{sk}a_{is} + \cdots + \sum_{k,s,\cdots,z=1}^{n}a_{kj}a_{sk}\cdots a_{iz} + \cdots$$

记完全消耗系数矩阵为 $B=(b_{ij})_{n\times n}$，上式可表为：

$$B=A+(A^2+A^3+\cdots+A^t+\cdots)$$

那么，一个直接问题是括号中的“间接消耗系数矩阵”是否收敛？问题的经济性质保证其收敛性。且数学上有：

$$I+B=I+A+A^2+\cdots+A^t+\cdots$$
$$(I-A)(I+B)=(I-A)(I+A+A^2+\cdots+A^t+\cdots)$$
$$=I-\lim_{t\to\infty}A^{t+1}=I$$

从而得到：

$$(I-A)^{-1}=I+B$$
$$B=(I-A)^{-1}-I$$

其中，$(I-A)$ 为列昂惕夫矩阵，$(I-A)^{-1}$ 为列昂惕夫逆矩阵，即完全需求系数矩阵；$B=(I-A)^{-1}-I$ 为完全消耗系数矩阵。

对于完全需求系数矩阵 $(\bar{b}_{ij})_{n\times n}$，即有：

$$\bar{B} = (\bar{b}_{ij})_{n \times n} = (I - A)^{-1} = B + I$$

其中，$\bar{b}_{ij}$表示 j 部门生产单位最终产品对 i 部门产品的完全需求量。“完全需求系数”与“完全消耗系数”之间的关系：

$$\bar{b}_{ij} = \begin{cases} b_{ii} + 1, & i = j \quad (\text{完全消耗} + \text{初始需求}) \\ b_{ij}, & i \neq j \quad (\text{完全消耗}) \end{cases}$$

可见，两个系数矩阵仅主对角线上元素相差一个单位，其他元素均相等。

本知识点微课视频二维码

（二）应用举例

［例 3－1］假设一个三部门简化的价值型投入产出表，如表 3－4 所示。试采用前述公式计算直接消耗系数和完全消耗系数。

表 3－4　　**简化的价值型投入产出表**　　单位：亿元

类别		投入部门				最终产品	总产出
		部门 1	部门 2	部门 3	小 计		
产出部门	部门 1	0	200	450	650	350	1000
	部门 2	300	0	300	600	1400	2000
	部门 3	0	800	0	800	700	1500
	小 计	300	1000	750	2050	2450	4500
增加值		700	1000	750	2450		
总投入		1000	2000	1500	4500		

解：由表 3－4 中资料计算直接消耗系数矩阵：

$$A = X\hat{q}^{-1} = \begin{pmatrix} 0 & 0.1 & 0.3 \\ 0.3 & 0 & 0.2 \\ 0 & 0.4 & 0 \end{pmatrix}$$

计算列昂惕夫矩阵和完全消耗系数矩阵：

$$I - A = \begin{pmatrix} 1 & -0.1 & -0.3 \\ -0.3 & 1 & -0.2 \\ 0 & -0.4 & 1 \end{pmatrix}$$

$$B=(I-A)^{-1}-I=\begin{pmatrix}0.077 & 0.258 & 0.375\\ 0.351 & 0.171 & 0.340\\ 0.141 & 0.468 & 0.136\end{pmatrix}$$

完全消耗系数的经济解释：

$$a_{12}=\frac{x_{12}}{q_2}=\frac{200}{2000}=0.1$$

这表明，第二部门每生产 1 亿元产品就要直接消耗第一部门 1 千万元的产品。而 $b_{12}=0.258$，相当于直接消耗系数的 2.58 倍，这说明第二部门每生产 1 亿元最终产品就要完全消耗第一部门 0.258 亿元的产品。

根据投入产出表的平衡关系和技术经济系数，可以建立各种投入产出模型。其中，最基本的是以下“行模型”和“列模型”。

投入产出行模型由横表导出：

$$\begin{cases}(a_{11}q_1+a_{12}q_2+\cdots+a_{1n}q_n)+f_1=q_1\\ (a_{21}q_1+a_{22}q_2+\cdots+a_{2n}q_n)+f_2=q_2\\ \qquad\vdots\\ (a_{n1}q_1+a_{n2}q_2+\cdots+a_{nn}q_n)+f_n=q_n\end{cases}\tag{3-2}$$

式（3－2）等价为：

$$\begin{pmatrix}a_{11} & a_{12} & \cdots & a_{1n}\\ a_{21} & a_{22} & \cdots & a_{2n}\\ \vdots & \vdots & \ddots & \vdots\\ a_{n1} & a_{n2} & \cdots & a_{nn}\end{pmatrix}\begin{pmatrix}q_1\\ q_2\\ \vdots\\ q_n\end{pmatrix}+\begin{pmatrix}f_1\\ f_2\\ \vdots\\ f_n\end{pmatrix}=\begin{pmatrix}q_1\\ q_2\\ \vdots\\ q_n\end{pmatrix}$$

写成矩阵形式为：

$$Aq+f=q$$

整理后得到产品流量模型：

$$f=(I-A)q\Leftrightarrow q=(I-A)^{-1}f=(B+I)f$$

该模型用于考察总产出与最终产品、中间产品之间的数量平衡关系。据此，可以由总产出推算最终产品，或者，由最终产品推算总产出。

与之类似，投入产出列模型由竖表导出：

$$\begin{cases}(a_{11}+a_{21}+\cdots+a_{n1})q_1+y_1=q_1\\ (a_{12}+a_{22}+\cdots+a_{n2})q_2+y_2=q_2\\ \qquad\vdots\\ (a_{1n}+a_{2n}+\cdots+a_{nn})q_n+y_n=q_n\end{cases}$$

$$\begin{pmatrix} \sum_{i=1}^{n} a_{i1} & 0 & \cdots & 0 \\ 0 & \sum_{i=1}^{n} a_{i2} & \cdots & 0 \\ \vdots & \vdots & \ddots & \vdots \\ 0 & 0 & \cdots & \sum_{i=1}^{n} a_{in} \end{pmatrix} \begin{pmatrix} q_1 \\ q_2 \\ \vdots \\ q_n \end{pmatrix} + \begin{pmatrix} y_1 \\ y_2 \\ \vdots \\ y_n \end{pmatrix} = \begin{pmatrix} q_1 \\ q_2 \\ \vdots \\ q_n \end{pmatrix}$$

引入“中间投入系数对角阵”：

$$\Lambda = \begin{pmatrix} a_{c1} & 0 & \cdots & 0 \\ 0 & a_{c2} & \cdots & 0 \\ \vdots & \vdots & \ddots & \vdots \\ 0 & 0 & \cdots & a_{cn} \end{pmatrix} = \begin{pmatrix} \sum_{i=1}^{n} a_{i1} & 0 & \cdots & 0 \\ 0 & \sum_{i=1}^{n} a_{i2} & \cdots & 0 \\ \vdots & \vdots & \ddots & \vdots \\ 0 & 0 & \cdots & \sum_{i=1}^{n} a_{in} \end{pmatrix}$$

整理后得到价值形成模型：

$$y = (I - \Lambda)q \Leftrightarrow q = (I - \Lambda)^{-1}y$$

该模型用于考察总投入（产出）与中间投入、最初投入（增加值）之间的数量平衡关系。据此，可以由总投入（产出）推算最初投入（增加值），反之亦然。

[例 3 – 2] 2020 年，一场突如其来的新冠肺炎疫情肆虐全球，给世界多国带来巨大的人员伤害与经济损失。为抗击疫情，我国采取了交通管制、居家隔离、停工停产等严格的控制措施，在控制疫情快速蔓延的同时，也对最终需求（居民需求、政府需求和出口需求）产生了较大影响。那么，新冠肺炎疫情冲击下我国不同行业最终需求萎缩将对经济增长产生何种影响？表 3 – 5 列出了 2014 年中国 27 部门投入产出表，请根据此表进行大致测算。

最后利用表 3 – 7 中完全需求系数矩阵和各行业增加值占比，可测算不同行业最终需求下降 1% 对全社会增加值的影响，结果如表 3 – 8 所示。

由表 3 – 8 可知，单独的服务业最终需求下降 1%，全社会增加值下降 617.40 亿美元，降幅 0.202%；单独的农业最终需求下降 1%，全社会增加值下降 31.98 亿美元，降幅 0.01%；单独的制造业最终需求下降 1%，社会增加值下降 529.32 亿美元，降幅 0.173%；所有行业最终需求下降 1%，社会增加值损失 1178.70 亿美元，降幅为 0.385%。

表 3 – 5　　**2014 年中国 27 个行业投入产出表**　　单位：亿美元

行业	投入部门																											总产出
	农业	煤炭	原油	天然气	成品油	电力	食品加工	纺织服装	家具	造纸	化工行业	橡胶塑料	制药业	其他矿物	钢铁行业	其他有色金属	金属制品	计算机	电子器械	其他机械	机动车辆	其他运输工具	其他制造业	陆运	海运	空运	服务业	最终需求	
农业	1058	2	0	0	0	0	3690	432	271	127	133	105	313	5	2	1	3	0	0	2	0	0	70	2	0	0	817	3198	10232
煤炭	12	31	0	9	438	1151	28	12	4	12	74	5	1	198	97	15	5	0	1	4	2	1	1	4	0	0	47	73	12455
原油	0	0	1	3	1179	1	0	0	0	0	13	1	1	0	0	0	0	0	0	0	0	0	0	0	0	0	1	1	3423
天然气	0	0	3	2	2	6	1	0	0	0	6	0	0	2	2	0	1	1	0	1	0	0	0	16	0	0	9	37	1291
成品油	139	22	5	9	1566	222	13	6	3	6	733	20	3	238	685	54	25	16	14	31	12	6	11	1011	194	177	217	1400	6929
电力	80	76	26	25	134	349	122	206	32	105	575	70	36	402	526	389	139	73	52	107	66	21	10	57	1	2	641	800	11959
食品加工	1345	9	2	0	16	22	4399	262	10	19	418	23	96	67	51	35	34	61	35	59	16	9	22	42	28	30	2107	7547	21886
纺织服装	2	8	3	0	2	4	33	6327	10	20	85	203	46	90	18	15	31	16	28	55	122	10	304	30	1	5	732	5809	30773
家具	1	46	0	0	1	0	8	17	754	38	14	13	0	42	7	9	46	8	14	51	10	6	389	1	0	0	581	203	16266
造纸	8	1	0	0	1	6	203	63	18	1118	63	29	40	133	4	6	27	91	76	55	13	4	109	8	0	1	1270	271	5873
化工行业	507	40	36	0	59	9	89	936	152	312	5266	1614	154	669	69	192	233	353	383	187	95	36	181	6	1	0	1496	1351	18042
橡胶塑料	57	12	2	0	4	3	251	202	25	99	438	1054	19	178	21	13	89	411	391	327	323	76	152	87	1	1	508	805	19971
制药业	39	1	0	0	0	0	14	2	0	3	19	1	592	6	2	1	2	6	0	4	0	0	1	1	0	0	1383	877	8497
其他矿物	5	13	1	0	21	6	78	11	6	4	314	31	38	2815	1706	870	96	182	250	94	110	12	42	4	0	1	5356	577	15595
钢铁行业	1	111	56	1	1	3	3	3	3	2	20	27	1	205	4013	80	1692	94	294	1621	596	222	71	30	2	0	3691	692	26175
其他有色金属	0	1	0	0	0	1	1	3	2	15	108	9	1	69	287	2901	630	384	1664	574	370	81	273	0	0	0	336	372	21615
金属制品	7	52	8	0	2	23	57	19	61	17	67	77	10	357	129	18	1034	249	437	934	250	181	102	33	3	0	1552	1937	15699
计算机	1	7	14	0	6	104	3	2	2	3	21	3	1	13	10	2	53	4093	264	404	94	80	19	7	1	0	1120	8354	22296
电子器械	2	14	5	0	3	264	6	6	2	3	24	5	1	35	12	6	132	632	1124	397	92	145	21	9	4	1	1809	3774	23207
其他器械	61	97	37	1	23	10	46	79	30	34	144	36	23	465	396	26	401	162	276	2394	282	141	36	63	29	41	474	7167	21499
机动车辆	7	2	1	0	1	1	3	1	0	1	3	1	0	60	5	1	13	9	2	214	3074	9	2	516	0	0	575	4875	22345

（表中各行为产出部门）

续表

行业		农业	煤炭	原油	天然气	成品油	电力	食品加工	纺织服装	家具	造纸	化工行业	橡胶塑料	制药业	其他矿物	钢铁行业	其他有色金属	金属制品	计算机	电子器械	其他机械	机动车辆	其他运输工具	其他制造业	陆运	海运	空运	服务业	最终需求	总产出
		投入部门																												
产出部门	其他运输工具	10	0	0	0	0	0	0	0	0	0	0	0	0	1	1	0	1	0	1	23	2	362	14	72	70	55	105	1700	11791
	其他制造业	6	9	4	0	3	22	24	49	8	12	24	10	11	43	21	9	23	44	29	38	62	13	189	28	1	2	730	2076	5907
	陆运	96	52	11	1	42	76	512	238	71	98	367	116	77	433	295	105	170	160	166	280	227	37	68	733	76	23	1871	1926	11814
	海运	11	5	1	0	4	12	46	22	3	5	32	8	5	46	44	7	16	19	16	32	24	5	6	17	62	1	140	143	9059
	空运	1	1	1	0	0	3	7	8	1	3	8	4	10	9	4	2	9	38	10	22	12	2	3	24	0	65	335	163	1477
	服务业	510	295	267	4	115	634	1757	1549	153	408	1290	472	482	1272	1229	767	733	1769	790	1312	1025	223	332	1725	285	125	20543	61740	102548
增加值		6269	11549	2940	1236	3307	9030	10492	20315	14646	3410	7784	16033	6536	7742	16540	16094	10062	13424	16893	12279	15467	10111	3478	7290	8303	947	54102		
总投入		10232	12455	3423	1291	6929	11959	21886	30773	16266	5873	18042	19971	8497	15595	26175	21615	15699	22296	23207	21499	22345	11791	5907	11814	9059	1477	102548		

解：首先计算直接消耗系数矩阵 A，见表 3-6。

表 3-6　直接消耗系数矩阵

行业	农业	煤炭	原油	天然气	成品油	电力	食品加工	纺织服装	家具	造纸	化工行业	橡胶塑料	制药业	其他矿物	钢铁行业	其他有色金属	金属制品	计算机	电子器械	其他机械	机动车辆	其他运输工具	其他制造业	陆运	海运	空运	服务业
农业	0.103	0	0	0	0	0	0.169	0.014	0.017	0.022	0.007	0.005	0.037	0	0	0	0	0	0	0	0	0	0.012	0	0	0	0.008
煤炭	0.001	0.002	0	0.007	0.063	0.096	0.001	0	0	0.002	0.004	0	0	0.01	0.004	0.001	0	0	0	0	0	0	0	0	0	0	0
原油	0	0	0	0.002	0.17	0	0	0	0	0	0.001	0	0	0	0	0	0	0	0	0	0	0	0	0	0	0	0
天然气	0	0	0.001	0.001	0	0	0	0	0	0	0	0	0	0	0	0	0	0	0	0	0	0	0	0.001	0	0	0
成品油	0.014	0.002	0.001	0.007	0.226	0.019	0.001	0	0	0.001	0.041	0.001	0	0.02	0.026	0.002	0.002	0.001	0	0.001	0.001	0.001	0.002	0.086	0.021	0.12	0.002
电力	0.008	0.006	0.008	0.019	0.019	0.029	0.006	0.007	0.002	0.018	0.032	0.004	0.004	0.03	0.02	0.018	0.009	0.003	0	0.005	0.003	0.002	0.002	0.005	0	0.001	0.006
食品加工	0.131	0.001	0.001	0	0.002	0.002	0.201	0.009	0.001	0.003	0.023	0.001	0.011	0	0.002	0.002	0.002	0.003	0	0.003	0.001	0.001	0.004	0.004	0.0030	0.021	0.021

续表

行业	农业	煤炭	原油	天然气	成品油	电力	食品加工	纺织服装	家具	造纸	化工行业	橡胶塑料	制药业	其他矿物	钢铁行业	其他有色金属	金属制品	计算机	电子器械	其他机械	机动车辆	其他运输工具	其他制造业	陆运	海运	空运	服务业
纺织服装	0	0.001	0.001	0	0	0	0.002	0.206	0.001	0.003	0.005	0.01	0.005	0.001	0.001	0.001	0.002	0.001	0	0.003	0.005	0.001	0.051	0.003	0	0.003	0.007
家具	0	0.004	0	0	0	0	0	0.001	0.046	0.006	0.001	0.001	0	0	0	0	0.003	0	0	0.002	0	0.001	0.066	0	0	0	0.006
造纸	0.001	0	0	0	0	0	0.009	0.002	0.001	0.19	0.003	0.001	0.005	0.01	0	0	0.002	0.004	0	0.003	0.001	0	0.018	0.001	0	0	0.012
化工行业	0.05	0.003	0.01	0	0.009	0.001	0.004	0.03	0.009	0.053	0.292	0.081	0.018	0.04	0.03	0.009	0.015	0.016	0.02	0.009	0.004	0.003	0.031	0	0	0	0.015
橡胶塑料	0.006	0.001	0	0	0.001	0	0.011	0.007	0.002	0.017	0.024	0.053	0.002	0.01	0.001	0.001	0.006	0.018	0.02	0.015	0.014	0.006	0.026	0.007	0	0	0.005
制药业	0.004	0	0	0	0	0	0.001	0	0	0	0.001	0	0.07	0	0	0	0	0	0	0	0	0	0	0	0	0	0.013
其他矿物	0	0.001	0	0	0.003	0	0.004	0	0	0.001	0.017	0.002	0.004	0.18	0.065	0.04	0.006	0.008	0.01	0.004	0.005	0.001	0.007	0	0	0.001	0.052
钢铁行业	0	0.009	0.016	0	0	0	0	0	0	0	0.001	0.001	0	0.01	0.153	0.004	0.108	0.004	0.01	0.075	0.027	0.019	0.012	0.003	0	0	0.036
其他有色金属	0	0	0	0	0	0	0	0	0	0.003	0.006	0	0	0	0.011	0.134	0.04	0.017	0.07	0.027	0.017	0.007	0.046	0	0	0	0.0033
金属制品	0.001	0.004	0.002	0	0	0.002	0.003	0.001	0.004	0.003	0.004	0.004	0.01	0.02	0.005	0.001	0.066	0.011	0.02	0.043	0.011	0.015	0.017	0.003	0	0	0.015
计算机	0	0.001	0.004	0	0.001	0.009	0	0	0	0	0	0	0	0.001	0	0	0.003	0.184	0.01	0.019	0.004	0.007	0.003	0.001	0	0	0.011
电子器械	0	0.001	0.001	0	0	0.022	0	0	0	0	0.001	0	0	0	0	0	0.008	0.028	0.05	0.018	0.004	0.012	0.004	0.001	0	0	0.018
其他器械	0.006	0.008	0.011	0.001	0.003	0.001	0.002	0.003	0.002	0.006	0.008	0.002	0.003	0.03	0.015	0.001	0.026	0.007	0.01	0.111	0.013	0.012	0.006	0.005	0.003	0.028	0.005
机动车辆	0.001	0	0	0	0	0	0	0	0	0	0	0	0	0	0	0.001	0	0	0	0.01	0.138	0.001	0	0.044	0	0	0.006
其他运输工具	0.001	0	0	0	0	0	0	0	0	0	0	0	0	0	0	0	0	0	0	0.001	0	0.031	0.002	0.006	0.008	0.037	0.001
其他制造业	0.001	0.001	0.001	0	0	0.002	0.001	0.002	0.001	0.002	0.001	0	0.001	0	0.001	0	0.001	0.002	0	0.002	0.003	0.001	0.032	0.002	0	0	0.007
陆运	0.009	0.004	0.003	0.001	0.006	0.006	0.023	0.008	0.004	0.017	0.02	0.006	0.009	0.03	0.011	0.005	0.011	0.007	0.01	0.013	0.01	0.003	0.012	0.062	0.008	0.015	0.018
海运	0.001	0	0	0	0.001	0.001	0.002	0.001	0	0.001	0.002	0	0.001	0	0.002	0	0.001	0.001	0	0.001	0.001	0	0.001	0.001	0.007	0	0.001
空运	0	0	0	0	0	0	0	0	0	0	0	0	0.001	0	0	0	0.001	0.002	0	0.001	0.001	0	0.001	0.002	0	0.044	0.003
服务业	0.05	0.024	0.078	0.003	0.017	0.053	0.08	0.05	0.009	0.07	0.071	0.024	0.057	0.08	0.047	0.035	0.047	0.079	0.03	0.061	0.046	0.019	0.056	0.146	0.031	0.085	0.2

其次利用 $\bar{B}=(\bar{b}_{ij})_{n\times n}=(I-A)^{-1}$计算完全需求系数矩阵（见表3－7）。

表3－7　　**完全需求系数矩阵**

行业	农业	煤炭	原油	天然气	成品油	电力	食品加工	纺织服装	家具	造纸	化工行业	橡胶塑料	制药业	其他矿物	钢铁行业	其他有色金属	金属制品	计算机	电子器械	其他机械	机动车辆	其他运输工具	其他制造业	陆运	海运	空运	服务业
农业	1.154	0.001	0.002	0	0.002	0.002	0.247	0.026	0.021	0.036	0.024	0.01	0.051	0.007	0.003	0.002	0.003	0.004	0.002	0.004	0.002	0.001	0.021	0.005	0.002	0.008	0.021
煤炭	0.006	1.004	0.002	0.009	0.085	0.102	0.005	0.003	0.001	0.007	0.017	0.003	0.002	0.023	0.012	0.005	0.004	0.002	0.002	0.003	0.002	0.001	0.003	0.01	0.002	0.012	0.005
原油	0.005	0.001	1.001	0.004	0.221	0.005	0.002	0.001	0	0.002	0.015	0.002	0.001	0.006	0.008	0.001	0.002	0.001	0.001	0.002	0.001	0.001	0.002	0.021	0.005	0.028	0.003
天然气	0	0	0.001	1.001	0.001	0.001	0	0	0	0	0.001	0	0	0	0	0	0	0	0	0	0	0	0	0.001	0	0	0
成品油	0.029	0.004	0.005	0.01	1.297	0.027	0.013	0.007	0.003	0.013	0.083	0.01	0.006	0.037	0.047	0.008	0.013	0.007	0.006	0.012	0.006	0.003	0.011	0.122	0.03	0.167	0.015
电力	0.016	0.008	0.01	0.02	0.03	1.033	0.014	0.013	0.003	0.029	0.053	0.009	0.008	0.04	0.03	0.025	0.017	0.009	0.008	0.013	0.007	0.004	0.009	0.011	0.001	0.008	0.016
食品加工	0.196	0.002	0.005	0.001	0.007	0.005	1.298	0.022	0.005	0.018	0.051	0.008	0.027	0.016	0.007	0.006	0.008	0.01	0.006	0.01	0.005	0.003	0.014	0.012	0.006	0.033	0.04
纺织服装	0.003	0.001	0.003	0	0.002	0.002	0.005	1.261	0.001	0.008	0.011	0.015	0.009	0.012	0.003	0.002	0.005	0.004	0.003	0.006	0.01	0.002	0.069	0.007	0.001	0.007	0.014
家具	0.001	0.004	0.001	0	0.001	0.001	0.002	0.002	1.049	0.01	0.003	0.001	0.001	0.005	0.002	0.001	0.004	0.002	0.002	0.004	0.002	0.001	0.073	0.002	0	0.001	0.009
造纸	0.006	0.001	0.002	0	0.002	0.002	0.018	0.005	0.002	1.238	0.01	0.004	0.009	0.017	0.003	0.002	0.005	0.009	0.006	0.006	0.003	0.001	0.026	0.005	0.001	0.004	0.022
化工行业	0.088	0.007	0.019	0.001	0.022	0.006	0.034	0.061	0.017	0.104	1.429	0.125	0.036	0.086	0.016	0.021	0.031	0.039	0.033	0.026	0.015	0.008	0.062	0.012	0.002	0.009	0.041
橡胶塑料	0.013	0.002	0.002	0	0.003	0.002	0.02	0.012	0.003	0.027	0.04	1.06	0.005	0.021	0.004	0.003	0.01	0.028	0.021	0.022	0.02	0.009	0.033	0.012	0.001	0.004	0.012
制药业	0.007	0.001	0.002	0	0.001	0.001	0.004	0.002	0	0.003	0.004	0.001	1.077	0.003	0.002	0.001	0.002	0.002	0.001	0.002	0.001	0.001	0.002	0.003	0.001	0.002	0.019
其他矿物	0.012	0.005	0.01	0.001	0.011	0.007	0.018	0.009	0.002	0.014	0.043	0.009	0.013	1.237	0.103	0.063	0.029	0.026	0.026	0.027	0.018	0.007	0.022	0.017	0.004	0.012	0.09
钢铁行业	0.007	0.014	0.026	0.001	0.01	0.007	0.01	0.006	0.002	0.009	0.013	0.006	0.006	0.036	1.191	0.01	0.145	0.017	0.024	0.115	0.045	0.029	0.024	0.017	0.003	0.012	0.062

续表

行业	农业	煤炭	原油	天然气	成品油	电力	食品加工	纺织服装	家具	造纸	化工行业	橡胶塑料	制药业	其他矿物	钢铁行业	其他有色金属	金属制品	计算机	电子器械	其他机械	机动车辆	其他运输工具	其他制造业	陆运	海运	空运	服务业
其他有色金属	0.002	0.001	0.002	0	0.002	0.004	0.003	0.002	0.001	0.006	0.013	0.002	0.002	0.013	0.018	1.157	0.055	0.031	0.09	0.043	0.026	0.012	0.059	0.004	0.001	0.003	0.011
金属制品	0.005	0.006	0.006	0	0.004	0.005	0.008	0.004	0.005	0.008	0.011	0.006	0.004	0.037	0.012	0.004	1.076	0.02	0.025	0.057	0.017	0.019	0.023	0.009	0.002	0.006	0.026
计算机	0.002	0.002	0.007	0.001	0.004	0.013	0.003	0.002	0.001	0.003	0.006	0.001	0.002	0.006	0.003	0.002	0.007	1.228	0.016	0.029	0.008	0.01	0.006	0.005	0.001	0.004	0.019
电子器械	0.003	0.002	0.004	0.001	0.003	0.026	0.004	0.003	0.001	0.005	0.007	0.002	0.002	0.009	0.004	0.003	0.013	0.04	1.054	0.026	0.008	0.015	0.007	0.006	0.002	0.005	0.026
其他器械	0.011	0.01	0.014	0.001	0.01	0.004	0.008	0.006	0.003	0.011	0.017	0.005	0.006	0.046	0.026	0.005	0.036	0.014	0.017	1.132	0.019	0.016	0.011	0.011	0.005	0.037	0.014
机动车辆	0.003	0.001	0.001	0	0.001	0.001	0.004	0.002	0.001	0.003	0.004	0.001	0.002	0.009	0.003	0.001	0.003	0.003	0.002	0.015	1.161	0.002	0.002	0.056	0.001	0.003	0.011
其他运输工具	0.001	0	0	0	0	0	0.001	0	0	0	0.001	0	0	0.001	0	0	0	0	0	0.002	0	1.032	0.003	0.007	0.008	0.041	0.002
其他制造业	0.002	0.001	0.002	0	0.001	0.003	0.003	0.003	0.001	0.004	0.004	0.001	0.002	0.005	0.002	0.001	0.003	0.004	0.002	0.004	0.004	0.002	1.034	0.005	0.001	0.003	0.01
陆运	0.022	0.006	0.007	0.001	0.012	0.01	0.041	0.015	0.006	0.029	0.039	0.011	0.015	0.045	0.021	0.01	0.019	0.016	0.013	0.023	0.017	0.006	0.02	1.074	0.011	0.024	0.033
海运	0.002	0.001	0.001	0	0.001	0.001	0.003	0.001	0	0.002	0.003	0.001	0.001	0.004	0.003	0.001	0.002	0.002	0.001	0.002	0.002	0.001	0.002	0.002	1.007	0.001	0.003
空运	0.001	0	0.001	0	0	0.001	0.001	0.001	0	0.001	0.001	0.001	0.002	0.002	0.001	0	0.001	0.003	0.001	0.002	0.001	0	0.001	0.003	0	1.046	0.005
服务业	0.111	0.036	0.108	0.007	0.062	0.081	0.165	0.096	0.019	0.135	0.161	0.051	0.094	0.162	0.096	0.067	0.091	0.142	0.066	0.117	0.084	0.035	0.104	0.215	0.045	0.135	1.293

表 3-8　　各行业最终需求下降 1% 对全社会增加值的影响

行业	全社会增加值下降额度（亿美元）	全社会增加值下降百分比（%）	行业	全社会增加值下降额度（亿美元）	全社会增加值下降百分比（%）
服务业	617.4	0.202	制药业	8.77	0.003
计算机	83.54	0.027	橡胶塑料	8.05	0.003
食品加工	75.47	0.025	电力	8	0.003
其他器械	71.67	0.023	钢铁行业	6.92	0.002
纺织服装	58.09	0.019	其他矿物	5.77	0.002
机动车辆	48.75	0.016	其他有色金属	3.72	0.001
电子器械	37.74	0.012	造纸	2.71	0.001
农业	31.98	0.01	家具	2.03	0.001
其他制造业	20.76	0.007	空运	1.63	0.001
金属制品	19.37	0.006	海运	1.43	0
陆运	19.26	0.006	煤炭	0.73	0
其他运输工具	17.00	0.006	天然气	0.37	0
成品油	14.00	0.005	原油	0.01	0

本知识点微课视频二维码

［例 3-3］表 3-9 列出了 2014 年中国 27 个行业产值和碳排放信息，请结合表 3-5 计算单位出口商品的贸易隐含碳排放，并给出粗略分析。

表 3-9　　2014 年中国各行业产值和碳排放

行业	产值（亿美元）	碳排放量（百万吨）	行业	产值（亿美元）	碳排放量（百万吨）
农业	10232	92.93	钢铁行业	26175	557.03
煤炭	12455	129.31	其他有色金属	21615	73.04
原油	3423	30.27	金属制品	15699	28.62
天然气	1291	27.30	计算机	22296	7.65
成品油	6929	196.87	电子器械	23207	7.71
电力	11959	4030.54	其他器械	21499	28.34
食品加工	21886	102.33	机动车辆	22345	12.51
纺织服装	30773	45.41	其他运输工具	11791	6.40
家具	16266	14.96	其他制造业	5907	4.92

续表

行业	产值（亿美元）	碳排放量（百万吨）	行业	产值（亿美元）	碳排放量（百万吨）
造纸	5873	44.26	陆运	11814	437.30
化工行业	18042	377.34	海运	9059	72.37
橡胶塑料	19971	20.10	空运	1477	66.27
制药业	8497	5.06	服务业	102548	264.26
其他矿物	15595	760.72		26175	557.03

解：由 3-9 可计算 27 个行业碳排放强度 e，结果如表 3-10 所示。

表 3-10　　2014 年中国各行业碳排放强度

行业	碳强度（吨/万美元）	行业	碳强度（吨/万美元）	行业	碳强度（吨/万美元）
农业	0.91	造纸	0.75	电子器械	0.03
煤炭	1.04	化工行业	2.09	其他器械	0.13
原油	0.88	橡胶塑料	0.10	机动车辆	0.06
天然气	2.11	制药业	0.06	其他运输工具	0.05
成品油	2.84	其他矿物	4.88	其他制造业	0.08
电力	33.70	钢铁行业	2.13	陆运	3.70
食品加工	0.47	其他有色金属	0.34	海运	0.80
纺织服装	0.15	金属制品	0.18	空运	4.49
家具	0.09	计算机	0.03	服务业	0.26

单位出口商品贸易隐含碳排放为 $EC = e^T \times \bar{B} = e^T \times (I - A)^{-1}$，结果如表 3-11 所示。

表 3-11　　中国 27 个行业单位出口隐含碳排放

行业	碳强度（吨/万美元）	行业	碳强度（吨/万美元）	行业	碳强度（吨/万美元）
农业	2.16	造纸	2.46	电子器械	0.69
煤炭	1.43	化工行业	5.54	其他器械	1.23
原油	1.45	橡胶塑料	0.84	机动车辆	0.65
天然气	2.85	制药业	0.66	其他运输工具	0.36
成品油	5.17	其他矿物	8.04	其他制造业	0.91
电力	35.14	钢铁行业	4.37	陆运	4.96
食品加工	1.75	其他有色金属	1.70	海运	1.02
纺织服装	0.96	金属制品	1.46	空运	5.74
家具	0.31	计算机	0.76	服务业	1.80

由此可知，电力行业出口隐含碳排放最高，出口 1 万美元隐含碳排放量约为 35.14 吨；其他矿物行业排序次之，每出口 1 万美元隐含碳排放量约为 8.04 吨。化工行业、成品油和钢铁行业也是典型的高耗能行业，单位出口隐含碳排量依次为

5.54 吨、5.17 吨和 4.37 吨。与之相反，家具行业和其他运输工具是低排放行业，单位出口隐含碳排放量分别为 0.31 吨和 0.36 吨。

本知识点微课视频二维码

第三节　投入产出应用和实验案例

一、产业结构及其关联程度

投入产出表可用来研究初始需求及其变化对各部门产出和投入结构的影响，主要包括两个方面：一方面，分析初始需求及其变化对国民经济各部门产出结构的影响；另一方面，分析初始需求及其变化对国民经济各部门投入结构的影响。为此，需要介绍影响力系数和感应度系数，这两个指标都是在完全需求系数基础上构造的。

如表 3－12 中的完全需求系数，对行求和与对列求和表达不同的经济含义。对列求和，这表示某部门新增一单位最终产品引起的对各部门完全需求之和，表明该部门影响国民经济各部门的力度。对行求和，这表示各部门新增一单位最终产品引起的对某部门完全需求之和，表明该部门感应国民经济各部门影响的强度。

表 3－12　　完全需求系数示意表

类别		消耗部门			行和
		1	…	n	
被消耗部门	1	$\bar{b}_{11}=1+b_{11}$	…	$\bar{b}_{1n}=b_{1n}$	$\sum_{j=1}^{n}\bar{b}_{1j}$
	⋮	⋮	⋱	⋮	⋮
	n	$\bar{b}_{n1}=b_{n1}$	…	$\bar{b}_{nn}=1+b_{nn}$	$\sum_{j=1}^{n}\bar{b}_{nj}$
列和		$\sum_{i=1}^{n}\bar{b}_{i1}$	…	$\sum_{i=1}^{n}\bar{b}_{in}$	$\frac{1}{n}\cdot\sum_{i=1}^{n}\sum_{j=1}^{n}\bar{b}_{ij}$

为便于比较，需要将各行（列）和加以平均：

$$\frac{1}{n}\cdot\sum_{i=1}^{n}\sum_{j=1}^{n}\bar{b}_{ij}=\frac{1}{n}\cdot\sum_{j=1}^{n}\sum_{i=1}^{n}\bar{b}_{ij}$$

以此为基础，可确定两个产业关联分析参数。

（1）影响力系数。依据“列和”数据确定：

$$\lambda_j = \frac{\sum_{i=1}^{n} \bar{b}_{ij}}{\frac{1}{n} \cdot \sum_{j=1}^{n} \sum_{i=1}^{n} \bar{b}_{ij}}, \quad j = 1,2,\cdots,n$$

表示某部门对国民经济各部门的前向牵引强度。当系数大于（小于）1 时，其影响力超过（低于）各部门平均水平。

（2）感应度系数。依据“行和”数据确定：

$$\delta_i = \frac{\sum_{j=1}^{n} \bar{b}_{ij}}{\frac{1}{n} \cdot \sum_{i=1}^{n} \sum_{j=1}^{n} \bar{b}_{ij}}, \quad i = 1,2,\cdots,n$$

表示某部门对国民经济各部门的后向感应强度。当系数大于（小于）1 时，其感应度超过（低于）各部门平均水平。

二、投入产出分析实验案例

[例 3-4] 请参考表 3-5，计算我国 2014 年不同行业的影响力系数和感应度系数。

解：根据影响力系数和感应度系数的计算公式，具体结果如表 3-13 所示。

表 3-13　2014 年我国 27 个行业的影响力系数和感应度系数

行业	影响力系数	排序	感应度系数	排序
化工行业	1.350	1	1.535	2
食品加工	1.265	2	1.191	6
其他矿物	1.232	3	1.199	5
服务业	1.190	4	2.470	1
成品油	1.173	5	1.303	3
造纸	1.129	6	0.922	13
农业	1.116	7	1.086	7
其他器械	1.114	8	0.975	10
计算机	1.087	9	0.907	15
陆运	1.082	10	1.013	9
其他制造业	1.075	11	0.724	23
钢铁行业	1.059	12	1.208	4

续表

行业	影响力系数	排序	感应度系数	排序
空运	1.054	13	0.703	25
金属制品	1.035	14	0.918	14
纺织服装	1.021	15	0.958	11
机动车辆	0.970	16	0.847	19
电子器械	0.934	17	0.836	20
其他有色金属	0.916	18	1.021	8
制药业	0.904	19	0.748	22
电力	0.883	20	0.943	12
橡胶塑料	0.879	21	0.907	16
原油	0.815	22	0.878	17
其他运输工具	0.796	23	0.720	24
家具	0.749	24	0.774	21
海运	0.745	25	0.686	26
煤炭	0.732	26	0.868	18
天然气	0.693	27	0.659	27

依据计算结果可知，我国影响力系数最大的“龙头产业”是化工行业、食品加工、服务业、成品油、造纸、农业、其他器械、计算机等，最小的是煤炭和天然气。

感应度系数最大的“基础产业”则是服务业、化工行业、成品油、钢铁行业、其他矿物、食品加工、农业等，最小的是海运和天然气。

各部门的影响力和感应度系数并非一成不变，随着社会生产水平的提高和生产工艺的变革，产业结构和部门关联都会发生相应变化。此外，服务业影响力系数和感应度系数均比较大，这可能与服务业没有细分有关。若将服务业进一步细分，不同行业或许有不一样的结果。

本知识点微课视频二维码

思考练习

1. 2014 年美国 27 部门投入产出表如表 3 - 14 所示，请根据此表计算如下问题。

表 3－14　　**2014 年美国投入产出表**　　单位：亿美元

行业	农业	煤炭	原油	天然气	成品油	电力	食品加工	纺织服装	家具	造纸	化工行业	橡胶塑料	制药业	其他矿物	钢铁行业	其他有色金属	金属制品	计算机	电子器械	其他器械	机动车辆	其他运输工具	其他制造业	陆运	海运	空运	服务业	最终需求	总产出
农业	369	0	0	0	0	0	1811	30	184	18	9	4	3	0	0	0	0	0	0	0	0	0	2	0	0	0	230	1380	4042
煤炭	0	0	0	3	16	575	5	0	0	4	4	1	0	9	1	0	0	0	0	0	0	0	0	0	0	0	1	120	741
原油	0	0	0	1	2916	0	0	0	0	0	0	0	0	0	0	0	0	0	0	0	0	0	0	0	0	0	0	70	2988
天然气	3	0	17	62	34	400	35	2	2	17	24	16	6	22	21	8	8	6	4	5	6	3	2	30	2	2	145	535	1416
成品油	114	16	19	25	359	198	8	2	5	7	375	10	3	51	30	3	5	4	2	5	1	1	2	1416	66	981	204	2933	6846
电力	30	11	14	19	70	261	91	25	26	71	131	37	7	79	67	85	41	74	18	39	38	19	8	39	11	15	1612	1490	4426
食品加工	445	0	0	0	1	0	1388	12	1	7	20	1	8	0	0	0	0	0	0	0	0	0	5	0	1	0	1926	6269	10088
纺织服装	13	3	0	0	0	0	4	846	70	20	7	50	0	3	0	0	2	2	2	5	108	8	39	1	2	0	250	1676	3112
家具	15	3	0	0	0	0	3	2	654	144	6	2	0	11	4	7	5	15	1	2	47	17	36	0	0	0	1187	1326	3488
造纸	34	0	0	1	1	4	327	14	27	809	97	32	68	34	4	3	28	44	29	30	13	2	54	3	1	3	2013	603	4276
化工行业	133	7	8	4	29	7	77	273	96	145	1317	381	77	57	22	31	86	66	43	39	57	22	56	3	1	0	431	2636	6105
橡胶塑料	17	10	27	4	3	3	194	18	17	125	53	300	33	18	6	21	53	109	100	133	329	45	95	16	3	1	884	777	3394
制药业	20	0	0	0	0	0	6	0	0	0	1	0	30	0	0	0	0	0	0	0	0	0	0	0	0	1	788	1035	1882
其他矿物	8	5	9	3	12	0	82	4	22	10	67	9	13	290	71	71	15	46	12	13	50	9	22	0	1	1	1176	306	2324
钢铁行业	1	3	33	5	1	0	0	0	34	4	1	18	0	16	307	18	526	28	91	409	181	54	49	0	0	0	156	247	2183
其他有色金属	0	0	0	0	0	2	1	0	11	5	6	1	0	2	21	402	245	130	128	117	141	53	41	0	0	0	125	542	1976
金属制品	10	10	19	3	3	1	222	2	107	15	43	25	18	13	41	17	293	268	85	311	604	84	90	4	3	2	1463	614	4372
计算机	2	3	2	1	0	14	21	15	3	48	7	2	1	2	2	69	46	1778	161	339	122	56	109	1	1	2	955	3373	7134
电子器械	4	20	0	0	0	4	0	0	1	0	1	1	0	3	12	3	8	17	233	107	223	49	11	9	3	1	556	1719	2985
其他器械	22	13	19	7	3	3	1	0	1	0	8	27	0	17	39	14	35	7	35	575	84	105	15	2	4	1	861	5109	7009
机动车辆	5	1	1	0	1	0	8	1	6	1	1	1	0	2	0	0	4	1	0	14	1050	37	2	19	0	0	540	5509	7206
其他运输工具	0	0	0	0	0	0	0	0	0	0	0	0	0	0	0	0	0	4	7	26	1	377	8	16	14	44	485	2223	3205
其他制造业	3	17	5	2	0	0	3	10	20	2	14	17	3	18	73	26	27	8	14	46	82	79	108	3	5	1	871	1609	3066
陆运	109	44	76	40	83	75	202	38	89	114	178	68	39	115	75	63	70	41	23	66	124	27	44	79	7	6	1940	1831	5665
海运	8	6	12	4	15	14	26	3	5	6	22	5	2	13	12	4	5	18	3	7	11	4	2	8	49	4	214	267	748
空运	3	4	10	6	3	8	38	14	11	3	11	10	20	6	9	8	14	68	15	40	46	21	9	11	1	0	1672	819	2877
服务业	975	107	388	400	317	725	1756	512	461	545	1006	527	457	292	395	324	656	1960	504	1103	1264	385	548	1349	198	645	49803	140417	208020
增加值	1700	456	2329	825	2980	2129	3780	1287	1633	2156	2696	1851	1093	1251	972	798	2199	2440	1475	3578	2621	1749	1709	2655	374	1166	137532		
总投入	4042	741	2988	1416	6846	4426	10088	3112	3488	4276	6105	3394	1882	2324	2183	1976	4372	7134	2985	7009	7206	3205	3066	5665	748	2877	208020		

（1）直接消耗系数矩阵。

（2）完全消耗系数矩阵。

（3）影响力系数和感应度系

2. 表 3－15 是 2014 年美国 27 个行业产值和碳排放信息，请结合表 3－14 计算单位出口商品的贸易隐含碳排放。

表 3－15　　2014 年美国各行业产值和碳排放

行业	产值（亿美元）	碳排放（百万吨 CO_2）	行业	产值（亿美元）	碳排放（百万吨 CO_2）
农业	4042	49.09	钢铁行业	2183	38.70
煤炭	741	7.54	其他有色金属	1976	11.10
原油	2988	35.24	金属制品	4372	12.49
天然气	1416	95.93	计算机	7134	10.17
成品油	6846	103.26	电子器械	2985	5.79
电力	4426	2089.19	其他器械	7009	7.80
食品加工	10088	62.01	机动车辆	7206	8.50
纺织服装	3112	4.09	其他运输工具	3205	3.67
家具	3488	5.16	其他制造业	3066	3.39
造纸	4276	35.58	陆运	5665	657.47
化工行业	6105	62.19	海运	748	31.25
橡胶塑料	3394	19.02	空运	2877	410.72
制药业	1882	6.34	服务业	208020	273.54
其他矿物	2324	70.78			

第四章
马尔可夫预测实验

有一类随机过程，它具备所谓的“无后效性”（马尔可夫性），即要确定过程将来的状态，知道它此刻的情况就足够了，而与它过去的状况无关，这类过程称为 Markov 过程。马尔可夫法是以俄国数学家马尔可夫（A. A. Markov）名字命名的一种方法，这种方法和 Box - Jenkins 法一样都属于随机时间序列分析方法。

马尔可夫法将时间序列看作一个随机过程，通过对事物不同状态和状态之间转移概率的研究，确定状态变化趋势，以预测事物的未来。

对随机现象的变化过程进行接连不断的观察，每次观察的结果有多种可能性，用一个随机变量表示；多次观察就要用一组随机变量来描述，这一组随机变量就称为随机过程，记为$\{Y(t),t\in T\}$，T 为时间参数集合。

对于固定$\{t=t_i,t\in T\}$，$Y(t_i)$是一个随机变量，也称随机过程$\{Y(t),t\in T\}$在 $t=t_i$ 时的状态；或称随机变量 $Y(t_i)$的取值 Y_i 为 $Y(t_i)$的状态。

第一节　基本概念

一、状态及状态转移

状态指客观事物可能出现或存在的状况。在预测中，对预测对象状态的划分通常有两大类。一类是预测对象本身有明显的状态界限，如机器有事故状态和正常状态，天气有晴、阴、雨状态等；另一类是根据实际情况人为划分，如产品在市场上畅销或滞销的状态可以其获利大小划分，获利 2000 元以下为滞销，2000 ~ 5000 元为中等，5000 元以上为畅销等。在状态划分时，要遵循详尽性和互斥性原则。

状态转移指客观事物由一种状态到另一种状态的变化。例如，某种产品在市场上本来是滞销，但由于销售渠道的畅通或消费者心理的变化可能使其变为畅销。随机过程的状态和状态转移的统计特性可用概率描述。

二、马尔可夫过程和马尔可夫链

如果给定过程的“现在”，其“将来”独立于“过去”，只与“现在”的状态有关，这样的随机过程称为一个“马尔可夫过程”。马尔可夫过程具有马尔可夫性，即无后效性。

马尔可夫链指参数 t（时间）只取离散值的马尔可夫过程，也是最简单的一种马氏过程。

无后效性：指研究系统在第 t 时刻所呈现的状态仅与第 t－1 时刻的状态有关，而与第 t－2 及以前时刻所处的状态无关。

在社会经济现实中存在着相当数量可用马尔可夫链描述的问题。如库存问题、商品销路问题，设备更新问题等。例如，本期商品的库存量，仅与上期末的库存量以及本期商品的进、出库量有关，而与上期以前的库存量和进、出库量没有直接关系；又如企业产品现期的销售状况和获利能力，一般地取决于上期已达到的水平以及现期的管理状况和营销能力，而与远期的销售状况和营销能力没有直接关系。

遍历性：经过较长时间的状态转移，系统所呈现的状态趋于稳定，不再随时间推移而发生明显变化，并与初始状态无关。

例如，有些销售品牌各自市场占有率趋于稳定，此时市场占有率称为终极市场占有率，不再随时间推移发生明显变化。

三、状态转移概率和状态转移概率矩阵

（一）状态转移概率

设客观事物可能有 $E_1, E_2, \cdots, E_n$，其每次只能处于一种状态，则每一种状态都具有 n 个转向：$E_i \rightarrow E_1, E_i \rightarrow E_2$，…，$E_i \rightarrow E_n$。

将这种转移的可能性用概率来描述，就是状态转移概率。

状态转移中最基本的是一步转移概率 $P(E_j | E_i)$，它表示由状态 E_i 经过一步转移到状态 E_j 的概率，也记作 P_{ij}。

（二）状态转移概率矩阵

将事物 n 个状态的转移概率依次排列，可以得到一个 n 行 n 列的矩阵：

$$P=\begin{pmatrix} p_{11} & p_{12} & \cdots & p_{1n} \\ p_{21} & p_{22} & \cdots & p_{2n} \\ \vdots & \vdots & \vdots & \vdots \\ p_{n1} & p_{n2} & \cdots & p_{nn} \end{pmatrix}$$

其中，$P_{ij}\geqslant 0$，$\sum_{j=1}^{n}P_{ij}=1, i=1,2,\cdots,n$，称P为一步状态转移概率矩阵。若矩阵$A=(a_{ij})_{n\times n}$中诸元素$a_{ij}\geqslant 0$，且$\sum_{i=1}^{n}a_{ij}=1$，则称矩阵A为概率矩阵。

概率矩阵的性质：若A、B为概率矩阵，则AB也是概率矩阵；若A为概率矩阵，则A^n也是概率矩阵。状态转移概率矩阵P是一种概率矩阵，具有上述性质。

一步转移概率矩阵说明：

（1）该矩阵中的元素非负$P_{ij}\geqslant 0$，又由于E_1，E_2，…，E_n，构成完备事件，所以每一行向量元素之和等于1；

（2）其对角线上的元素P_{ii}，表示系统经历1个单位时间后，仍处于原始状态的概率。

k步转移概率矩阵：$P^{(k)}$

$$P=\begin{pmatrix} p_{11}^{(k)} & p_{12}^{(k)} & \cdots & p_{1n}^{(k)} \\ p_{21}^{(k)} & p_{22}^{(k)} & \cdots & p_{2n}^{(k)} \\ \vdots & \vdots & \vdots & \vdots \\ p_{n1}^{(k)} & p_{n2}^{(k)} & \cdots & p_{nn}^{(k)} \end{pmatrix}$$

其中，$p_{ij}^{(k)}\geqslant 0, \sum_{j=1}^{n}p_{ij}^{(k)}=1, i=1,2,\cdots,n$。矩阵中的元素$p_{ij}^{(k)}$表示在t时刻处于i状态经过k个时间单位后转移到的j状态的概率。

k步转移概率矩阵与一步转移概率矩阵具有如下关系：k步转移概率矩阵等于一步转移概率矩阵的k次幂，即：

$$P^{(k)}=P^{(k-1)}\cdot P=\underbrace{P\cdot P\cdots\cdot P}_{k}$$

因此，估计了一步转移概率矩阵后也就确定了k步转移概率矩阵。

利用这种方法进行决策，具有以下特点。

（1）转移概率矩阵中的元素是根据近期市场或顾客的保留与得失流向资料确定的。

（2）下一期的概率只与上一期的预测结果有关，不取决于更早时期的概率。例如，第二期预测值只与第一期预测值有关，第三期预测值只与第二期预测值有关，而与第一期预测值无关。

（3）利用转移概率矩阵进行决策，其最后结果取决于转移矩阵的组成，不取决于原始条件，即最初占有率。

四、状态概率

状态概率是指所研究系统在某时刻呈现某种状态的可能性大小。常以 $S_i^{(t)}$ 表示系统在第 t 时刻呈现状态 i 的概率，$i=1,2,\cdots,N$。

状态概率向量通常以 $S^{(t)}$ 表示系统第 t 时刻的状态概率向量，且 $S^{(t)}=\{S_1^{(t)},S_2^{(t)},\cdots,S_N^{(t)}\}$，初始状态概率向量 $S^{(0)}=\{S_1^{(0)},S_2^{(0)},\cdots,S_N^{(0)}\}$。

五、应用举例

［例 4－1］某市销售厨邦、李锦记、海天三种品牌酱油。据统计，上月购买厨邦酱油的顾客本月仍有 40% 购买厨邦酱油，转买李锦记和海天酱油的各占 30%；上月购买李锦记酱油的顾客本月仍有 30% 买李锦记酱油，有 60% 和 10% 分别转买厨邦酱油和海天酱油；上月购买海天酱油的顾客本月只有 30% 仍购买海天酱油，有 60% 和 10% 分别转买厨邦酱油和李锦记酱油。

由这些条件可得状态转移概率矩阵 P：

$$
\begin{array}{r} \\ 厨邦 \\ p=李锦记 \\ 海天 \end{array}
\begin{array}{c} \begin{array}{ccc} 厨邦 & 李锦记 & 海天 \end{array} \\ \begin{bmatrix} 0.40 & 0.30 & 0.30 \\ 0.60 & 0.30 & 0.10 \\ 0.60 & 0.10 & 0.30 \end{bmatrix} \end{array}
$$

这就是该市酱油市场的一步转移概率矩阵。

［例 4－2］一个简单的疾病、死亡模型（Fix-Neyman，1951）考虑一个包含两种健康状态 S_1、S_2 以及两种死亡状态 S_3、S_4（即由不同原因引起的死亡）模型。若个体病愈，则认为它处于状态 S_1，若它患病，则它处于 S_2，个体可以从 S_1、S_2 进入 S_3、S_4，易见这是一个 Markov 链模型，转移矩阵为：

$$
P=\begin{pmatrix} p_{11} & p_{12} & p_{13} & p_{14} \\ p_{21} & p_{22} & p_{23} & p_{24} \\ 0 & 0 & 1 & 0 \\ 0 & 0 & 0 & 1 \end{pmatrix}
$$

本知识点微课视频二维码

第二节　马尔可夫预测法

一、一重链状相关预测

若时间序列 Y_t 在 $t=K+1$ 时取值的统计规律只与 Y_t 在 $t=K$ 时的取值有关，而与 $t=K$ 以前的取值无关，则称此时序为一重链状相关时间序列，或称一重马尔可夫链。一重链状相关预测，是指利用一步转移概率矩阵直接进行的预测。

（一）预测模型

第一步：划分预测对象所出现的状态。预测对象本身已有明显的状态界限的，可以直接利用；若不存在明显的界限，需要根据实际情况人为地划分。划分时要结合预测目的加以分析。

第二步：计算初始概率。初始概率指状态出现的概率，近似地说就是状态出现的频率。假定预测对象有 n 个状态$(E_1,E_2,\cdots,E_n)$，在已知历史数据中，状态 E_i 出现的次数为 M_i，则 E_i 出现的频率：

$$f_i=\frac{M_i}{M}$$

其中，$M=\sum_{i=1}^{n}M_i$，是已知历史数据中所有状态出现的总次数。我们用 f_i 近似表示 E_i 出现的概率，即 $f_i=p_i$。

第三步：计算状态的一步转移概率。由于状态转移概率的理论分布未知，当样本容量足够大时，也可以用状态之间相互转移的频率近似地描述其概率，那么：

$$P_{ij}=P(E_i\to E_j)=P(E_j|E_i)\approx F(E_j|E_i)=\frac{M_i}{M_j}$$

然后将 n 个状态相互转移的概率排列成表，就得一步转移概率矩阵 P：

$$p=\begin{bmatrix}p_{11} & p_{12} & \cdots & p_{1n}\\ p_{21} & p_{22} & \cdots & p_{2n}\\ \vdots & \vdots & \vdots & \vdots\\ p_{n1} & p_{n2} & \cdots & p_{nn}\end{bmatrix}$$

其中，$P_{ij} \geqslant 0$，$\sum_{j=1}^{n} P_{ij} = 1, i = 1,2,\cdots,n$。

第四步：预测。假定目前预测对象处在状态 E_i，$P_{ij}(j=1,2,\cdots,n)$ 描述了目前的 E_i 状态向各个状态转移的可能性。将 n 个状态转移概率按大小排列成不等式，可能性最大者就是预测结果，即可以得知预测对象经过一步转移最大可能达到的状态。

（二）应用举例

［例 4－3］某种品牌的电冰箱自投放市场以来在某市各个月的销售量如表 4－1 所示，分析预测下月的可能销售量。

表 4－1　电冰箱厂各月销售量

时序（t）	销量（千台）	时序（t）	销量（千台）	时序（t）	销量（千台）
1	83.4	8	70.9	15	63.5
2	85.9	9	138.3	16	103.9
3	106.1	10	124.7	17	77.8
4	154.4	11	95.8	18	114.4
5	132.0	12	139	19	157.6
6	47.5	13	63.7	20	190.2
7	45.8	14	85.1	21	105.9

1. 选择预测方法

通过观察原时间序列可知，产品销售量波动较大，且由于影响该电冰箱销量的因素很多，除产品质量、价格、经营管理水平外，还与是否有同类新产品投放市场有关，因此，难以用因果回归分析法预测，现采用时间序列分析法。

2. 绘制时序趋势图

从图 4－1 可知，电冰箱各月销售量无明显的趋势变动，也没有季节变动，无法用趋势外推法或季节变动预测法，但可将其看作一随机平稳序列。

电冰箱在时刻 t 的销售状况一般说只与其前一时刻即 t－1 时刻的销售状况有关，而与 t－1 以前的销售状况无关，所以考虑采用马尔可夫法。

3. 状态划分

按盈利状况选取：

$Y < 100$（千台），　　属滞销

100（千台）$\leqslant Y < 150$（千台），　属一般

$Y \geqslant 150$（千台），　　属畅销

4. 计算初始概率 P_i

为了使问题更加直观，在销售量散点图上画出状态分界线（见图 4－2）。

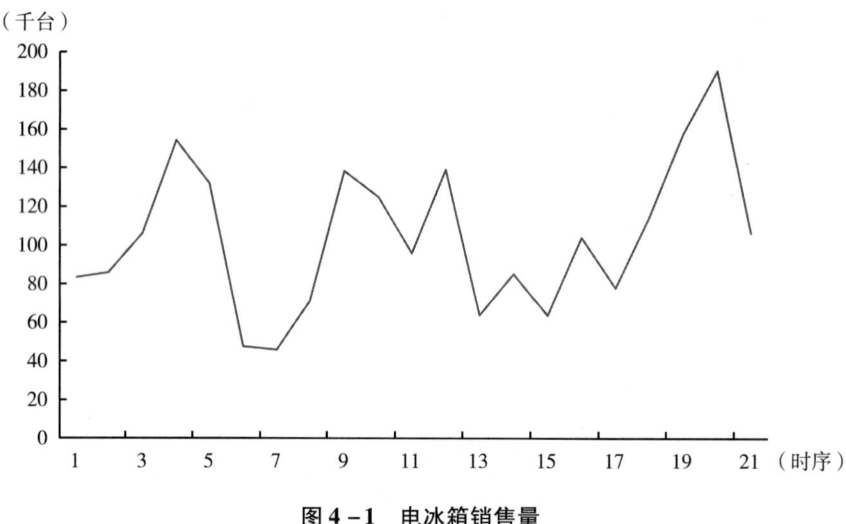

图 4 - 1　电冰箱销售量

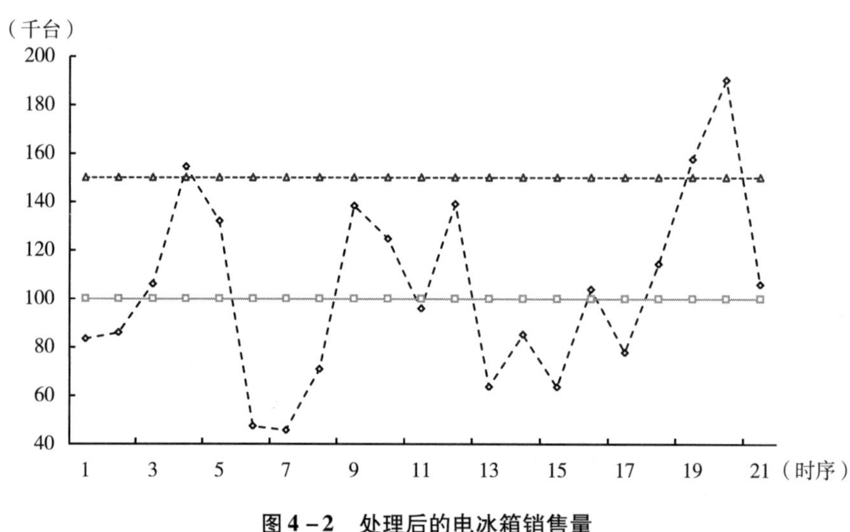

图 4 - 2　处理后的电冰箱销售量

由图 4 - 2 可以计算各状态初始概率，结果如表 4 - 2 所示。

表 4 - 2　　各状态初始概率

状态	滞销（E_1）	一般（E_2）	畅销（E_3）
处于界限	Y < 100	[100，150)	150≤Y
处于该状态的总数 M_i	10	8	3
初始概率 P_i	10/21	8/21	3/21

5. 计算一步转移概率矩阵

从时间序列曲线图上，可以得到从某一状态向另一状态转移的点数 M_{ij}，于是可以计算出一步转移概率：

$$M_1=10 \quad M_{11}=5 \quad M_{12}=5 \quad M_{13}=0$$

$$P_{11}=\frac{5}{10} \quad P_{12}=\frac{5}{10} \quad P_{13}=0$$

$$M_2=8 \quad M_{21}=4 \quad M_{22}=1 \quad M_{23}=2$$

$$P_{21}=\frac{4}{7} \quad P_{22}=\frac{1}{7} \quad P_{23}=\frac{2}{7}$$

$$M_3=3 \quad M_{31}=0 \quad M_{32}=2 \quad M_{33}=1$$

$$P_{31}=0 \quad P_{32}=\frac{2}{3} \quad P_{23}=\frac{1}{3}$$

最后一个数据不参加计算，因为它转向哪个状态尚不清楚。

用上面结果可以写成一步转移概率矩阵如下：

$$P=\begin{bmatrix} \frac{1}{2} & \frac{1}{2} & 0 \\ \frac{4}{7} & \frac{1}{7} & \frac{2}{7} \\ 0 & \frac{2}{3} & \frac{1}{3} \end{bmatrix}$$

6. 预测

第 21 期的销售量为 105. 9 千台，属于一般销售状态 E_2，由此经过一步转移达到三种状态的概率：$P_{21}>P_{23}>P_{22}$。

$P_{21}=4/7$，大于 P_{23}和 P_{22}，这说明销量在目前状态下，经一步转移到滞销的可能性最大。故预测第 22 期电冰箱的销量不会超过 100 千台。

二、马尔可夫模型预测

在实际中，往往需要知道经过一段时间后，预测对象可能处于的状态，这就要求建立一个能反映变化规律的数学模型。

马尔可夫模型预测是利用概率建立一种随机时序模型进行预测的方法，通常称为马尔可夫法。

（一）预测模型

对于马尔可夫预测法，我们可以建立以下模型：

$$S^{(k+1)}=S^{(k)}\cdot P$$

其中，$S^{(k)}$是预测对象在 $t=k$ 时刻的状态向量；P 为一步转移概率矩阵；$S^{(k+1)}$是预测对象在 $t=k+1$ 时的状态向量，也就是预测结果。

由于：

$$S^{(1)} = S^{(0)} \cdot P$$
$$S^{(2)} = S^{(1)} \cdot P = S^{(0)} \cdot P^2$$
$$\vdots$$
$$S^{(k+1)} = S^{(k)} \cdot P = S^{(0)} \cdot P^{k+1}$$

所以预测模型又可以写为：

$$S^{(k+1)} = S^{(0)} \cdot P^{k+1} = S^{(0)} \cdot \begin{bmatrix} p_{11} & p_{12} & \cdots & p_{1n} \\ \vdots & \vdots & & \vdots \\ p_{n1} & p_{n2} & \cdots & p_{nn} \end{bmatrix}^{k+1}$$

其中，$S^{(0)}$为预测对象的初始状态向量，它是由状态的初始概率组成的向量。由此式可以看出，对于马氏链，它是由处于任一时刻 t 的概率可由初始概率和一步转移概率决定。

（二）马尔可夫预测法的应用条件

第一，时间序列具有马尔可夫性，即无后效性：某时刻的状态仅受前一期状态的影响，与更前若干期的状态无关。

第二，一步转移概率矩阵逐期保持不变。

第三，预测期间状态的性质和状态的个数保持不变。

由于实际的客观事物很难长期保持同一状态转移概率，故此方法一般适用于短期预测。

（三）马尔可夫预测法的步骤

第一，分析预测对象是否具有马尔可夫链特性，是否满足马尔可夫预测法的前提条件。

第二，分析预测对象可能有几种状态存在，进行状态划分并计算初始状态的概率。

第三，采用一定的方法，确定一步转移概率矩阵。

第四，进行预测计算。

（四）应用举例

[例4-4] 产品市场占有率预测。假定某区域洗发水的市场占有率情况如下，该区域市场上主要有海飞丝、阿道夫、沙宣、清扬四个品牌进行销售，由于不同品牌质量、价格、经营管理水平、广告宣传等因素的影响，近期客户的流动情况和保留情况如表4-3所示，分析预测本年后三个月各个洗发水品牌的市场占有率。

表 4 – 3　　四个品牌 8 月、9 月客户情况　　单位：千人

洗发水品牌	8 月 1 日客户	9 月 1 日失去客户	9 月 1 日保留客户	9 月 1 日保留率
海飞丝	545	65	480	88.1%
阿道夫	495	55	440	88.9%
沙宣	417	52	365	87.5%
清扬	382	54	328	85.9%

1. 调查目前的客户占有及变动情况

8 月 1 日的客户到 9 月 1 日发生变化的情况如表 4 – 4 所示。

表 4 – 4　　各品牌 8 月、9 月客户变化情况　　单位：千人

品牌	海飞丝	阿道夫	沙宣	清扬	8 月 1 日客户
海飞丝	480	30	20	15	545
阿道夫	24	440	16	15	495
沙宣	18	20	365	14	417
清扬	15	25	14	328	382
9 月 1 日客户	537	515	415	372	1839

据表 4 – 4 可知，9 月 1 日海飞丝、阿道夫、沙宣、清扬四个品牌在该区域分别占有客户总数为 1839 家，各品牌的市场占有率分别为：0.292、0.280、0.226、0.202。即初始状态向量为：

$$S^{(0)}=(0.292,0.280,0.226,0.202)$$

2. 计算用户转移概率

根据表 4 – 3 和表 4 – 4 提供的数字，可以计算 8 ~9 月品牌转移概率。

海飞丝品牌用户的转向：

$$P_{11}=\frac{480}{545}=0.881\quad P_{12}=\frac{30}{545}=0.055$$

$$P_{13}=\frac{20}{545}=0.037\quad P_{14}=\frac{15}{545}=0.027$$

阿道夫品牌用户的转向：

$$P_{21}=\frac{24}{495}=0.049\quad P_{22}=\frac{440}{495}=0.889$$

$$P_{23}=\frac{16}{495}=0.032\quad P_{24}=\frac{15}{495}=0.030$$

可得 8 ~9 月一步转移概率矩阵 P：

$$P=\begin{bmatrix}0.0881 & 0.055 & 0.037 & 0.027\\ 0.049 & 0.889 & 0.032 & 0.030\\ 0.043 & 0.048 & 0.875 & 0.034\\ 0.039 & 0.065 & 0.037 & 0.859\end{bmatrix}$$

3. 预测

若本年后三个月各月之间用户转移概率不变，则可采用马尔可夫预测模型进行预测。

10 月各品牌的市场占有率为：

$$S^{(1)}=S^{(0)}\cdot P$$

$$=(0.292, 0.280, 0.226, 0.202)\begin{bmatrix}0.881 & 0.055 & 0.037 & 0.027\\ 0.049 & 0.889 & 0.032 & 0.030\\ 0.043 & 0.048 & 0.875 & 0.034\\ 0.039 & 0.065 & 0.037 & 0.859\end{bmatrix}$$

$$=(0.289, 0.289, 0.225, 0.197)$$

11 月各品牌的市场占有率为：

$$S^{(2)}=S^{(1)}\cdot P$$

$$=(0.289, 0.289, 0.225, 0.197)\begin{bmatrix}0.881 & 0.055 & 0.037 & 0.027\\ 0.049 & 0.889 & 0.032 & 0.030\\ 0.043 & 0.048 & 0.875 & 0.034\\ 0.039 & 0.065 & 0.037 & 0.859\end{bmatrix}$$

$$=(0.286, 0.297, 0.224, 0.193)$$

12 月各品牌的市场占有率为：

$$S^{(3)}=S^{(2)}\cdot P$$

$$=(0.286, 0.297, 0.224, 0.193)\begin{bmatrix}0.881 & 0.055 & 0.037 & 0.027\\ 0.049 & 0.889 & 0.032 & 0.030\\ 0.043 & 0.048 & 0.875 & 0.034\\ 0.039 & 0.065 & 0.037 & 0.859\end{bmatrix}$$

$$=(0.284, 0.303, 0.223, 0.190)$$

上述预测结果表明：如果企业用户的变化依上述规律进行，到该年年底，该区域原来市场占有率比较接近的四个品牌将产生很大差异，阿道夫品牌在该区域的市场占有率将明显高于其他企业。

由上例可以看出，状态转移概率矩阵全面描述了预测对象在各个状态之间变化的关系，它不仅决定了预测对象所处的状态，而且决定着预测对象的变化趋势和最终结果。

预测对象在同一初始状态下，转移概率矩阵不同，意味着有不同的变化规律，也将产生不同的预测结果。而要改变预测结果，只有改变转移概率矩阵。

在决策过程中，可以根据可能采取的措施，估计出不同的转移概率矩阵，以预测各种措施将会产生的后果。

本知识点微课视频二维码

第三节　马氏链的稳定状态及应用案例

一、马氏链的稳态概率

（一）稳定状态

经过一段时间后，马氏链将逐渐趋于这样一种状态，它与初始状态无关，在 $k+1$ 期的状态概率与前一期即第 k 期的状态概率相等，也就是有 $S^{(k+1)}=S^{(k)}$ 成立，这个状态就称为稳定状态。

如果进行企业市场占有率预测，稳定状态意味着各企业的市场占有率不再发生变化，或者说竞争达到了均衡状态；如果进行企业设备状态预测，稳定状态表明，在现有条件下运行设备长期运行最后能达到的状态，这对于是否需要采取措施改进设备现有的运行环境等很有意义。

稳态概率：马氏链达到稳定状态时的状态概率就是稳定状态概率，也称稳态概率。它表示处于稳定状态下，预测对象转移到各个状态的概率。在预测中，要设法求解得到预测对象的稳态概率。

（二）马氏链过程存在稳定状态的充分条件

1. 条件

若马氏链的一步转移概率矩阵为标准概率矩阵，那么马氏链必有稳定状态。若马氏链具有稳定状态，称其具有遍历性。

2. 标准概率矩阵

即对于概率矩阵 A，若存在 $m>0$，使得 $A^m=(a_{ij})_{n\times n}(m=1,2,\cdots)$ 满足：

$$a_{ij} > 0(i,j = 1,2,\cdots,n) \text{ 且} \sum_{j=1}^{n} a_{ij} = 1(i = 1,2,\cdots,n)$$

则矩阵 A 被称为标准概率矩阵。

通常的市场预测、企业设备状态预测、产品期望利润预测等所涉及的状态转移概率矩阵恰好属于标准概率矩阵。

例如，$\begin{bmatrix} 0.4 & 0.6 \\ 0.6 & 0.4 \end{bmatrix}$为标准概率矩阵，$\begin{bmatrix} 0 & 1 \\ 0.4 & 0.6 \end{bmatrix}$也为标准概率矩阵。因为存在 $m=2$，使得$\begin{bmatrix} 0 & 1 \\ 0.4 & 0.6 \end{bmatrix}^2 = \begin{bmatrix} 0.4 & 0.6 \\ 0.24 & 0.76 \end{bmatrix}$，但是，$\begin{bmatrix} 1 & 0 \\ 0.5 & 0.5 \end{bmatrix}$是非标准概率矩阵。

二、稳态概率的求解

（一）稳态概率的求解方法

由稳态状态的定义可知，当处于稳定状态时，有 $S^{(k+1)} = S^{(k)} = S^{(k)} \cdot P$，设 $S^{(k)} = (x_1, x_2, \cdots, x_n)$，且 $\sum_{i=1}^{n} X_i = 1$ 。

一步转移矩阵为：

$$P = \begin{bmatrix} p_{11} & \cdots & p_{1n} \\ \vdots & \ddots & \vdots \\ p_{n1} & \cdots & p_{nn} \end{bmatrix}$$

则由 $S^{(k)} = S^{(k)} \cdot P$ 得：

$$\begin{cases} p_{11}x_1 + p_{21}x_2 + \cdots + p_{n1}x_n = x_1 \\ p_{12}x_1 + p_{22}x_2 + \cdots + p_{n2}x_n = x_2 \\ \vdots \\ p_{1n}x_1 + p_{2n}x_2 + \cdots + p_{nn}x_n = x_n \\ x_1 + x_2 + \cdots + x_n = 1 \end{cases}$$

其中，n 个变量、n+1 个方程的方程组中有一个方程可消去。若消去第 n 个方程，并进行移项整理可得：

$$\begin{cases} (p_{11} - 1)x_1 + p_{21}x_2 + \cdots + p_{(n-1)1}x_{n-1} + p_{n1}x_n = 0 \\ p_{12}x_1 + (p_{22} - 1)x_2 + \cdots + p_{(n-1)2}x_{n-1} + p_{n2}x_n = 0 \\ \vdots \\ p_{1(n-1)}x_1 + p_{2(n-1)}x_2 + \cdots + (p_{(n-1)(n-1)} - 1)x_{n-1} + p_{n(n-1)}x_n = 0 \\ x_1 + x_2 + \cdots + x_n = 1 \end{cases}$$

写为矩阵形式：

$$\begin{bmatrix} p_{11}-1 & p_{12} & \cdots & p_{n1} \\ \vdots & \vdots & \vdots & \vdots \\ p_{1(n-1)} & p_{2(n-1)} & \cdots & p_{n(n-1)} \\ 1 & 1 & 1 & 1 \end{bmatrix} \begin{bmatrix} x_1 \\ x_2 \\ \vdots \\ x_n \end{bmatrix} = \begin{bmatrix} 0 \\ 0 \\ \vdots \\ 1 \end{bmatrix}$$

令 $P_1S^{(k)T}=B$，则 $S^{(k)T}=P_1^{-1}B$。$S^{(k)T}$就是马氏链的稳态概率，它是时刻 $t=k$ 时的状态向量形成的转置矩阵。

（二）应用举例

［例4-5］预测［例4-4］中，四个企业最终市场占有率。

分析：从［例4-4］中可知，用户转移概率矩阵是标准概率矩阵，这表明，随着状态的每一步转移，各企业的市场占有率不断调整，逐步将稳定在某一水平上。这时，各企业的竞争达到均衡状态，市场占有率基本不再发生变化。

设海飞丝、阿道夫、沙宣、清扬四企业经 k 步转移后的状态概率分别为 x_1、x_2、x_3、x_4，即 $S^{(k)}=(x_1,x_2,x_3,x_4)$。根据稳态的性质有：$S^{(k)}.P=S^{(k)}$。则有：

$$\begin{bmatrix} x_1 & x_2 & x_3 & x_4 \end{bmatrix} \begin{bmatrix} 0.881 & 0.055 & 0.037 & 0.027 \\ 0.049 & 0.889 & 0.032 & 0.030 \\ 0.043 & 0.048 & 0.875 & 0.034 \\ 0.039 & 0.065 & 0.037 & 0.859 \end{bmatrix} = \begin{bmatrix} x_1 & x_2 & x_3 & x_4 \end{bmatrix}$$

又有：

$$x_1+x_2+x_3+x_4=1$$

于是得方程组：

$$\begin{cases} 0.881x_1+0.049x_2+0.043x_3+0.039x_4=x_1 \\ 0.055x_1+0.889x_2+0.048x_3+0.065x_4=x_2 \\ 0.037x_1+0.032x_2+0.875x_3+0.037x_4=x_3 \\ 0.027x_1+0.030x_2+0.034x_3+0.859x_4=x_4 \\ x_1+x_2+x_3+x_4=1 \end{cases}$$

解之得：$x_1=0.273$，$x_2=0.333$，$x_3=0.218$，$x_4=0.176$。

从上面计算过程可以看出：

第一，最终市场占有率只与转移概率矩阵有关，而与初始状态概率无关；

第二，在实际中，各企业往往采取某些措施，如改善售后服务，降低价格等，以改变用户的流向，从而改变转移概率矩阵以及最终市场占有率；

第三，在马尔可夫预测法中考虑的用户占有率，是在总用户不变的条件下计算的，但实际上，任一产品的总用户都是在不断变化的，在实际预测时要予以考虑。

三、马尔可夫预测法在市场占有率预测中的应用

（一）应用条件

（1）一步转移概率矩阵逐期保持不变。即顾客转入率和转出率逐期保持不变。

（2）预测期间状态的性质和状态保持不变。即在预测期间市场竞争对手及数目保持不变，即没有新的竞争对手加入，也没有原有的对手退出。

（3）状态转移仅受前一期状态的影响，即顾客在预测期间的购买行为仅受前一期影响。

（二）预测步骤

（1）分析预测对象是否具有马尔可夫链特性，是否满足马尔可夫预测法的前提。

（2）分析预测对象可能有几种状态存在，进行状态划分，计算初始状态的概率。确定市场上企业竞争对手，计算企业和竞争对手的初始市场占有率。

（3）确定一步转移概率矩阵。企业和竞争对手的产品（顾客保留率、顾客转入率、顾客转出率）。

（4）利用马尔可夫预测模型和稳定概率模型，进行市场占有率分析预测。

需要注意的是：（1）每个竞争者的实力、竞争策略不同，每个竞争者原有的顾客保留率、顾客转出率、顾客转入率在不同时期都有所变化。（2）在市场竞争过程中总会有新的竞争者不断加入，原有的个别弱小的竞争者不断被逐出市场，这样不同时期的竞争者及其数目也都会有所变化。因此，马尔可夫预测法只能用于市场占有率的近期或短期预测。若进行长期预测，预测结果往往与实际情况有较大偏差。

（三）应用举例

[例4-6] 某地区市场主要销售云南白药、黑人、高露洁三种品牌牙膏，每月三种品牌销售总量在20000支左右。五月销售状态，云南白药品牌8500支，黑人品牌6500支，高露洁品牌5000支。

5月进行一次500名顾客调查，结果发现：原本购买云南白药品牌的200名顾客中，购买云南白药品牌140人，购买黑人品牌40人，购买高露洁品牌20人；原本购买黑人品牌的顾客150人中，购买云南白药品牌30人，购买黑人品牌100人，购买高露洁品牌20人；原本购买高露洁品牌的150名顾客中，购买云南白药品牌

15 人，购买黑人品牌 15 人，购买高露洁品牌 120 人。

假设以后各月顾客在这三种品牌之间的保留率、转出率、转入率与此相同。估计三种品牌不会退出市场，也没有新品牌牙膏进入。

请预测：

（1）6～7 月各月三品牌牙膏的市场占有率和销售量；

（2）达到市场竞争均衡状态的三种品牌牙膏市场占有率和销售量。

1. 计算初始状态向量

据题可知，5 月云南白药、黑人、高露洁品牌牙膏市场占有率初始状态概率分别为：

$$S_1^{(0)} = \frac{8500}{20000} = 0.425$$

$$S_2^{(0)} = \frac{6500}{20000} = 0.325$$

$$S_3^{(0)} = \frac{5000}{20000} = 0.25$$

即初始状态向量为：$S^{(0)} = (0.425, 0.325, 0.25)$。

2. 确定一步转移概率矩阵

$$P = \begin{bmatrix} p_{11} & p_{12} & p_{13} \\ p_{21} & p_{22} & p_{23} \\ p_{31} & p_{32} & p_{33} \end{bmatrix} = \begin{bmatrix} \frac{140}{200} & \frac{40}{200} & \frac{20}{200} \\ \frac{30}{150} & \frac{100}{150} & \frac{20}{150} \\ \frac{15}{150} & \frac{15}{150} & \frac{120}{150} \end{bmatrix} = \begin{bmatrix} 0.7 & 0.2 & 0.1 \\ 0.2 & 0.67 & 0.13 \\ 0.1 & 0.1 & 0.8 \end{bmatrix}$$

行元素是顾客保留率、转移率，列元素是顾客保留率、转入率。

3. 利用马尔可夫预测模型预测

预测 6 月三种品牌牙膏市场占有率：

$$\begin{aligned} S^{(1)} &= S^{(0)} \cdot P \\ &= (0.425, 0.325, 0.25)\begin{bmatrix} 0.7 & 0.2 & 0.1 \\ 0.2 & 0.67 & 0.13 \\ 0.1 & 0.1 & 0.8 \end{bmatrix} \\ &= (0.3875, 0.3278, 0.2847) \end{aligned}$$

6 月销量预测：

云南白药：20000×38.75%＝7750（支）

黑人：20000×32.78%＝6556（支）

高露洁：20000×28.47%＝5694（支）

预测 7 月三种品牌牙膏市场占有率：

$$S^{(2)} = S^{(1)} \cdot P$$

$$= (0.3875, 0.3278, 0.2847)\begin{bmatrix} 0.7 & 0.2 & 0.1 \\ 0.2 & 0.67 & 0.13 \\ 0.1 & 0.1 & 0.8 \end{bmatrix}$$

$$= (0.3653, 0.3256, 0.3091)$$

7 月销量预测：

云南白药：20000 ×36.53% =7306（支）

黑人：20000 ×32.56% =6512（支）

高露洁：20000 ×30.91% =6182（支）

4. 稳定状态下的市场占有率

$$S^{(k)T} = P_1^{-1}B = \begin{bmatrix} 0.7-1 & 0.2 & 0.1 \\ 0.2 & 0.67-1 & 0.1 \\ 1 & 1 & 1 \end{bmatrix}^{-1}\begin{bmatrix} 0 \\ 0 \\ 1 \end{bmatrix} = \begin{bmatrix} 0.3272 \\ 0.3086 \\ 0.3642 \end{bmatrix}$$

稳定状态下，云南白药、黑人、高露洁三种品牌牙膏的市场占有率分别为 32.72%、30.86%、36.42%。

三品牌牙膏的稳定状态销售量预测值分别为：

云南白药：20000 ×32.72% =6544（支）

黑人：20000 ×30.86% =6172（支）

高露洁：20000 ×36.42% =7284（支）

可以看出，在该地区云南白药、黑人市场占有率呈逐步下降趋势，企业管理者采用调整营销策略、改进产品质量、包装、性能等、调整产品价格、加强广告宣传等措施，否则，就可能逐步丧失其在市场竞争中得优势地位，甚至被逐出市场。

本知识点微课视频二维码

思考练习

1. 我国某种商品在国外销售情况共有连续 24 个季度的数据（其中 1 表示畅销，

2 表示滞销)：1，1，2，1，2，2，1，1，1，2，1，1，1，1，2，2，1，2，2，1，2，1，2，1。

如果该商品销售情况近似满足时齐性与 Markov 性：

（1）试确定销售状态的一步转移概率矩阵；

（2）如果现在是畅销，试预测之后的第四个季度的销售状况；

（3）如果影响销售的所有因素不变，试预测长期的销售状况。

2. 假定某游戏公司推出了新型的三款手游 A、B、C，三款手游的市场占有率分别为 50%、30%、20%。由于 C 款游戏加大了广告宣传投入，销售额逐期稳定上升，而 A 款游戏的下载量却在下降。通过市场调查发现三款游戏的玩家流动情况如表 4 – 5 所示。其中产品销售周期是季度。问题：

（1）请谈一谈 C 款游戏采取的广告宣传的方式是否有效（设定市场占有率提高 30% 即为有效）？

（2）A 款游戏下载量下降和玩家转移的影响将严重到何种程度？

（3）请再结合模型说明三款游戏的占有率将如何变化？

表 4 – 5　　三款游戏玩家流动情况　　单位：人

游戏类型	周期 0 的玩家数量	周期 1 的游戏类型		
		A	B	C
A	50000	35000	5000	10000
B	30000	3000	24000	3000
C	20000	1000	1000	18000
周期 2 的玩家数量	—	39000	30000	31000

第五章 数据包络分析实验

当前，我们需要处理和理解与生产生活相关的销售、成本、库存、市场、人口统计等数据，如何从所有这些数据中得出有用的见解，并有效提高组织的绩效是生产活动需要面临的首要问题。以一家拥有多家分行的银行为例，管理层的目标是确保每个分支机构都达到最佳绩效，但问题在于如何最好地对绩效进行测量。可以将分支机构的产出，如销售额、销售额增长、客户、市场份额等作为绩效指标；同时，人员、办公空间、材料成本等的投入也是绩效衡量的指标之一。然而，所有这些衡量绩效指标和方法的不同，可能会产生不同的结果，各分支机构的绩效可能会表现出相当大的变化。如何考虑影响分支机构绩效的所有重要因素，并提供更全面的效率衡量标准成为绩效衡量面临的挑战。

数据包络分析（data envelopment analysis ，DEA）是一种分析工具，可以根据数据特征和测量技术对效率进行评价，识别个体的效率，提供可能的改进方向，在绩效评价中应用广泛。本章旨在加深对 DEA 技术的理解，对 DEA 的概念基础进行解释，并分析 DEA 模型的运算过程及其优缺点。本章能为学习和利用 DEA 模型以及解释结果提供实践指导，鼓励人们思考如何更详细、更严格地分析绩效，以帮助提高资源配置的效率。

学习本章需要有一定的知识储备，需要有三个方面的基本知识：首先，要有微观经济学的基础概念和理论框架，包括了基本的消费者理论、厂商理论、均衡理论等；其次，有生产经济学的相关知识，能够明晰和厘清生产的不同阶段及其特征，如规模报酬这样的概念；最后，是要懂得初步的运筹学理论和方法，主要针对其中的线性规划方法及求解、对偶理论等。

本知识点微课视频二维码

第一节　数据包络分析基本原理

一、数据包络分析简介

数据包络分析也被称为前沿分析法，是一种数据驱动的非参数效率测度方法，本质是采用线性规划的方法，构建并估计一个非参数分段式的线性包络面，也可以称为前沿面，用其将所获数据包络起来，进而根据包络面来开展效率测度。法雷尔在 1957 年就提出用逐段凸函数逼近方法进行前沿面的估计，然而在这之后 20 多年里，很少有学者继续做这方面的研究。直到查恩斯、库珀和罗兹（Charnes，Cooper and Rhodes，1978）等提出第一个 DEA 模型后，学者们又发表了很多关于拓展和应用 DEA 方法的文章。周泽昆和陈珽发表于 1986 年《系统工程》杂志上的一篇论文，标志着我国第一篇关于 DEA 文章的诞生。随后，大量相关文献涌现。由于 DEA 不预设定具体函数形式和允许多种投入产出的优点，现已被学者们广泛用于评估决策单元（Decision-Making Units，DMU）投入产出的相对效率。DEA 主要的优点在于：

（1）DEA 适用于多投入多产出的有效性综合评价问题，在处理此类问题上有其独有的优势；

（2）DEA 方法并不直接对数据进行综合，因此决策单元的最优效率指标和投入指标值及产出指标的量纲选取无关，因而建模前无须进行无量纲化处理；

（3）没有任何权重假设，而是以决策单元投入产出的实际数据为基础获得最优权重，排除了权重选择的主观干扰；

（4）DEA 方法假定每个投入都关联到一个或多个产出，且投入产出之间确实存在某种联系，但无须确定这种关系的显性表达；

（5）不仅可以测度效率水平，还可以测度效率不足（inefficiency）的可能原因，DEA 提供了一种经济效率的“分解”技术，可以将效率分解为技术无效率（technical inefficiency）和配置无效率（allocative inefficiency），并且可以将技术无效率进一步分解为规模效应、无法处理的不必要投入和剩余部分；

（6）DEA 测度得到的是“相对效率”，将所有决策单元进行比较并生成一个潜在决策组合，使得其成为现有决策单元的“标杆”，为决策单元提高效率提供指引。

在理解 DEA 之前，需要首先了解技术效率（technical efficiency，TE）的概念，技术效率指投入和产出之间的最佳配置状态。在 DEA 分析中，技术效率是指一个生产单元的生产水平达到该组数据最优技术水平的程度。技术效率可以从投入和产出两个角度来衡量，在投入既定的情况下，技术效率由产出最大化的程度来衡量。在产出既定的情况下，技术效率由投入最小化的程度来衡量。

$$TE = \frac{output}{input} \tag{5-1}$$

图 5 - 1 展现的是单投入、单产出的情形，也即是经济学中的生产函数，大部分经济学书籍中倾向于把投入和产出的技术关系作为生产函数而不是生产前沿面或生产边界，本质上，这两个术语可以相互交换。生产前沿面表示的是对于不同水平的投入能达到的最大产出水平，反映的是当前的技术现状。当一个企业在生产前沿面上运行的，说明它是技术有效的，反之则为非技术有效。

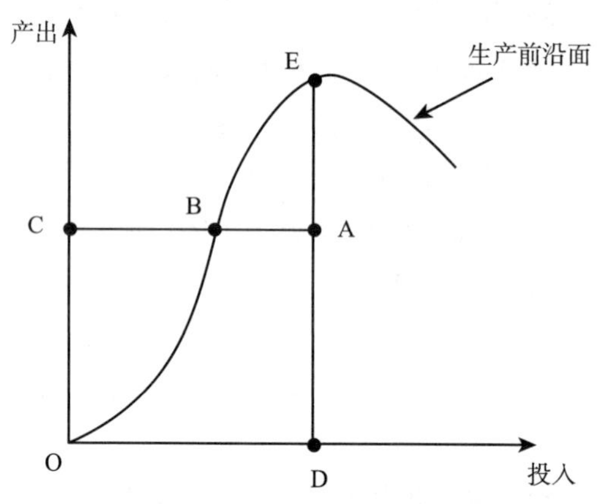

图 5 - 1　单投入产出技术效率

从图 5 - 1 可以看出，A 点为不在前沿面的一个观测点，则在 A 点运行的企业是无效率的，因为技术上存在不增加投入的条件下产出可以继续扩大，或者在保持产出不变的条件下投入仍可缩小的情况。若我们固定投入，做垂直于横轴的直线，分别交横轴于 D 点，交前沿面于 E 点，则定义 A 点以产出为导向的技术效率为 AD 比上 DE；若我们固定产出，做垂直于纵轴的直线，分别交纵轴于 C 点，交前沿面于 B 点，则定义 A 点以投入为导向的技术效率为 BC 比上 AC，可以表示为：

$$TE_{input-oriented} = \frac{AD}{DE} \tag{5-2}$$

$$TE_{output-oriented} = \frac{BC}{AC} \tag{5-3}$$

由于很难用图形的形式表述多于两维的情况，也就难以把这种图形分析的方式扩展到多投入或多产出的分析中去，在这种情况下，一般的解决办法是在保持其他变量不变的前提下绘出两个变量的关系，如图 5 - 2 所示。考虑一个单投入双产出的情况，保持投入不变，通过绘制单位投入的两类产出，可以得到微观经济学中的生产可能曲线，此时的技术效率为：OA/OB。同样，考虑一个双投入单产出的情况，则保持产出不变，通过绘制单位产出的两类投入，可以得到了微观经济学中的等产量曲线，此时的技术效率为：OB/OA。上述效率的测度方式是法雷尔等学者提出的，这些效率测量假设生产技术为已知，但事实并非如此，且效率等产量线或生产可能曲线必须从样本数据中估计出来，判断这样的生产前沿面是一个复杂的问题，正是由于技术上的局限，导致在实际操作中，无法对前沿面进行科学、合理、快速的估计。这一困境直到 DEA 模型的出现才得以突破，效率分析因此大行其道。

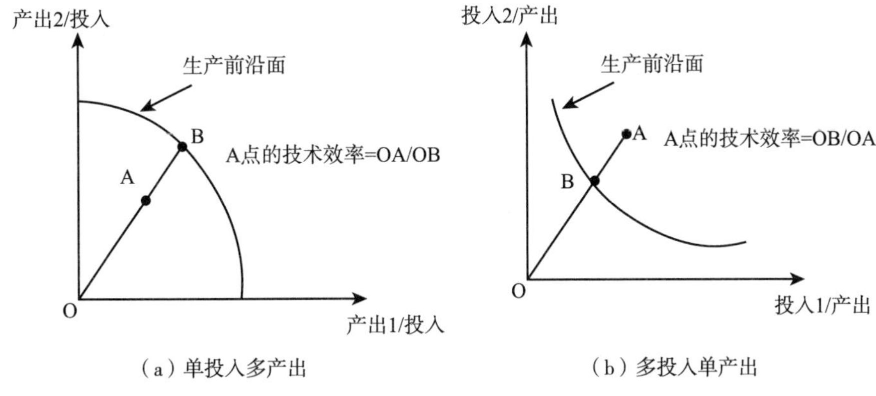

（a）单投入多产出　　　　（b）多投入单产出

图 5－2　多投入产出下的技术效率

表 5－1 中为 5 家商业银行的数据（DMU＝5），其中投入指标为银行职工数，产出指标为银行利润总额，可以采用式（5－1）以产出和投入的比率表示银行的效率。受到变量数值大小和单位的影响，数值离散程度较大，不易直观比较，因此为了直观的比较效率差异，将 5 家银行的投入产出比值进行标准化处理，同时除以最大的效率值（97.6042），得到相对效率（relative efficiency）。

表 5－1　单投入单产出相对效率的计算

生产单元	投入	产出	产出/投入	相对效率
A	31.47	2506.45	79.6452	0.8160
B	46.40	2665.76	57.4504	0.5886
C	44.51	3917.89	88.0215	0.9018
D	42.60	3265.97	76.6584	0.7854
E	9.04	882.00	97.6042	1.0000

根据表 5－1 的相对效率可以看出，E 银行的相对效率最大 1.0000，B 银行的效率值最小（0.5886），为了直观地对比 5 家银行的相对效率，我们将投入和产出作为坐标轴绘制在图 5－3 中，将商业银行的员工数与利润总额的比率连接到原点，其中经过 E 点的直线斜率最大，这条线作为效率值的“有效边界”。有效边界包含了所有的 DMU，所有的效率点都在有效边界的下方或者线上。在数学专业术语上，有效边界所在的线被称为“前沿面”，它对内部数据形成了“包络”，这也就是“数据包络分析”名字的由来。

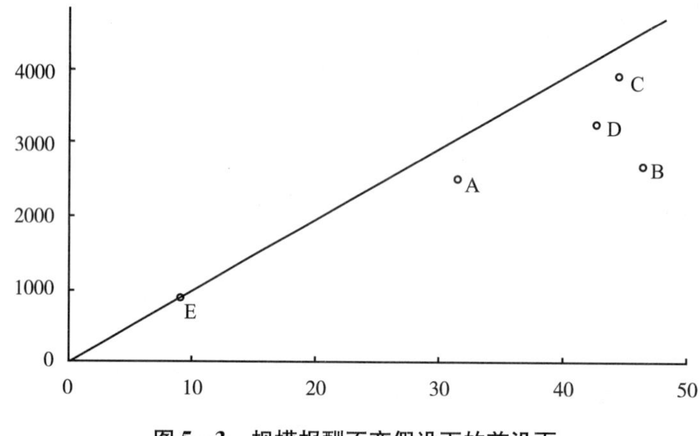

图 5-3　规模报酬不变假设下的前沿面

在 DEA 中，E 点在前沿面上被定义为效率最佳的点，是其他银行“改进”的基准。在图 5-3 中，前沿面是一条经过原点无线延伸的直线，然而银行规模是不会无限扩大的，因此我们假设银行的投入和产出都在有效的范围内，并称之为“规模报酬不变”（constant returns-to-scale，CRS）。其他银行的效率与 E 银行相比都是低效率的，因此 DEA 测度的效率值是“相对效率”，也即是相对于最有效率点 E。

式（5-1）可以对单投入产出效率进行测度，如果存在多个投入和产出，那么效率计算公式可以表示为：

$$\frac{\sum_{r=1}^{s} u_r y_r}{\sum_{i=1}^{m} v_r x_i} = \frac{u_1 y_1 + u_2 y_2 + \cdots + u_s y_s}{v_1 x_1 + v_1 x_1 + \cdots + v_m x_m} \tag{5-4}$$

其中，x 和 y 是投入和产出，u 和 v 为投入和产出指标各自对应的权重。权重的确定涉及赋权方法，可以采用事先给定也可以根据数据特征进行求解。如何根据数据特征计算各项权重是 DEA 的核心内容之一。

二、CCR 模型

继续上面的问题，如果有多个投入和产出，如何确定权重成为需要首先解决的问题。CCR 模型作为 DEA 模型的基本形式，将投入和产出的权重求解转换为线性规划问题。假设投入和产出分别是：

$$\text{input} = v_1 x_{1o} + \cdots + v_m x_{mo} \tag{5-5}$$

$$\text{output} = u_1 y_{1o} + \cdots + uy_{so} \tag{5-6}$$

其中，o 的取值为 1，2，…，n，投入和产出的比例是 DMU 的技术效率。最佳权重通常会在不同的 DMU 之间变化。因此，DEA 中的“权重”是从数据中导出的，而不是预先固定的。为每个 DMU 分配一组最佳权重，权重值可能因 DMU 而异。通过对以下分式规划问题进行求解，来计算投入权重 $v_i(i=1,2,\cdots,m)$ 和产出权重 $u_r(r=1,2,\cdots,s)$：

$$\max_{v,u}\theta=\frac{u_1y_{1o}+u_2y_{2o}+\cdots+u_sy_{so}}{v_1x_{1o}+v_2x_{2o}+\cdots+v_mx_{mo}} \tag{5-7}$$

$$\text{s. t. }\frac{u_1y_{1o}+u_2y_{2o}+\cdots+u_sy_{so}}{v_1x_{1o}+v_2x_{2o}+\cdots+v_mx_{mo}}\leqslant 1 \tag{5-8}$$

$$v_1,v_2,\cdots,v_m\geqslant 0$$

$$u_1,u_2,\cdots,u_s\geqslant 0$$

约束条件将 DMU 的投入和产出之比的范围限制在 0 ~ 1 的区间，从而在 DMU 比例最大化的情景下获取投入和产出权重。将上述分式规划（fractional program，FP）转换为线性规划（linear program，LP）：①

$$\max_{\mu,\omega}\theta=\mu_1y_{1o}+\cdots+\mu_sy_{so} \tag{5-9}$$

$$\text{s. t. }\omega_1x_{1o}+\cdots+\omega_mx_{mo}=1 \tag{5-10}$$

$$\mu_1y_{1j}+\cdots+\mu_sy_{sj}\leqslant\omega_1x_{1o}+\cdots+\omega_mx_{mo}$$

$$\omega_1,\omega_2,\cdots,\omega_m\geqslant 0$$

$$\mu_1,\mu_2,\cdots,\mu_s\geqslant 0$$

在实际的生产活动中，投入和产出数据可能并不存在负数的情况，因此进一步放松对投入和产出数据集的限制，假设投入和产出是半正定的，也即是每个 DMU 的输入和输出中都至少有一个正值。对于 $x\in R^m$ 和 $x\in R^s$ 可以使用集合（x，y）表示，这样投入和产出向量的分量可以看作是（m + s）维线性向量空间中的半正定矩向量，以上标 m 和 s 表示输入和输出的维数，这一集合构成生产可能集 P，假设：

$$P=\{(x,y)\mid x\geqslant X\lambda,\ y\leqslant Y\lambda,\ \lambda\geqslant 0\} \tag{5-11}$$

其中，λ 是属于 R^n 的半正定向量。在生产可能集的约束下，CCR 模型可以看作行向量 ω 作为输入乘子，行向量 μ 作为输出乘子的 LP 求解问题：

$$\max_{\mu,\omega}\mu y_0 \tag{5-12}$$

$$\text{s. t. }\omega x_0=1 \tag{5-13}$$

$$-\omega X+\mu Y\leqslant 0$$

$$\omega\geqslant 0,\mu\geqslant 0$$

使用实变量 θ 和非负向量 $\lambda=(\lambda_1,\lambda_2,\cdots,\lambda_n)^T$ 来表示上式 LP 问题的对偶情况：

---

① $t=\frac{1}{\sum_{i=1}^{m}v_1x_{1o}}$，$\mu=tu$，$\omega=tv$，注意前面用 u，v，后面用 μ 和 ω。

$$\min_{\theta,\lambda}\theta \tag{5-14}$$

$$\text{s. t. } \theta x_o - X\lambda \geqslant 0 \tag{5-15}$$

$$Y\lambda \geqslant y_o$$

$$\lambda \geqslant 0$$

不同的约束条件下 CCR 模型的对偶形式存在差别。表 5－2 列出了 CCR 模型的原始 LP 方式及其对偶形式。

表 5－2　　CCR 模型的原始形式和对偶形式

线性规划（LP）	对偶形式（DLP）	线性规划（LP）	对偶形式（DLP）
$vx_o=1$	θ	$\theta x_o - X\lambda \geqslant 0$	$\omega \geqslant 0$
$-vX+uY \leqslant 0$	$\lambda \geqslant 0$	$Y\lambda \geqslant y_0$	$\mu \geqslant 0$

在 CCR 模型中，当 θ 是最优目标解 $\theta^* < 1$，由于$(X\lambda, Y\lambda)$的值实际上要大于$(\theta x_o, y_0)$，因此定义一个“松弛向量”（slacks）来表示“投入冗余”（input excesses）$s^- \in R^m$ 以及一个“产出不足”（output shortfalls）$s^+ \in R^s$：

$$s^- = x_o - X\lambda, s^+ = Y\lambda - y_0 \tag{5-16}$$

其中，s^-，$s^+ \geqslant 0$ 满足包含(θ, λ)的任意可行解。由于已知最优目标解 θ^*，因此使用(λ, s^-, s^+)作为建立求解以下线性规划：

$$\max_{\lambda, s^-, s^+} w = es^- + es^+$$

$$\text{s. t. } s^- = \theta^* x_o - X\lambda,\ s^+ = Y\lambda - y_0,\ \lambda \geqslant 0, s^- \geqslant 0, s^+ \geqslant 0 \tag{5-17}$$

三、BCC 模型

在前面的章节中，我们讨论了 CCR 模型，该模型建立在图 5－1 所示的单投入单产出情况下。CCR 模型假设规模报酬不变，所有决策单元都以最优规模运作时，这一假设是合理的。但不完全竞争、政府规制、财政约束等可能会导致被测度对象不能以最优规模运作。当不是所有的决策单元都以最优规模运作时，使用规模报酬不变假设，会导致技术效率测度受到规模效率的影响。因此，很多学者提出放松规模报酬不变的假设，来解决规模报酬可变的情况。假设产生可能性集具有以下性质：如果（x，y）是可行点，则任何正 t 的（tx，ty）也是可行的，基于此班克、查恩斯和库铂（Banker，Charnes and Cooper，1984）提出了规模报酬可变的 BCC 模型。

BCC 模型的生产边界由现有 DMU 的凸包所跨越。边界具有分段线性和凹面特征，如图 5－4 所示，导致可变规模回报特征为：一是第一实线段的规模回报增加；

二是第二实线段的规模回报减少；三是从第一实线段过渡到第二实线段时的规模回报不变。

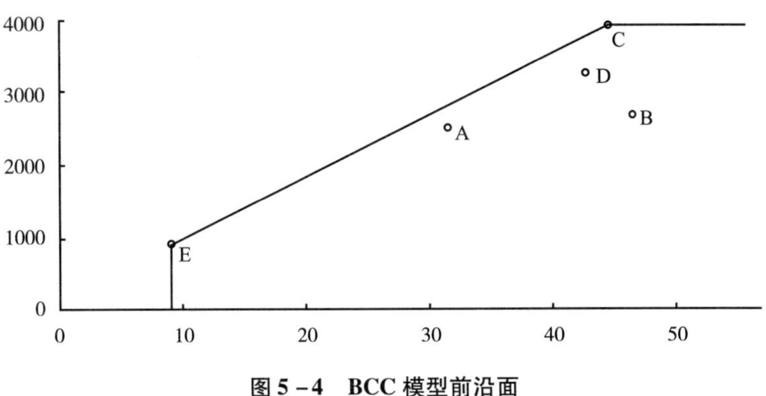

图 5－4　BCC 模型前沿面

BCC 模型的生产可能集 P_B 定义为：

$$P_B = \{(x,y) \mid x \geqslant X\lambda,\ y \leqslant Y\lambda,\ e\lambda = 1,\ \lambda \geqslant 0\} \tag{5-18}$$

其中，$X=(x_j) \in R^{m\times n}, Y=(y_j) \in R^{s\times n}$，$\lambda \in R^n$，e 为行向量等于 1 的单位矩阵。BCC 模型和 CCR 模型的主要区别是满足约束条件 $\sum_{j=1}^{n} \lambda_j = 1$，也可以写成 $e\lambda = 1$。投入导向的 BCC 模型可以通过求解以下线性规划来进行效率估计：

$$\min_{\theta_B,\lambda} \theta_B$$
$$\text{s. t. } \theta_B x_o - X\lambda \geqslant 0,\ Y\lambda \geqslant y_o,\ e\lambda = 1,\ \lambda \geqslant 0 \tag{5-19}$$

其对偶形式可以写为：

$$\max_{\omega,\mu,\mu_0} z = \mu y_0 - \mu_0$$
$$\text{s. t. } \omega x_0 = 1,\ -\omega X + \mu Y - \mu_0 e \leqslant 0,\ \omega \geqslant 0,\ \mu \geqslant 0 \tag{5-20}$$

对于产出导向的 BCC 模型，可以写为：

$$\min_{\eta_B,\lambda} \eta_B$$
$$\text{s. t. } X\lambda \leqslant x_o,\ \eta_B y_o - Y\lambda \geqslant 0,\ e\lambda = 1,\ \lambda \geqslant 0 \tag{5-21}$$

其对偶形式可以写为：

$$\max_{\omega,\mu,\omega_0} z = \omega x_0 - \omega_0$$
$$\text{s. t. } \mu y_0 = 1,\ \omega X - \mu Y - \omega_0 e \geqslant 0,\ \omega \geqslant 0,\ \mu \geqslant 0 \tag{5-22}$$

DEA 研究的主要目的之一是将效率低下的 DMU 投影到生产前沿，如 CCR 投影和 BCC 投影等。前沿进步有三个方向：一是称为投入导向，目的是在保持至少目前产出水平的情况下尽可能减少投入量；二是称为产出导向，目的是在最多目前投入消耗的情况下使产出水平最大化；三是以加法和 SBM 模型为代表，它们以一种联合最大化两者的方式同时处理投入过剩和产出不足。

加法模型的一般表达形式为：

$$\max_{\lambda,s^-,s^+} z = es^- + es^+$$
$$s.t.\ X\lambda + s^- = x_o,\ X\lambda - s^+ = y_o,\ e\lambda = 1 \tag{5-23}$$

对偶形式为：

$$\max_{\omega,\mu,\mu_o} w = \omega x_o - \mu y_o + \mu_o$$
$$s.t.\ \omega X - \mu Y + \mu_o e \geqslant 0,\ \omega,\mu \geqslant e,\ e\lambda = 1 \tag{5-24}$$

四、SBM 模型

传统 DEA 模型不论是投入导向还是产出导向，不论规模报酬是增是减，投入或产出都是需要同比例缩减或扩张的，也即是径向改进。径向改进的 DEA 模型的特征是非有效的决策单元沿着到原点的射线方向进行改进，也就是同比例缩减投入或同比例扩大产出，而非径向就是非有效的决策单元不必沿着原点的射线方向进行改进，能最大化提高改进程度。径向和非径向的主要差别就是在于投入或者产出是不是同比例进行改变，若是同比例改变就是径向模型，若不是同比例改变就是非径向模型。DEA 的基础是构建生产技术，在此基础上，基于生产单元到生产前沿的距离来估算效率，按照距离函数的不同，效率可分为径向效率和非径向效率。SBM 模型是最常见的非径向模型，全称是“基于松弛测度的模型”，其优点在于，直接度量多余的投入量与不足的产出量，投入与产出到生产前沿面的距离被称作松弛量来测算效率。

SBM 的一般模型可以理解为非角度的模型，所谓非角度，也就是无须从投入或者产出角度考虑，非角度同时将投入和产出情况包含其中。它的规划是求解最小化目标，目标值即为效率值，处在 0 ~ 1 之间。其中，使用 s^-，s^+ 分别代表投入的松弛变量和产出的松弛变量。SBM 模型的基本表达式为：

$$\min_{\lambda,s^-,s^+} \rho = \frac{1 - \frac{1}{m}\sum_{i=1}^{m} s_i^- / x_{io}}{1 + \frac{1}{s}\sum_{r=1}^{s} s_i^+ / y_{ro}}$$
$$s.t.\ x_o = X\lambda + s^-,\ y_o = Y\lambda - s^+,\ \lambda \geqslant 0,\ s^- \geqslant 0,\ s^+ \geqslant 0 \tag{5-25}$$

在约束条件中，我们可以看到，ρ 是大于等于 0，对比前面的学习内容不难发现，这个规划式计算的是规模报酬不变条件下的效率值。SBM 依然可以仅考虑投入角度或产出角度，SBM 的一般模型可以构建成如下两种规划形式，分别为投入角度的 SBM 模型和产出角度的 SBM 模型。

投入导向的 SBM 模型为：

$$\rho_I^* = \min_{\lambda, s^-} 1 - \frac{1}{m}\sum_{i=1}^{m} s_i^- / x_{io}$$

$$\text{s. t. } x_o = X\lambda + s^-,\ y_o \leqslant Y\lambda - s^+,\ \lambda \geqslant 0, s^- \geqslant 0 \tag{5-26}$$

产出导向的 SBM 模型为：

$$\rho_O^* = \min_{\lambda, s^+} = \frac{1}{1 + \frac{1}{s}\sum_{r=1}^{s} s_i^+ / y_{ro}}$$

$$\text{s. t. } x_o \geqslant X\lambda,\ y_o = Y\lambda - s^+,\ \lambda \geqslant 0, s^+ \geqslant 0 \tag{5-27}$$

上述三种模型的效率值之间有一定的关系，具体关系就是，投入或者产出角度的 SBM 技术效率值都大于或者等于非角度的 SBM 技术效率值。另外，在非角度模型中，分子和分母中的分式可以看作投入的无效率部分和产出的无效率部分，这样，非角度的效率值便可以看成同时利用投入无效率和产出无效率值计算而得到的结果。

五、效率值的分解

同时采用规模报酬不变（CRS）和规模报酬可变（VRS）的 DEA 方法可以对一个决策单元的规模效率进行测量，这需要将规模报酬不变的 DEA 得到的技术效率值分解成两部分：规模无效率和“纯”技术无效率。如果对同一个决策单元，规模报酬不变和规模报酬可变条件下的技术效率值不同，就说明该企业存在规模无效率。

假设 CCR 模型和 BCC 模型测度的 DMU 效率值分别是 θ_{CCR}^* 和 θ_{BCC}^*，那么规模效率（scale efficiency，SE）可以定义为：

$$SE = \frac{\theta_{CCR}^*}{\theta_{BCC}^*} \tag{5-28}$$

SE 的取值不会超过 1，由于 BCC 模型是在规模报酬不变（CRS）下测度效率。CCR 模型的效率值由于没有考虑规模效率，因此被称为技术效率，与之相对应，BCC 模型的效率值表示了规模报酬可变的情况下的纯技术效率（pure technical effiencicy，PTE），因此可以对效率进行分解：

$$TE = PTE \cdot SE \tag{5-29}$$

这种分解描述了低效率的来源，也就是说，它是由低效率运行（PTE）引起的，还是由规模效率（SE）所显示的不利条件引起的，或者两者兼而有之。在但投入产出的情形下，图 5－5 展示了规模效率的计算方式，对于 A 点而言，其规模效率可以表示为：

$$SE(A)=\theta_{CCR}^{*}(A)=\frac{LM}{LA}<1 \tag{5-30}$$

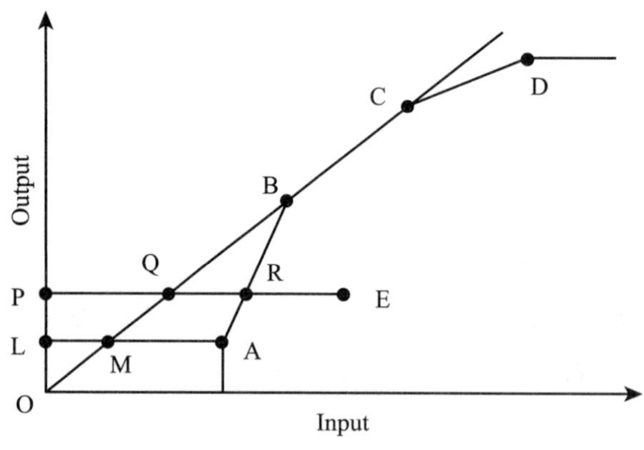

图 5－5　DEA 规模效率

对于 A 点而言，其效率在局部有效的（PTE＝1），但是其整体无效性（TE）是由于其未能达到规模（SE）造成的。对于 DMU B 和 C，其规模效率为 1，在局部和全局都是有效的。

在 BCC 模型测度效率的情形下，E 点可以表示为：

$$SE(E)=\frac{PQ}{PE}\cdot\frac{PE}{PR}=\frac{PQ}{PR} \tag{5-31}$$

式（5－31）等于投入导向的 BCC 模型到 R 的规模效率，对 E 进行分解可以得到：

$$TE(E)=PTE(E)\cdot SE(E) \tag{5-32}$$

或者

$$\frac{PQ}{PE}=\frac{PR}{PE}\cdot\frac{PQ}{PR} \tag{5-33}$$

因此，E 点的总体效率低下是由于 E 在技术上的低效运行，同时也是由 PQ/PR 测度的 E 的不利规模条件造成的。

如果效率的实现或失败是人们唯一感兴趣的话题，那么就技术和混合效率而言，这些不同的模型都将产生相同的结果。然而，我们需要注意的是，当存在低效率时，加法模型、SBM 模型和 BCC 模型可能给出不同的估计。根据前面的分析，投入导向的 SBM 模型测度的目标最优解 ρ_I^* 与 CCR 模型的目标最优解 θ_{CCR}^* 在 CCR 模型投入冗余为 0 时相等，因此，存在冗余时$\rho_I^* < \theta_{CCR}^*$。因此，基于这一条件，可以定义混合效率：

$$MIX = \frac{\rho_I^*}{\theta_{CCR}^*} \tag{5-34}$$

混合效率的最大值不超过 1，同时可以将混合效率的非径向效率分解为径向效率和混合效率：

$$\text{Input-OrientedSBM} = [\text{RadialEff.}(TE)] \cdot [\text{MixEff.}(MIX)] \tag{5-35}$$

根据 TE 的分解，非径向 ρ_I^* 的效率值可以分解为混合效率（MIX）。纯技术效率（PTE）和规模效率（SE）：

$$\rho_I^* = MIX \cdot PTE \cdot SE \tag{5-36}$$

本知识点微课视频二维码

第二节　数据包络分析实验案例

DEA 作为一种广泛使用的效率评估方法，其实现方式多样，专业求解软件如 Maxdea，Deap 等；统计分析软件如 STATA 提供了计算 DEA 效率的“dea”命令；Matlab 开发了 DEA 效率估计的工具箱（http：//www. deatoolbox. com/）。另外 R 语言和 Python 也提供了大量的程序来实现 DEA。本章以 R 语言为例进行操作，主要使用 R 语言的“Benchmarking”“deaR”“farrell”三个包进行 DEA 效率估计。

一、DEA 模型的 R 语言实现

首先，需要加载程序包，以“Benchmarking”包为例。“Benchmarking”是用于测度 DEA 和 SFA 等效率的常用 R 语言程序包之一，可以对不同技术假设（VRS、CRS、IRS 和 ADD 等）和不同效率测度（投入导向、产出导向、超效率）的 DEA 模型进行估计。在使用时需要通过 install. packages（“Benchmarking”）安装。使用表 5 - 1 中的投入和产出数据，投入指标设定为 x，产出设定为 y。

```
#安装并加载“Benchmarking”包
install.packages("Benchmarking")
library(Benchmarking)
x <- matrix(c(31.47,46.40,44.51,42.60,9.04),ncol=1)
y <- matrix(c(2506.45,2665.76,3917.89,3265.97,882.00),ncol=1)

#绘图
dea.plot(x,y,RTS="vrs",ORIENTATION="in-out",txt=rownames(x))
dea.plot(x,y,RTS="drs",ORIENTATION="in-out",txt=rownames(x),add=
TRUE,lty="dashed",lwd=2)
dea.plot(x,y,RTS="crs",ORIENTATION="in-out",txt=rownames(x),add=
TRUE,lty="dotted")
```

使用 dea. plot 函数规制前沿面包括图形，其中 x 和 y 分别是读取的投入和产出指标。RTS 为规模收益假设，支持包括“fdh”(0)，“vrs”(1)，“drs”(2)，“crs”(3)，“irs”(4)，“irs2”(5)（无凸的 irs），“add”(6)，“fdh +”(7) 等，在使用时可以写成 RTS = "vrs" 或者以括号内的数字表示，如 RTS = 1。ORIENTATION 为设定投入或者产出导向的函数，根据投入产出的数量和导向可以选择“in-out”(0)，“in”(1) 或者“out”(2)，同样投入和产出导向可以使用括号内数字进行表示。add = TRUE 选项可以将多个规模收益假设绘制在一张图形上，如图 5－6 所示，将“vrs”“drs”“irs”同时绘制以进行比较。lty = "dashed", lwd = 2 则是对前沿面线段的设定。

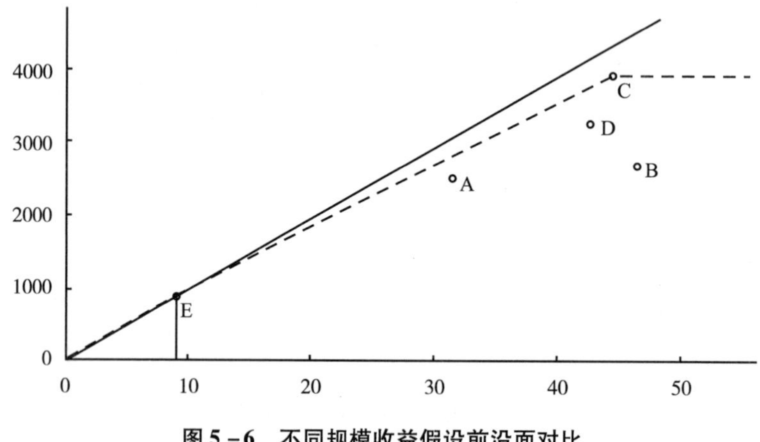

图 5－6　不同规模收益假设前沿面对比

使用 dea( ) 函数对 DMU 效率值进行求解，默认状态下 RTS =“vrs”，ORIENTATION = "in"，在应用时需要根据规模报酬假设和模型导向选择适合的参数。eff(e) 和 pinrt(e) 都能够输出效率估计结果。summary(e) 给出效率的描述性统计。

```
#模型求解
E <- dea(x,y, RTS = "vrs", ORIENTATION = "in")
eff(e)
[1] 0.8903514 0.6439799 1.0000000 0.8660388 1.0000000
print(e)
[1] 0.8904 0.6440 1.0000 0.8660 1.0000
summary(e)
## Summary of efficiencies
## VRS technology and input orientated efficiency
## Number of firms with efficiency == 1 are 2 out of 5
## Mean efficiency: 0.88
## - - -
##   Eff range       #   %
##   0.6 < = E  <0.7  1   20
##   0.7 < = E  <0.8  0   0
##   0.8 < = E  <0.9  2   40
##   0.9 < = E  <1    0   0
##      E  ==1        2   40
##      Min.  1st Qu.  Median   Mean 3rd Qu.    Max.
##   0.6440   0.8660   0.8904  0.8801   1.0000   1.0000
```

根据 summary( )函数的输出结果，可以看出模型估计采用的 VRS 技术与投入导向。5 个 DMU 的平均效率值为 0.88，效率值介于 0.6 ~ 0.7 之间的 DMU 有 1 个。介于 0.8 ~ 0.9 范围的有两个，效率值等于 1 的有 2 个，同时还给出了 DMU 效率的最小值、1 分位点、中间值、平均值、3 分位点和最大值。对 summary( )函数进行设定可以得到效率值的更多详细信息。

与“Benchmarking”包相比“deaR”提供了更多的更加丰富的 DEA 模型，而且对 DEA 结果可视化具有较好的支持。使用“deaR”自带的数据集进行模型估计。首先，使用 read_data( )函数读取数据并将数据命名为“data_example”，ni 和 no 分别定义了投入和产出的数量。如果使用外部数据，则读取数据以后使用 read_data( )函数进行定义。

```
data("Tone2001")
data_example <- read_data(Tone2001,
                          ni = 2,
                          no = 2)
result_SBM <- model_sbmeff(data_example,
                          orientation = "no",
                          rts = "crs")
```

```
result_CCR <- model_basic(data_example,
                          orientation = "io",
                          rts = "crs")
efficiencies(result_SBM)
efficiencies(result_CCR)
slacks(result_SBM)
slacks(result_CCR)
plot(result_SBM)
plot(result_CCR)
```

在以上程序中，使用 model_basic()函数计算基础模型效率，使用 model_sbmeff()函数计算 SBM 模型效率，其中 orientation 为投入和产出导向，可以选择产出导向 “io” （input - oriented），投入导向 “oo” （output-oriented），由于估计 SBM 因此选择无投入产出导向 “no” （non-oriented）。rts 为规模收益假设，这里选择了 “crs”，model_sbmeff()函数支持的规模收益假设包括:"crs" （constant），"vrs" （variable），"nirs" （non - increasing），"ndrs" （non - decreasing） 和 "grs" （generalized）。slacks()函数计算了效率值的冗余。

使用 plot()函数对估计结果进行可视化，图 5 - 7 为 DMU 效率的描述，可以看出有 2 个 DMU 处于 “Efficient” 状态，3 个 DMU 处于 “Inefficient” 状态，这 3 个未达到最优效率的 DMU，分别在 0.6、0.65 和 0.80 附近。

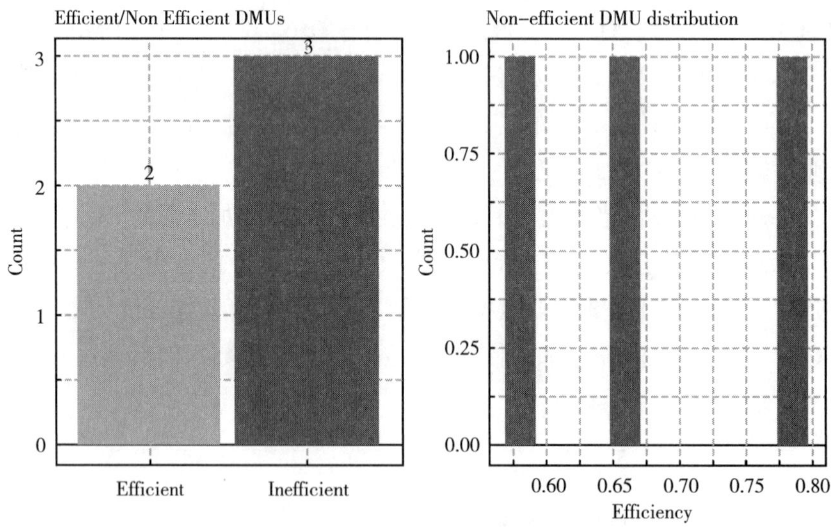

图 5 - 7 DMU 效率描述

再次运行 plot()函数可以得到图 5 - 8 的可视化结果，可以看出编号为 DMU_E 和 DMU_C 的银行效率最高，达到了最优前沿面。DMU_A 和 DMU_B 同时向 DMU_E 和 DMU_C 所在前沿面进步，DMU_D 则向 DMU_C 所在前沿面进行技术追赶。

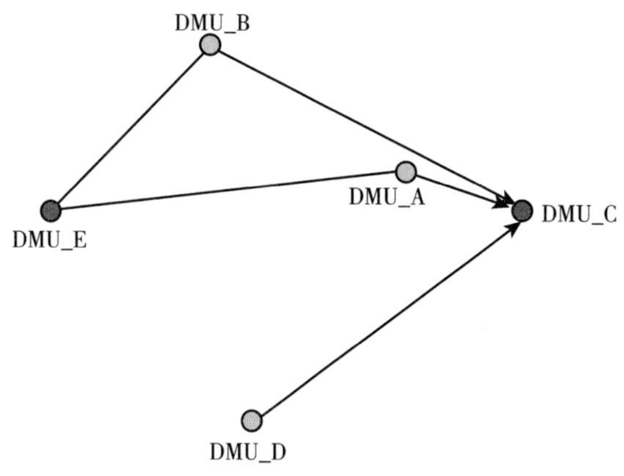

图5-8　DMU到前沿面的进步方向

二、菜单式界面“farrell”包

穆罕默德·艾福迪勒·伊哈达丁（Mohamed El Fodil Ihaddaden，2020）开发的R语言程序包“farrell”将DEA模型求解以交互式界面展现出来，只需要菜单式操作即可实现数据导入、投入产出模型设定和效率计算，优点是简单快捷，适合编程基础较弱的学生学习。其缺点也十分明显，如可选择的模型单一以及模型的扩展性较差等。在R语言界面安装“farrell”程序包，即可进入菜单式操作界面。

```
install.packages("farrell")
library(farrell)
farrell()
```

点击Browse以csv格式上传数据。所有的输入和输出必须包含在上传的数据中。此外，数据需要包含标识列，以便区别地标识决策单元，标识列即可以使数字也可以是变量。

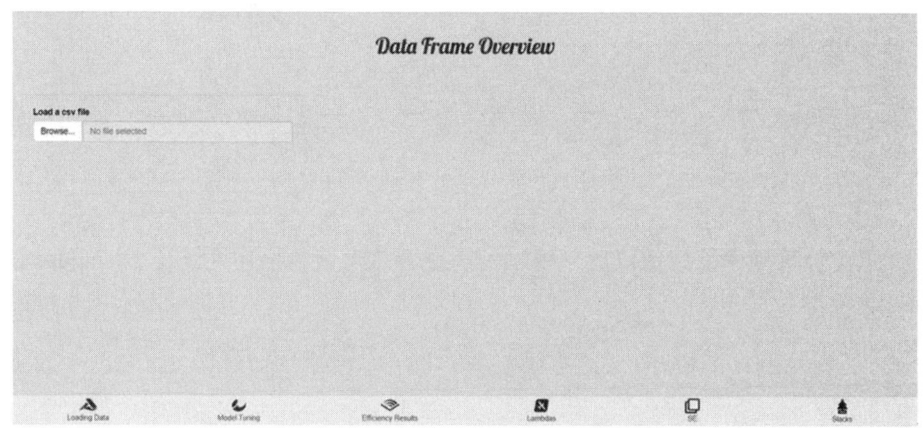

数据导入以后，可以预览部分数据，以我国 17 家银行为例，将 CSV 数据导入到操作界面，可以预览部分数据。

Data Frame Overview

Load a csv file

Browse... DEA.csv

Upload complete

银行	id	存款总额	固定资产	营业支出	员工人数	实收资本	营业收入	利息收入	利润总额	贷款呆账（元）	不良贷款比例（元）
中国银行	1	158175.48	2445.40	2996.45	31.47	2943.88	5491.82	7422.07	2506.45	3259.23	1782.35
农业银行	2	185428.61	1524.84	3609.63	46.40	3499.83	6272.68	8591.41	2665.76	5405.78	1872.10
工商银行	3	229776.55	2449.02	4645.96	44.51	3564.07	8551.64	10381.54	3917.89	4787.30	2401.87
建设银行	4	183662.93	1707.40	3786.75	42.60	2500.11	7056.29	6834.99	3265.97	4821.58	2124.73
交通银行	5	60729.08	1685.70	1443.24	9.04	742.63	2324.72	3674.53	882.00	1340.52	780.43
中信银行	6	40732.58	223.72	1310.73	5.87	489.35	1875.84	2684.98	565.45	1158.70	661.17

Loading Data　Model Tuning　Efficiency Results　Lambdas　SE　Slacks

选择投入和产出指标，这里以银行员工、固定资产作为投入指标，以营业收入和利润总额作为产出指标，设定 DMU 标识列，规模收益假设使用 CRS 并选择投入导向模型。

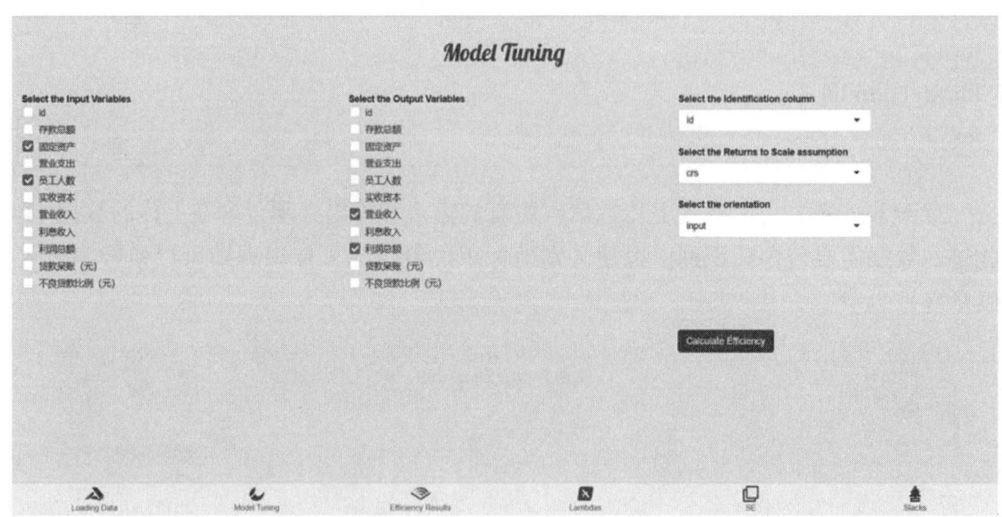

在点击计算效率值按钮以后，可以一次查看效率值、描述性统计、lambdas 值以及 Slacks 值等。

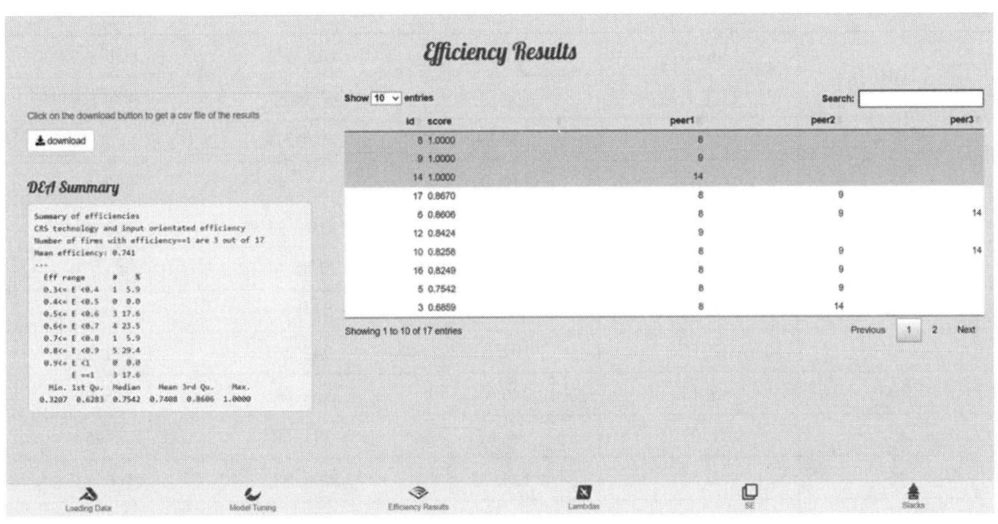

本知识点微课视频二维码

思考练习

表 5 - 3 为 17 家商业银行的固定资产总额、劳动投入、利息收入和利润总额，假设固定资产和员工人数为两个投入指标，利息收入和利润总额为产出指标，使用 R 语言计算并回答以下问题。

表 5 - 3　　17 家商业银行投入产出数据

DMU	Input 1	Input 2	Output 1	Output 2
	员工人数	固定资产	利息收入	利润总额
1	31. 47	2445. 40	7422. 07	2506. 45
2	46. 40	1524. 84	8591. 41	2665. 76
3	44. 51	2449. 02	10381. 54	3917. 89
4	42. 60	1707. 40	8834. 99	3265. 97
5	9. 04	1685. 70	3674. 53	882. 00
6	5. 87	223. 72	2684. 98	565. 45
7	3. 98	134. 66	1284. 37	275. 63

续表

DMU	Input 1	Input 2	Output 1	Output 2
	员工人数	固定资产	利息收入	利润总额
8	8.47	652.69	2929.94	1171.32
9	3.43	110.92	1775.49	362.40
10	4.68	193.42	2100.44	451.63
11	5.96	303.83	2100.44	451.63
12	1.25	36.49	514.87	100.45
13	3.50	102.31	942.15	149.23
14	6.13	246.41	2696.77	745.03
15	1.07	84.67	391.68	8.96
16	1.51	126.73	794.88	146.80
17	5.94	499.00	2507.24	647.38

（1）假设仅有1个投入员工人数（Input 1）和1个产出利润总额（Output 2），试画出CRS、VRS和DRS不同规模报酬假设下的生产前沿面。

（2）假设仅有1各投入员工人数（Input 1）和1个产出利润总额（Output 2），测度并比较投入导向下，17家银行的CCR模型和BCC模型效率值。

（3）计算2投入和2产出情形下SBM模型的效率，并将个银行技术追赶的方向进行可视化展示。

（4）分别对规模效率（SE）和混合效率（MIX）的效率值进行分解。

第六章 时间序列分析实验

第一节　时间序列分析简介

一、引言

最早的时间序列分析可以追溯到7000年前的古埃及。当时，为了发展农业生产，古埃及人一直在密切关注尼罗河泛滥的规律。把尼罗河涨落的情况逐天记录下来，就构成了所谓的时间序列。对这个时间序列长期的观察使他们发现尼罗河的涨落非常有规律。天狼星第一次和太阳同时升起的那一天之后，再过200天左右，尼罗河就开始泛滥，泛滥期将持续七八十天，洪水过后，土地肥沃，随意播种就会有丰厚的收成。由于掌握了尼罗河泛滥的规律，古埃及的农业迅速发展，解放出大批的劳动力去从事非农业生产，从而创建了古埃及灿烂的史前文明。像古埃及人一样，按照时间的顺序把随机事件变化发展的过程记录下来，就构成了一个时间序列。对时间序列进行观察、研究，寻找它变化发展的规律，预测它将来的走势就是时间序列分析。

二、时间序列概念

时间序列主要是根据时间先后对同样的对象，按等间隔时间收集的数据，比如每日的平均气温、每天的销售额、每月的降水量、每秒钟容器的压力等。根据待研究的时间序列变量个数的不同，时间序列分为一元时间序列和多元时间序列。在使用时间序列进行预测时，往往使用一个或一组时间序列的历史数据来预测其未来的值，这在一元时间序列的应用中尤其明显。在多元时间序列中也可以用一些时间序列作为输入变量来预测另一些时间序列的情况。这些特点使得时间序列更注重序列本身的自相关，并且利用过去时间序列的模式来预测未来。因此，研究时间序列本身性质尤为重要。

一般来说，自然界中具有规律的降水、气压、气温、湿度等序列是比较规范的时间序列。在与人类社会活动相关的序列中，食品和日用品的销售等是比较有规律的，某些宏观经济数据也是如此，但诸如股票、期货等贸易及金融数据就很难有较明确的规律性，这些时序的变动依赖于许多其他因素，而且与产生数据的市场的成熟程度有关。

三、时间序列举例

（一）洛杉矶年降水量

图 6－1 是加利福尼亚州洛杉矶地区 100 多年来的年降水量时间序列图。该数据来源于 R 包“TSA”自带数据集。

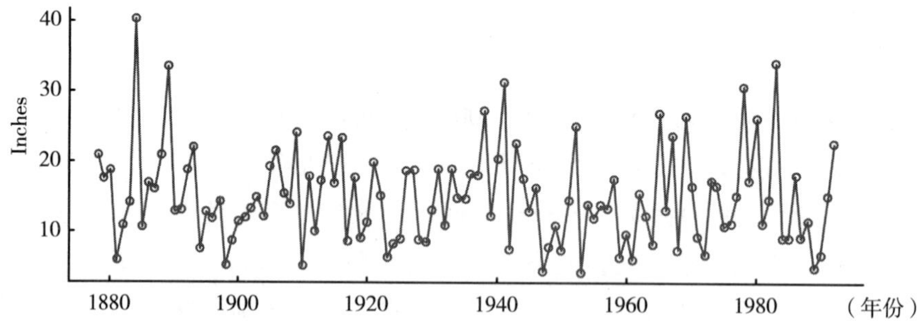

图 6－1　洛杉矶地区降水量时序图

从图 6－1 可以看出，降水量在这些年有显著的差异。有的年份降水量低，有的年份降水量高，其他年份介于两者之间。对洛杉矶来说，1883 年无疑是湿度特别大的一年，而 1983 年则相当干燥。图 6－1 给人的主要印象是当年降水量与上一年降水量几乎没有什么联系，既无“趋势”，也没有一般倾向。上一年与当年降水量的相关性非常小，从预测和建模的角度，这样的时间序列没什么研究意义。为了分析和建模需要，我们关心的是相邻年份的降水量是否存在某种关联。若是，则可能依据当年的降水量数据预测来年的降水量。读者可以自己画出相邻年份降水量的散点图，通过图形来研究这个问题。

图 6－1 是用以下 R 语句生成的。

```
#洛杉矶地区降水量时序图
library("TSA")
data("larain")
plot(larain,ylab='Inches',xlab='Year',type='o')
```

（二）中美两国 GDP 年度增速（1978～2019 年）

图 6－2 是 1978～2019 年中美两国的 GDP 增速的时间序列图，中国的 GDP 增速数据来源于《中国统计年鉴》，美国的 GDP 增速数据来源于世界银行 WDI 数据库，单位都是百分数。从图中可以看出，中美两国的 GDP 有相似性，总体态势显示 1978～2019 年的 40 余年中，中国的 GDP 增速均高于美国。1998～2010 年这一期间，美国 GDP 增速呈下降态势，而中国的 GDP 增速仍是上升趋势。2007 年因次级贷而引发的金融危机，对世界经济产生了重大冲击。美国 2008 年、2009 年的经济呈负增长。在世界经济危机面前，中国充分发挥政府宏观经济调控作用，抵御经济危机的严重冲击，实现经济 9% 以上的增长。

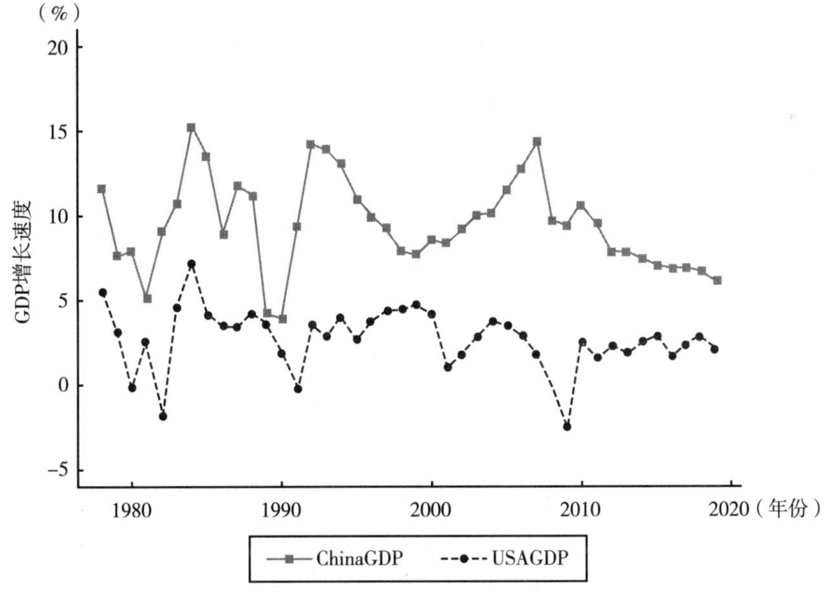

图 6－2　1978～2019 年中美两国 GDP 年度增速

图 6－2 是用以下 R 语句生成的。

```
#中国与美国 GDP 增长速度
gdp <- read.csv('chinausa.csv')
Year  <-  gdp[ ,1]
ChiaGDP  <- gdp[ ,2]
USAGDP  <-  gdp[ ,3]
plot(ChiaGDP ~ Year, pch = 15, col = "black", xlim = c(1978,2019), ylim = c( -5,
20),
     ylab = "GDP 增长速度", xlab = "年度", main = "中国与美国 GDP 增长速度")
points(Year, USAGDP, pch = 16, col = "grey", cex = 1)
lines(Year, ChiaGDP, col = "black", lty = 1)
lines(Year, USAGDP, col = "grey", lty = 2)
#添加图例
legend(2012, 18, c("ChiaGDP", "USAGDP"),
     col = c("black", "grey"),
     text.col = c("black", "grey"),
     pch = c(15,16), lty = c(1,2))
```

从图 6 -2 可以明显看到中国在改革开放 40 多年来实现了飞速发展，并且保持着不断上升的态势，中国 GDP 总量从 1978 年的 3000 多亿元增加到 2019 年的 99 万多亿元。如果对比 1978 年和 2019 年世界各国 GDP 的变化，可以看出中国 GDP 总量在国际排名中不断上升，接连超过一众发达国家，跻身世界前列，并呈现出持续上升的趋势。

在 2020 年新冠肺炎疫情的影响下，世界各国经济都遭受不同程度的冲击，除中国外，世界各大主要经济体的 GDP 均出现明显下滑，中国也是唯一 GDP 正增长的世界主要经济体。要做到这种成就，西方国家需要百年以上，可见改革开放对中国来说有多重要，我国自改革开放以来取得的卓越成就充分证明了中国特色社会主义制度的优越性，展现了民族自信心和制度自信，彰显着我国日益强大的综合国力和集中力量办大事的制度优势。

我们刚才看到的是中美两国 GDP 增速的时间序列趋势比较，而图 6 -3 是 1978 ~2019 年中美两国的人均国民总收入的时间序列图，数据来源于世界银行 WDI 数据库，单位都是美元。由图 6 -3 可知，人均国民总收入中国还远远落后于美国，所以我们也应当清醒地认识到我们经济总量在保持中高速增长的同时，我们的人均经济指标还有很大的增长空间，所以中国经济发展的道路还任重道远。

图 6 -3 是用以下 R 语句生成的。

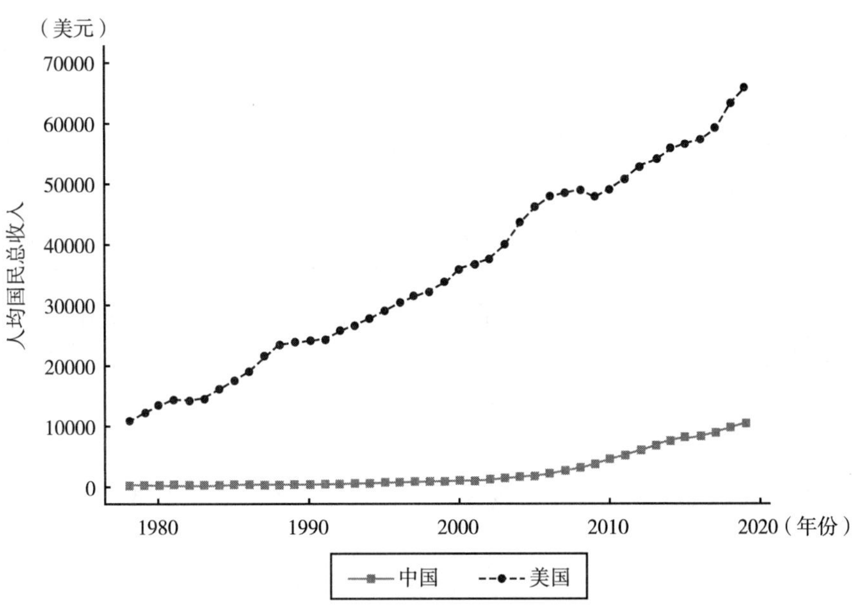

图 6－3　1978～2019 年中美两国人均国民总收入

```
#中国与美国人均国民总收入
GNI <- read. csv('GNI. csv')
Year  <-  GNI[ ,1]
ChiaGNI  <-  GNI[ ,2]
USAGNI  <-  GNI[ ,3]
plot(ChiaGNI ~ Year, pch = 15, col = " black", xlim = c(1978,2019), ylim = c(0,
70000),
    ylab = " 人均国民总收入", xlab = " 年度", main = " 中国与美国人均国民总收
入")
points(Year,USAGNI,pch = 16,col = " grey",cex = 1)
lines(Year,ChiaGNI,col = " black",lty = 1)
lines(Year,USAGNI,col = " grey",lty = 2)
#添加图例
legend(1980,70000,c(" ChiaGNI"," USAGNI"),
    col = c(" black"," grey"),
    text. col = c(" black"," grey"),
    pch = c(15,16),lty = c(1,2))
```

四、时间序列分析特点

时间序列分析是定量预测方法之一。它包括一般统计分析（如自相关分析、谱分析等），统计模型的建立与推断，以及关于时间序列的最优预测、控制与滤波等内容。经典的统计分析都假定数据序列具有独立性，而时间序列分析则侧重研究数据序列的互相依赖关系。后者实际上是对离散指标的随机过程的统计分析，所以又可看作是随机过程统计的一个组成部分。例如，记录了某地区第 1 个月、第 2 个月……第 N 个月的降雨量，利用时间序列分析方法，可以对未来各月的雨量进行预报。

时间序列分析的基本思想是根据系统的有限长度的运行记录（即观察数据），建立能够比较精确地反映序列中所包含的动态依存关系的数学模型，并借以对系统的未来进行预报。

时间序列分析的基本原理，一是承认事物发展的延续性。应用过去数据，就能推测事物的发展趋势。二是考虑到事物发展的随机性。任何事物发展都可能受偶然因素影响，为此要利用统计分析中加权平均法对历史数据进行处理。

时间序列分析的优点与缺点是简单易行，便于掌握，但准确性差，一般只适用于短期预测。

本知识点微课视频二维码

第二节　时间序列 ARIMA 模型

一、ARIMA 模型结构

对平稳时间序列数据进行分析和预测比较完善和精确的算法是博克思 - 詹金斯（Box-Jenkins）方法，即自回归移动平均模型（ARMA 模型），模型结构如下：

$$\begin{cases} x_t = \phi_0 + \phi_1 x_{t-1} + \cdots + \phi_p x_{t-p} + \varepsilon_t - \theta_1 \varepsilon_{t-1} - \cdots - \theta_q \varepsilon_{t-q} \\ \phi_p \neq 0, \theta_q \neq 0 \\ E(\varepsilon_t) = 0, Var(\varepsilon_t) = \sigma_\varepsilon^2, E(\varepsilon_t \varepsilon_s) = 0, s \neq t \\ Ex_s \varepsilon_t = 0, \forall s < t \end{cases}$$

以上 ARMA 模型可以简写为：

$$\begin{cases}\Phi(B)x_t=\Theta(B)\varepsilon_t\\E(\varepsilon_t)=0,Var(\varepsilon_t)=\sigma_\varepsilon^2,E(\varepsilon_t\varepsilon_s)=0,s\neq t\\Ex_s\varepsilon_t=0,\forall s<t\end{cases}$$

当 $q=0$ 时，ARMA 模型可简化为自回归模型（AR 模型），当 $p=0$ 时，ARMA 模型可简化为移动平均模型（MA 模型）。

当时间序列为非平稳时间序列时，需要对原序列进行差分转换为平稳时间序列再建立 ARMA 模型，此时我们构建的模型称为整合自回归移动平均模型（ARIMA 模型）。ARIMA 模型简写为：

$$\begin{cases}\Phi(B)\nabla^d x_t=\Theta(B)\varepsilon_t\\E(\varepsilon_t)=0,Var(\varepsilon_t)=\sigma_\varepsilon^2,E(\varepsilon_t\varepsilon_s)=0,s\neq t\\Ex_s\varepsilon_t=0,\forall s<t\end{cases}$$

ARIMA 模型是更一般化的形式，参数分别是 p，d，q，AR 是“自回归”，p 为自回归项数；MA 为“移动平均”，q 为移动平均项数，d 为使之成为平稳序列所做的差分次数（阶数）。

二、ARIMA 模型特点

ARIMA 模型有两个特点不同于回归模型。（1）这种建模方法不考虑其他解释变量的作用，不以经济理论为依据而是依据变量本身的变化规律，利用外推机制描述时间序列的变化。（2）明确考虑时间序列的非平稳性。当时间序列非平稳时，应首先通过差分变换使序列平稳后再建立 ARMA 模型。

三、ARIMA 模型建模步骤

建立 ARIMA 模型主要分以下六个步骤。

第一步，获取被观测系统时间序列数据。

第二步，对数据绘图，观测是否为平稳时间序列。若为非平稳时间序列要先进行 d 阶差分运算后化为平稳时间序列，此处的 d 即为 ARIMA(p,d,q)模型中的 d；若为平稳序列，则用 ARMA(p,q)模型。

第三步，对得到的平稳时间序列分别求得其自相关系数 ACF 和偏自相关系数 PACF，通过对自相关图和偏自相关图的分析，得到最佳的阶数 p 和 q。由以上得到的 p、d、q，估计 ARIMA 模型。

第四步，模型诊断，进行诊断分析，以证实所得模型确实与所观察到的数据特征相符。若不相符，重新回到第三步。

第五步，模型优化，依据信息准则选择一个最优模型。

第六步，模型应用，ARIMA 模型典型应用就是预测功能。

对于给定的时间序列，ARIMA 模型形式的选择通常并不是唯一的。在实际建立模型过程中经验越丰富，模型形式的选择就越准确、合理。

四、ARIMA 模型实例

（一）数据准备

本节选用的是 1978 ~2019 年中国 GDP 环比指数（上年 =100）。数据如表 6 -1 所示。

表 6 -1　　1978 ~2019 年中国 GDP 环比指数

指数	1978 年	1979 年	1980 年	1981 年	1982 年	1983 年	1984 年	1985 年	1986 年	1987 年	1988 年	1989 年	1990 年	1991 年
GDP 指数	111.7	107.6	107.8	105.1	109	110.8	115.2	113.4	108.9	111.7	111.2	104.2	103.9	109.3
指数	1992 年	1993 年	1994 年	1995 年	1996 年	1997 年	1998 年	1999 年	2000 年	2001 年	2002 年	2003 年	2004 年	2005 年
GDP 指数	114.2	113.9	113	111	109.9	109.2	107.8	107.7	108.5	108.3	109.1	110	110.1	111.4
指数	2006 年	2007 年	2008 年	2009 年	2010 年	2011 年	2012 年	2013 年	2014 年	2015 年	2016 年	2017 年	2018 年	2019 年
GDP 指数	112.7	114.2	109.7	109.4	110.6	109.6	107.9	107.8	107.4	107	106.8	106.9	106.7	106.1

首先将其转化成时间序列数据，并用图形的形式展示出来，代码如下：

```
#中国 GDP 环比指数(1978 -2019)
gdpindex <- read.csv('gdpindex.csv')
gdpindex.ts <- ts(gdpindex[ ,2],start = 1978)
plot(gdpindex.ts,ylab = 'GDP index',xlab = 'Year',type = 'o')
```

以上三句代码中，第一句代码是用 read.csv 函数读取数据并保存为变量 gdpindex，第二句用 ts( ) 函数声明该序列为时间序列，并保存为新变量 gdpindex.ts，第三句用 plot ( ) 函数绘制序列的时序图（见图 6 -4）。

从时序图上我们如何判断一个序列是否平稳呢？因为平稳时间序列数据要求均值与方差不随时间变化，因此可以从时序图上初步判断一个时间序列是否平稳。而

图 6－4 中看不出有长期的趋势，而且在一定范围内波动，所以从 1978～2019 年中国 GDP 环比指数时序图可以看出，数据可能是平稳的。进一步我们可以使用单位根检验数据是否平稳。

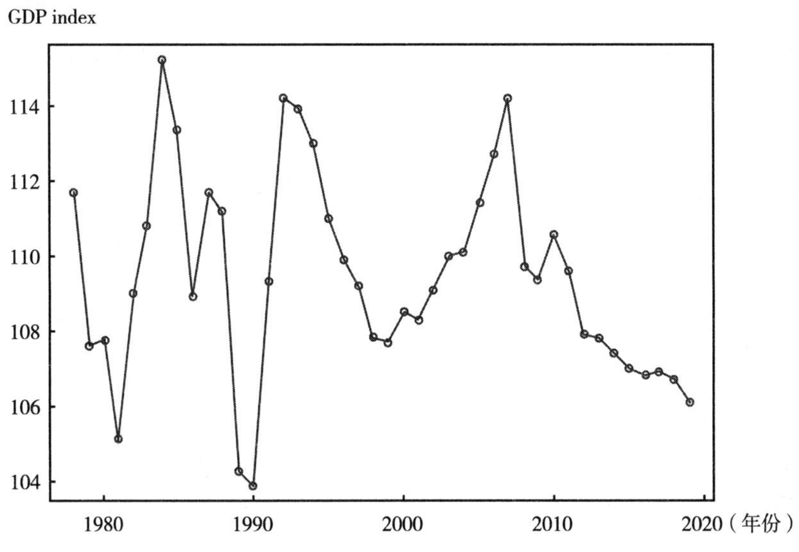

图 6－4　1978～2019 年中国 GDP 环比指数

（二）数据平稳性检验

对于一个时间序列，要建立 ARMA 模型首先要检验该序列是否平稳，若非平稳则需要对时间序列进行差分，直到得到一个平稳时间序列。可以通过 tseries 包 adf. test 函数进行检验（数据是否平稳）。

```
library(tseries)
adf. test(gdpindex. ts) #单位根检验
```

检验结果如下：

```
    Augmented Dickey – Fuller Test
    data：  gdpindex. ts
    Dickey – Fuller = –3. 7066, Lag order = 3, p – value = 0. 03659
    alternative hypothesis：stationary
```

从 adf 检验结果可以看出，由于 adf 检验的 p 值（p-value）为 0. 03659，在 0. 05 显著性水平上拒绝原假设，故中国 GDP 环比指数序列是平稳时间序列。

（三）寻找 ARIMA 模型

当我们判断一个时间序列是平稳的，或者经过 d 次差分后得到了一个平稳序列，接下来就是选择一个合适的 ARIMA 模型，通常我们需要检查平稳时间序列的自相关图和偏相关图，也就是寻找 ARIMA（p，d，q）中合适的 p 值和 q 值。

ARMA 模型的相关性特征如表 6－2 所示。

表 6－2　ARMA 模型的相关性特征

模型	自相关系数	偏自相关系数
AR（p）	拖尾	P 阶截尾
MA（q）	q 阶截尾	拖尾
ARMA（p，q）	拖尾	拖尾

如果一个序列自相关系数拖尾，偏自相关系数 p 阶截尾，则建立 AR(p)模型；如果一个序列自相关系数 q 阶截尾，偏自相关系数拖尾，则建立 MA(q)模型；如果一个序列自相关系数和偏自相关系数都拖尾，则建立 ARMA(p,q)。因此，我们要判断 ARIMA 模型的阶数需要绘制时间序列的自相关系数与偏自相关系数图。

R 语言中 acf( )函数和 pacf( )函数可以分别绘制序列的自相关图与偏自相关图（见图 6－5、图 6－6）。代码如下：

```
acf(gdpindex.ts)           #绘制自相关图 acf
pacf(gdpindex.ts)          #绘制偏自相关图 pacf
```

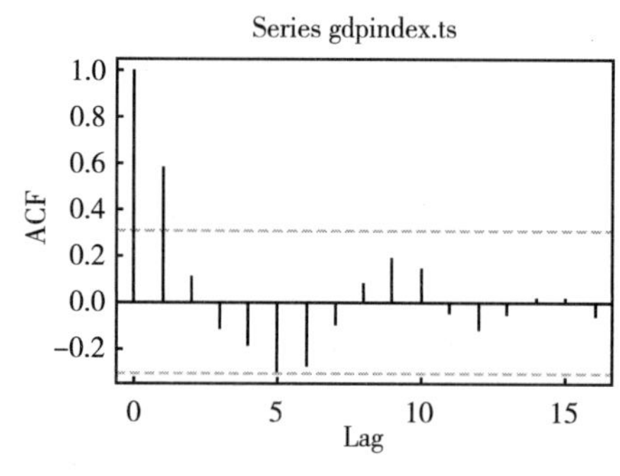

图 6－5　序列自相关图

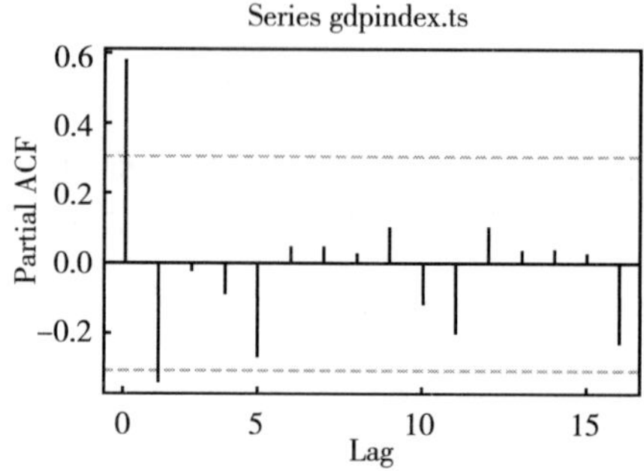

图 6－6　序列偏自相关图

自相关图显示在滞后 1 和 5 阶时的自相关系数超出了置信边界且在等级上随着滞后阶数的增加而缓慢减少；偏自相关图显示 2 阶截尾。根据自相关图和偏自相关图的特征，我们可以试着拟合 MA（1）、MA（2）与 ARMA（1，1）3 种模型。代码如下。

```
fitARMA1  <- arima(gdpindex.ts, order = c(0,0,1)); summary(fitARMA1)
fitARMA2  <- arima(gdpindex.ts, order = c(0,0,2)); summary(fitARMA2)
fitARMA3  <- arima(gdpindex.ts, order = c(1,0,1)); summary(fitARMA3)
```

在这里，我们使用 arima( )函数估计 ARIMA 模型参数，其中 arima( )函数里的参数 order = c(1,0,1)定义了模型的形式是 ARIMA(1,0,1)。summary( )函数可以统计估计的结果。估计参数如下所示。

```
fitARMA1
Call:
arima(x = gdpindex.ts, order = c(0, 0, 1))

Coefficients:
         ma1  intercept
      0.6698   109.4753
s.e.  0.1075     0.5334
sigma^2 estimated as 4.364:  log likelihood = -90.83,  aic = 187.66

fitARMA2
Call:
arima(x = gdpindex.ts, order = c(0, 0, 2))
Coefficients:
         ma1     ma2  intercept
      0.8758  0.3669   109.4601
s.e.  0.1521  0.1777     0.6774
sigma^2 estimated as 3.959:  log likelihood = -88.9,  aic = 185.8

fitARMA3
Call:
arima(x = gdpindex.ts, order = c(1, 0, 1))
Coefficients:
         ar1     ma1  intercept
      0.3491  0.4790   109.4689
s.e.  0.1930  0.1748     0.6949
sigma^2 estimated as 4.084:  log likelihood = -89.5,  aic = 186.99
```

依据 AIC 准则，MA(2)模型的 AIC 值为 185.8，在三个模型中是最小的，因此选择 MA(2)模型，即 p=0、q=2。

（四）模型残差检验

ARIMA 模型的诊断主要是检验模型的参数是否显著，以及模型残差是否为纯随机序列。模型的参数检验同一般回归模型中的参数检验，这里我们重点观察 ARIMA 模型的残差是否为纯随机序列，即残差服从零均值、方差不变的正态分布，且不存在自相关性。

同样可以使用 R 语言中的 acf( )函数，对中国 1978 ~2019 年 GDP 环比指数建立 ARMA(0,0,2)模型后，所产生的残差绘制（自）相关图（见图 6-7）；此外，R 语言中的 Box. test( )函数可以计算 LB 统计量，检验最多滞后 k 期的自相关等于零的原假设，代码如下。

```
acf(fitARMA2$residuals)                                  #模型残差的自相关图
Box.test(fitARMA2$residuals, type = "Ljung-Box")         #模型残差 Ljung-Box 检验
```

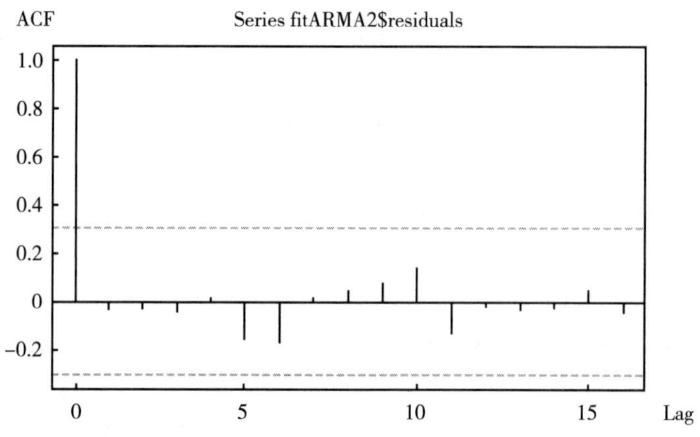

图 6-7　拟合的 ARIMA（0，0，2）模型残差自相关图

拟合的 ARIMA(0,0,2)模型残差 LB 检验结果如下。

```
Box-Ljung test
data:  fitARMA2$residuals
X-squared = 0.041987, df = 1, p-value = 0.8376
```

相关图可以看出在滞后 1 ~20 阶中样本自相关值都没有超出显著（置信）边界，而且 LB 检验的 p 值为 0.8376，所以我们推断在滞后 1 ~20 阶中没有明显证据说明残差是非零自相关的。

（五）模型预测

建立 ARIMA 模型并通过检验后，我们即可以用模型进行预测。这里可以调用 R 语言 forecast 包里的 forecast（）函数进行预测，预测未来 5 年中国 GDP 环比指数，代码如下。

```
library(forecast)                          #加载 forecast 包,预测 forecast 函数
gdpindexf <- forecast(fitARMA2, h =5)      #向前预测 5 期
plot(gdpindexf)                            #图形展示预测结果
```

这里的代码第一行是加载 forecast 包，第二行用 forecast 包中的 forecast( ) 函数预测，参数 h =5 是设置向前预测 5 期，结果保存在变量 gdpindexf 里，我们可以输出该变量值观察预期值，也可以用第三行 plot( ) 函数可视化呈现其结果，更形象化，如图 6 –8 所示。

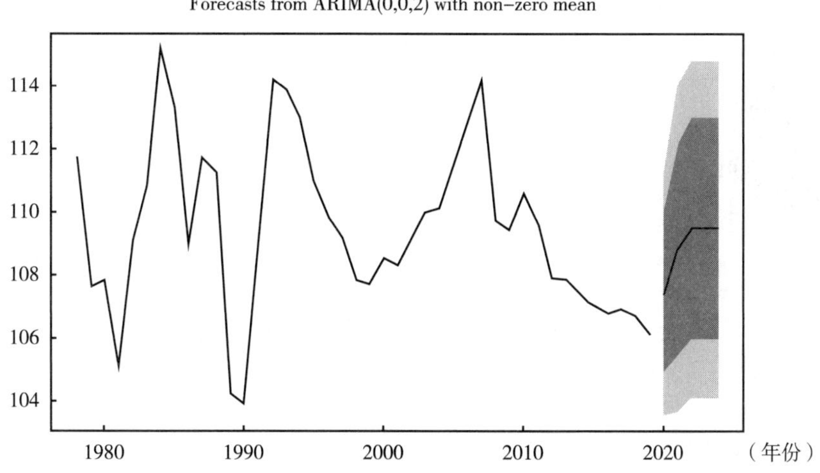

图 6 –8　未来 5 年中国 GDP 环比指数预测

（六）ARIMA 模型自动预测

以上是我们通过识别 ARIMA 模型的阶数建模和预测来进行的，R 语言的 forecast 包里的 auto. arima 函数则提供了一种自动建模方法。下面我们通过 forecast 包里的 auto. arima 这个函数进行 ARIMA 模型自动的预测。代码如下。

```
library(forecast)
gdpindex. auto <- auto. arima(gdpindex. ts)     #自动建模(选择最优参数)
summary(gdpindex. auto)                         #模型结果统计
```

通过 auto. arima( )函数自动建模输出结果如下。

```
Series: gdpindex. ts
ARIMA(0,0,2) with non - zero mean


Coefficients:
         ma1      ma2      mean
         0.8758   0.3669   109.4601
s. e.    0.1521   0.1777     0.6774
sigma^2 estimated as 4.264:  log likelihood = -88.9
AIC =185.8   AICc =186.88   BIC =192.75
```

可以看出，auto. arima( )模型自动拟合的也是 ARIMA(0,0,2)模型。同样地，在建立相应模型后我们可以进行预测与检验。由此可以看出，在时间序列下通过自动拟合的模型不失为一种快速建模与参照的标准。

本知识点微课视频二维码

第三节　时间序列协整与误差修正模型

一、虚假回归（伪回归）

经典计量经济学理论是建立在时间序列平稳的基础上，假设变量间相关系数服从正态分布。现代计量经济学研究发现，大部分经济变量是非平稳的。然而，当时间序列非平稳时，相关系数实际上服从的是倒“U”型和“U”型分布，因此增加了拒绝解释变量系数为零假设的概率，并且该概率随着样本容量和时间序列单整阶数的增加而增加。这样就降低了检验的功效，增加了纳伪的可能性。也就是说，用非平稳变量进行回归分析，将实际上不相关的两个非平稳变量进行回归且检验是显著的，是一种虚假回归。因而，由于虚假回归问题的存在，在进行动态回归模型拟合时，必须先检验各序列的平稳性。只有当各序列都平稳时，才可以大胆地使用 ARIMAX 模型拟合多元序列之间的动态回归关系。在前面我们已经介绍过序列平稳性的图检验方法，由于图检验带有很强的主观色彩。客观起见，人们开始研究各种序列平稳性的统计检验方法，其中应用最广的是单位根检验。

二、平稳性检验

（一）单位根检验

由于虚假回归问题的存在，在进行动态回归模型拟合时，必须先检验各序列的平稳性。只有当各序列都平稳时，才可以大胆地使用 ARIMAX 模型拟合多元序列之间的动态回归关系。序列是否平稳可以采用 DF 检验进行判断，DF 检验只适用于 1 阶自回归过程的平稳性检验，但实际上绝大多数时间序列都不会是一个简单的 AR(1)过程。为了使 DF 检验能适用于 AR(p)过程的平稳性检验。人们对其进行了一定的修正，得到增广 DF 检验（augmented Dickey-Fuller），简记为 ADF 检验。

ADF 检验可以用于如下三种类型的单位根检验。

第一种类型：无常数均值、无趋势的 p 阶自回归过程，公式如下：

$$x_t = \varphi_1 x_{t-1} + \cdots + \varphi_p x_{t-p} + \varepsilon_t$$

第二种类型：有常数均值、无趋势的 p 阶自回归过程，公式如下：

$$x_t = \mu + \varphi_1 x_{t-1} + \cdots + \varphi_p x_{t-p} + \varepsilon_t$$

第三种类型：既有常数均值又有线性趋势的 p 阶自回归过程，公式如下：

$$x_t = \mu + \beta t + \varphi_1 x_{t-1} + \cdots + \varphi_p x_{t-p} + \varepsilon_t$$

（二）R 语言单位根检验方法

在 R 语言中，tseries 程序包 adf. test 函数与 fUnitRoots 程序包中的 adfTest ( ) 函数都可以很便捷地进行单位根检验。在上一节中，我们已经使用过 adf. test( ) 函数。adfTest ( ) 函数的命令格式如下。

```
adfTest(x, lags = ,type = )
```

可以看出，adfTest( ) 函数有 3 个参数，其中，参数 x 是进行单位根检验的序列名；lags 是延迟阶数：默认设置为 1，这时进行 DF 检验；大于 1 时进行 ADF 检验。type 是检验类型，分别对应 adf 检验的三种类型。取值为“nc”时表示“无常数均值，无趋势类型”；取值为“c”时表示“有常数均值，无趋势类型”；取值为“ct”时表示“有常数均值，又有趋势类型”。

三、单整与协整

（一）单整

在单位根检验的过程中，如果检验结果显著拒绝原假设，即说明序列$\{x_t\}$显著平稳，不存在单位根，这时称序列$\{x_t\}$为零阶单整序列，简记为$x_t \sim I(0)$。假如原假设不能被显著拒绝，说明序列$\{x_t\}$为非平稳序列，存在单位根，这时可以考虑对该序列进行适当阶数的差分，以消除单位根实现平稳。

假如原序列1阶差分后平稳，说明原序列存在一个单位根，这时称原序列为1阶单整序列，简记为$x_t \sim I(1)$。假如原序列至少需要进行d阶差分才能实现平稳，说明原序列存在d个单位根，这时称原序列为d阶单整序列，简记为$x_t \sim I(d)$。

（二）协整

在现实生活中我们会发现，有些序列自身的变化虽然是非平稳的，但是序列与序列之间却具有非常密切的长期均衡关系。例如，农村家庭人均可支配收入对数序列和人均生活消费支出对数序列，单整分析显示这两个序列都是非平稳的，但是将这两个序列联合起来考虑，通过观察它们的时序图，我们发现它们之间具有非常稳定的线性相关关系，当收入增多时，生活消费支出也增多，它们的变化速度几乎一致。这种稳定的同变关系，让我们怀疑它们之间具有一种内在的平稳机制，导致它们自身的变化虽然是不平稳的，但是彼此之间却具有长期均衡关系。

为了有效地衡量序列之间是否具有长期均衡关系，恩格尔和格兰杰（Engle and Granger，1987）提出了协整（cointegration）的概念。这两位学者也因为将“随时间而变的波动性”和“共同趋势”运用于分析经济时间序列，获得了2003年诺贝尔经济学奖。假定自变量序列为$\{x_1\},\cdots,\{x_k\}$，响应变量序列为$\{y_t\}$，构造回归模型如下：

$$y_t = \beta_0 + \sum_{i=1}^{k} \beta_i x_{it} + \varepsilon_t$$

假定回归残差序列$\{e_t\}$平稳，称响应序列$\{y_t\}$与自变量序列$\{x_1\},\cdots,\{x_k\}$之间具有协整关系。

协整概念的提出有非常重要的意义，我们之所以一直不敢大胆地对非平稳序列构建动态回归模型，是因为担心非平稳序列容易产生虚假回归的问题。而虚假回归之所以会产生，是因为残差序列不平稳。如果非平稳序列之间具有协整关系，就说明残差序列平稳，那就不会产生虚假回归问题了，这极大地拓宽了动态回归模型的适用范围。

（三）协整检验

协整检验主要针对非平稳的单个序列，但它们的线性组合可能是平稳的。几个变量之间可能存在的一种长期均衡关系进行检验，表现为存在某个协整方程。多元非平稳序列之间能否建立动态回归模型，关键在于它们之间是否具有协整关系。所以要对多元非平稳序列建模必须先进行协整检验，也称为 Engle-Granger 检验，简称 EG 检验。它按照如下两个步骤进行：步骤一，建立响应序列 y 与输入序列 x 之间的回归模型，并使用 OLS 法估计模型参数；步骤二，对回归残差序列 {et} 进行平稳性检验。我们主要采用单位根检验的方法来考察回归残差序列的平稳性。

四、误差修正模型

根据格兰杰定理，如果若干个非平稳变量存在协整关系，则这些变量必有误差修正模型表达式存在。误差修正模型最初由萨甘（Sargan，1964）提出，后经亨德里－安德森（Hendry-Anderson，1977）和戴维森（Davidson，1977）等进一步完善。由协整模型度量序列之间的长期均衡关系，而 ECM 模型则解释序列的短期波动关系。

下面主要介绍单一方程的误差修正模型。模型由误差修正项、原变量的差分变量以及随机误差项组成。

设 $y_t, x_t \sim I(1)$，并存在协整关系，则最简单的误差修正模型表达是：

$$\nabla y_t = \beta_0 \nabla x_t + \beta_1 ECM_{t-1} + v_t$$

其中，$y_t = a_0 + a_1 x_t$ 表示 y_t 和 x_t 的长期关系，$ECM_t = y_t - a_0 - a_1 x_t$，是非均衡误差；$\beta_1 ECM_{t-1}$ 为误差修正项；β_1 是修正系数，表示误差修正项对 ∇y_t 的修正速度；v_t 是随机误差项。根据误差修正模型的推导原理，β_1 的值应该为负。误差修正机制应该是个负反馈过程。a_0 和 a_1 是长期参数，β_0 和 β_1 是短期参数。如果讨论的是两个序列的协整关系则有 β_1 为负，如果是两个以上序列存在协整关系，则 β_1 的符号不一定为负。

五、协整与误差修正模型实例

对 1978～2020 年中国农村居民人均消费性支出对数序列 $\{lny_t\}$ 和中国农村居民人均可支配收入对数序列 $\{lnx_t\}$ 建立回归模型。

（一）读入数据

首先读入数据，并绘制两序列时序图，代码如下。

```
b <- read.csv("rincome.csv")
x <- ts(b$lnx,start=1978)
y <- ts(b$lny,start=1978)
plot(x,ylab="中国农村居民生活消费支出和农村居民人均可支配收入对数",
xlab="年")
lines(y,lty=2, col="grey")
text(2005,4,"人均可支配收入对数")
text(2014,3.5,"人均消费支出对数")
```

代码中第一行用 read.csv()函数读入数据，第二行与第三行使用 ts()函数设置时间序列格式，第四行 plot()函数绘制 x 时序图，第五行 lines()函数绘制时序图并设置线的格式 lty 参数等于 2，颜色 col 参数等于"grey"（灰色）。结果如图 6 -9 所示。

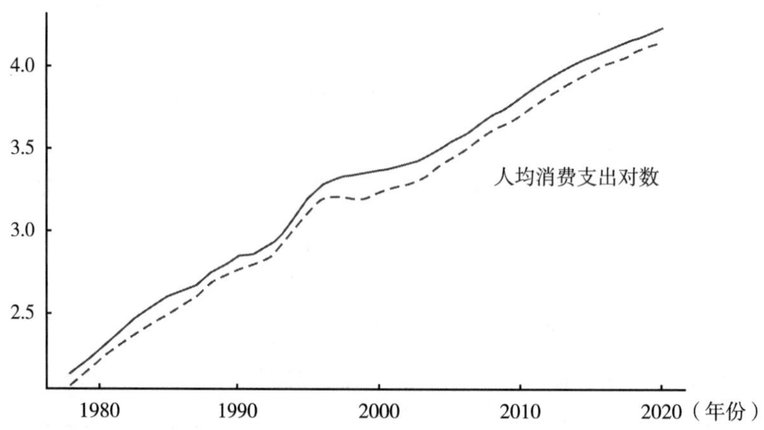

图 6 -9　中国农村居民生活消费支出和农村居民人均可支配收入时序图

图 6 -9 中，上面的实线为人均可支配收入对数序列，下面的虚线为人均生活消费支出对数序列。时序图具有显著的趋势，基本上可以判断是非平稳时间序列。

（二）单位根检验

下面我们对人均可支配收入对数序列和人均生活消费支出对数序列分别进行 DF 检验，代码如下。

```
library(fUnitRoots)
adfTest(x,lag=1,type="nc")
adfTest(x,lag=1,type="c")
adfTest(x,lag=1,type="ct")
adfTest(y,lag=1,type="nc")
adfTest(y,lag=1,type="c")
adfTest(y,lag=1,type="ct")
```

这里分别使用 DF 检验的三种类型对这两个序列进行单位根检验。在显著性水平取 0.05 时，可以认为中国农村居民家庭人均可支配收入和人均消费支出对数序列均为非平稳序列，这与时序图直观显示出来的性质完全一致。

因此，我们需要对序列分别差分再对差分后的序列进行单位根检验。代码如下。

```
#差分运算
dx <- diff(x)
dy <- diff(y)
#人均可支配收入对数差分后序列 ADF 检验
for (i in 1:3) print(adfTest(dx,lag=i,type='nc'))
for (i in 1:3) print(adfTest(dx,lag=i,type='c'))
#人均消费支出对数差分后序列 ADF 检验
for (i in 1:3) print(adfTest(dy,lag=i,type='nc'))
for (i in 1:3) print(adfTest(dy,lag=i,type='c'))
```

检验结果显示，人均可支配收入对数差分序列是有常数均值的平稳序列，该平稳序列 2 阶自相关，ADF 检验 P 值 =0.01。人均消费支出对数差分序列也是有常数均值的平稳序列，该平稳序列 1 阶自相关，ADF 检验 P 值 =0.01。

（三）协整检验

根据单位根检验结果，人均可支配收入对数序列与人均消费支出对数序列都是一阶单整的，因此我们还需要进一步检验它们是否有协整关系。代码如下。

```
#第一步:构造回归模型
y.fit <- lm(y ~ x)
summary(y.fit)
#第二步:残差序列单位根检验
r <- ts(y.fit$residual)
for (i in 1:3) print(adfTest(r,lag=i,type='nc'))
```

按照协整检验 EG 两步法，分两步代码实现：第一步用 lm( ) 函数拟合回归模型；第二步检验模型残差是否平稳，在这里仍然使用单位根检验，使用的函数还是 adfTest( )。

输出结果显示，尽管中国农村居民人均可支配收入对数序列和生活消费支出对数序列都是非平稳序列，但它们之间具有协整关系，回归残差序列属于无常数均值 2 阶自相关平稳序列，ADF 检验 P 值 =0.01。由于收入和支出之间具有协整关系，所以可以建立如下回归模型，拟合它们之间的长期均衡关系：

$$\ln y_t = -0.0524 + 0.9882 \ln x_t$$

（四）误差修正模型

根据格兰杰定理，中国农村居民人均可支配收入对数序列和生活消费支出对数序列存在协整关系，则可以建立误差修正模型反映短期波动关系。代码如下。

```
#误差修正模型
ECM <- y.fit$residual[1:42]
dify.fit <- lm(diff(y) ~0 + diff(x) + ECM)
summary(dify.fit)
```

根据系统输出，我们得到误差修正模型：

$$\nabla y_t = 0.9839 \nabla x_t - 0.1747 ECM_{t-1}$$

从回归系数的绝对值大小可以看出，收入的当期波动对生活消费支出当期波动的影响很大，每增加 1 单位的对数收入，会增加 0.9839 单位的对数生活消费支出。上期误差（ECM）对生活消费支出当期波动的调整幅度不大，单位调整比例为 0.1747，而且系数显著性检验显示该系数并不显著非零。误差修正项的系数为负，符合误差修正机制，反映了上一期偏离长期均衡的数量将在下一期得到反向修正，这也符合之前证明的协整关系。

本知识点微课视频二维码

第四节　时间序列 VAR 模型

一、VAR 模型简介

向量自回归模型简称 VAR 模型，是一种常用的计量经济模型，1980 年由诺贝尔经济学奖获得者（2011 年）克里斯托弗·西姆斯（Christopher Sims）提出。VAR 模型是用模型中所有当期变量对所有变量的若干滞后变量进行回归。VAR 模型用来估计联合内生变量的动态关系，而不带有任何事先约束条件，是 AR 模型的推广。

向量自回归（VAR）是基于数据的统计性质建立模型，VAR 模型把系统中每一个内生变量，作为系统中所有内生变量的滞后值的函数来构造模型，从而将单变量自回归模型推广到由多元时间序列变量组成的“向量”自回归模型。VAR 模型是处理多个相关经济指标的分析与预测最容易操作的模型之一，并且在一定的条件下，多元 MA 和 ARMA 模型也可转化成 VAR 模型，因此近年来 VAR 模型受到越来越多的经济学家的重视。

VAR 模型描述的是，在同一样本期间内的 n 个变量（内生变量）可以作为它们过去值的线性函数。一个 VAR(p)模型可以写成为：

$$y_t = c + A_1 y_{t-1} + A_2 y_{t-2} + \cdots + A_p y_{t-p} + e_t,$$

其中，c 是 $n\times1$ 常数向量，A_p 是 $n\times n$ 矩阵。e_t 是 $n\times1$ 误差向量，满足均值为 0，协方差矩阵为正定矩阵，不存在自相关。

二、VAR 模型的特点

VAR 模型具有以下几个方面特点。

（1）不以严格的经济理论为依据。在建模过程中只需明确两件事：一是共有哪些变量是相互有关系的，把有关系的变量包括在 VAR 模型中；二是确定滞后期 k，使模型能反映出变量间相互影响的绝大部分。

（2）VAR 模型对参数不施加零约束（参数估计值有无显著性，都保留在模型中）。

（3）VAR 模型的解释变量中不包括任何当期变量，所有与联立方程模型有关的问题在 VAR 模型中都不存在。

（4）VAR 模型的另一个特点是有相当多的参数需要估计。

（5）无约束 VAR 模型的应用之一是预测。由于在 VAR 模型中每个方程的右侧都不含有当期变量，这种模型用于预测的优点是不必对解释变量在预测期内的取值做任何预测。

西姆斯（Sims）认为 VAR 模型中的全部变量都是内生变量。近年来也有学者认为具有单向因果关系的变量，也可以作为外生变量加入 VAR 模型。

三、VAR 模型实例

（一）导入数据与预处理

利用 2005 年 8 月汇率改革后消费者价格指数（CPI）和人民币名义有效汇率（NEER）的月度数据，建立两变量 VAR 模型来分析人民币汇率变动与 CPI 之间的动态关系。首先读入数据，并绘制时序图。

代码如下：

```
data <- read.csv("monthdata.csv")                #读取数据
CPI.ts <- ts(data$CPI,start = c(2005,8),end = c(2016,12),freq = 12)
NEER.ts <- ts(data$NEER,start = c(2005,8),end = c(2016,12),freq = 12)
par(mfrow = c(2,1))                               #设置画板布局为 2 行 1 列
plot(CPI.ts,type = "l",xlab = "Date", ylab = "CPI")
plot(NEER.ts,type = "l",xlab = "Date", ylab = "NEER")
```

设置画板布局参数将两个变量的时序图绘制在一张图中，观察消费者价格指数和名义汇率的波动情况，如图 6 - 10 所示。

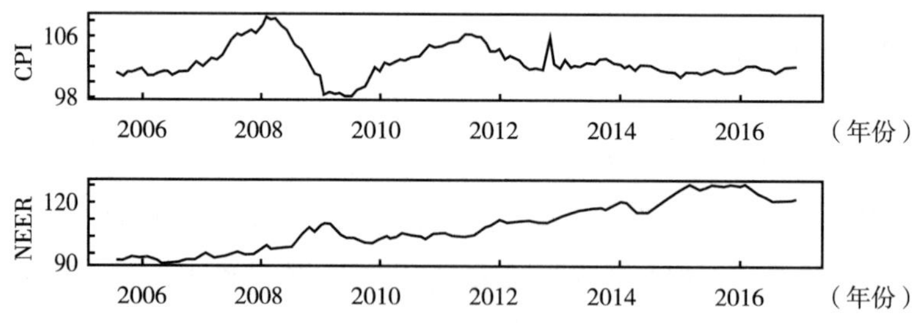

图 6 - 10　消费者价格指数（CPI）和人民币名义有效汇率（NEER）时序图

可以看到消费者价格指数（CPI）的波动幅度较大，而名义有效汇率波动较小但明显呈现一个波动上升的趋势，两个变量序列大致是不平稳的。

（二）平稳性检验

在拟合 VAR 模型之前，需要对变量进行平稳性检验，要拟合的内生变量都是平

稳的或者同阶单整的才可进行 VAR 模型的拟合。在平稳性检验之前需要先对两变量取对数，以消除时间序列的异方差的影响。进行平稳性检验，若存在单位根则序列不平稳；反之，不存在单位根则序列平稳。代码如下：

```
lncpi <- log(CPI.ts)              #CPI 取对数
lnneer <- log(NEER.ts)            #NEER 取对数
```

平稳性检验与协整检验方法同上一节，请读者自己加以检验练习，观察平稳性检验结果是否满足 VAR 模型的前提条件。

（三）滞后阶数的确定

在拟合 VAR 模型之前还需要确定拟合几阶 VAR 模型，也就是确定滞后阶数。确定滞后阶数需要用到 vars 包中的 VARselect 函数。代码如下：

```
library(vars)                                          #VARselect 函数
data.new <- data.frame(lncpi,lnneer)                   #合并数据为数据框格式
VARselect(data.new,lag.max = 10,type = "const")        #在 10 以内选择最优滞后阶数
```

阶数选择结果如图 6－11 所示。

```
AIC(n)  HQ(n)  SC(n) FPE(n)
     4      2      2      4

$criteria
                    1             2             3             4             5
AIC(n) -1.831254e+01 -1.844750e+01 -1.841657e+01 -1.851707e+01 -1.848107e+01
HQ(n)  -1.825794e+01 -1.835651e+01 -1.828919e+01 -1.835329e+01 -1.828090e+01
SC(n)  -1.817817e+01 -1.822355e+01 -1.810304e+01 -1.811396e+01 -1.798838e+01
FPE(n)  1.114228e-08  9.736147e-09  1.004341e-08  9.085414e-09  9.422136e-09
                    6             7             8             9            10
AIC(n) -1.842969e+01 -1.838650e+01 -1.838871e+01 -1.844871e+01 -1.839595e+01
HQ(n)  -1.819311e+01 -1.811354e+01 -1.807935e+01 -1.810295e+01 -1.801380e+01
SC(n)  -1.784741e+01 -1.771465e+01 -1.762727e+01 -1.759769e+01 -1.745536e+01
FPE(n)  9.924624e-09  1.037063e-08  1.035831e-08  9.767702e-09  1.031338e-08
```

图 6－11　VAR 模型阶数选择

根据结果，不同的信息准则有不同的滞后阶数，选择 2 阶或者 4 阶都是可以的，一般来说选择在相同条件下更加简洁的模型，因此选择 2 阶滞后。

（四）VAR 模型的拟合和预测

在确定好最优滞后阶数以后我们就可以拟合模型，代码如下：

```
var <- VAR(data.new,lag.max = 2,ic = "AIC")            #建立 VAR 模型
summary(var)                                           #模型结果统计
```

根据模型拟合结果，所得的 VAR（2）的模型方程如下：

$$\begin{pmatrix} \text{lncpi}_t \\ \text{lnneer}_t \end{pmatrix} = \begin{pmatrix} 0.33 \\ -0.45 \end{pmatrix} + \begin{pmatrix} 0.81 & -0.09 \\ -0.18 & 1.31 \end{pmatrix} \begin{pmatrix} \text{lncpi}_{t-1} \\ \text{lnneer}_{t-1} \end{pmatrix} + \begin{pmatrix} 0.13 \\ 0.29 \end{pmatrix} \begin{pmatrix} \text{lncpi}_{t-2} \\ \text{lnneer}_{t-2} \end{pmatrix} + \begin{pmatrix} e_{1t} \\ e_{2t} \end{pmatrix}$$

使用 plot( ) 函数画出每个变量的时序图、残差图、ACF 图、PACF 图。如图 6 - 12、图 6 - 13 所示。代码如下：

```
plot(var)
```

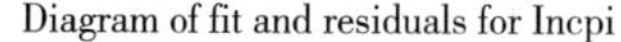

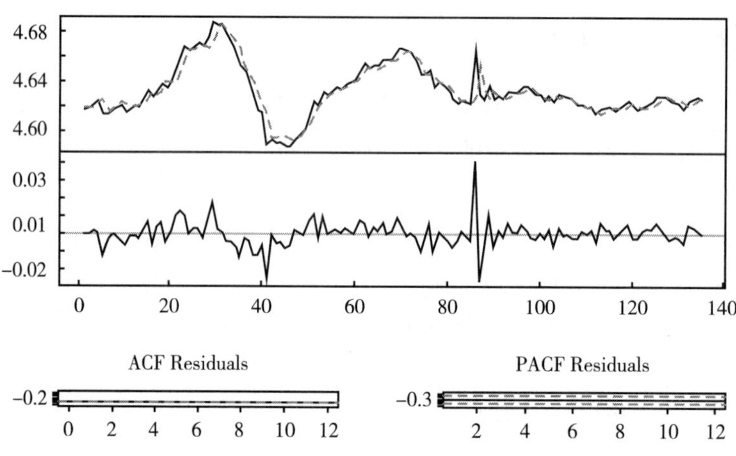

图 6 - 12　lncpi 的时序图、残差图、ACF 图、PACF 图

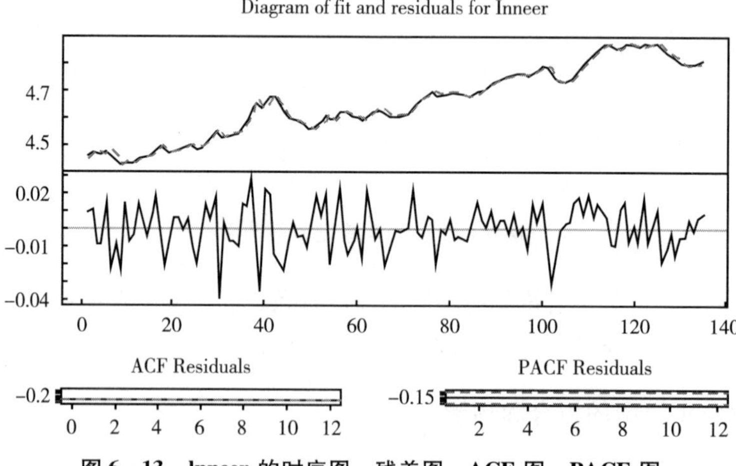

图 6 - 13　lnneer 的时序图、残差图、ACF 图、PACF 图

（五）脉冲响应分析

由于 VAR 模型参数的 OLS 估计量只具有一致性，单个参数估计值的经济解释是很困难的。要想对一个 VAR 模型做出分析，通常是观察系统的脉冲响应函数和方差分解。脉冲响应函数描述一个内生变量对误差冲击的反应。具体地说，它描述的是在随机误差项上施加一个标准差大小的冲击后，对内生变量的当期值和未来值所带来的影响。

在查看完拟合结果的图形之后，我们来绘制拟合结果的脉冲响应图，需要用到 var 包中的 irf 函数。然后通过 plot 函数画出图形（见图 6－14、图 6－15）。代码如下：

```
var. irf <- irf( var)          # 脉冲响应
plot( var. irf)                # 脉冲响应图
```

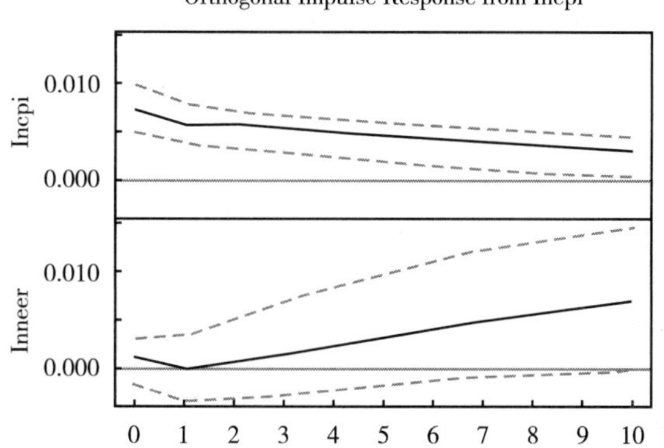

图 6－14　lncpi 脉冲响应图

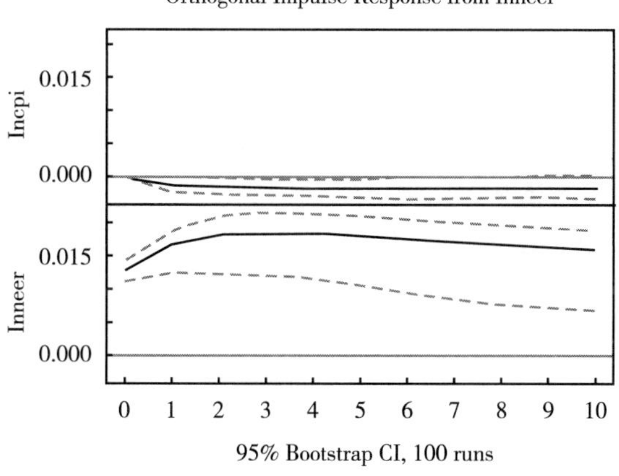

图 6－15　lnneer 脉冲响应图

根据脉冲响应图可知，CPI 自身以及汇率的波动对 CPI 有正向的冲击。CPI 对自身的影响没有滞后期，并且自身波动的影响随着时期的增加会越来越小。汇率波动对 CPI 的影响在第一期以前是逐渐减少的，但在第一期减少为 0 之后随着时间的增加影响越来越大。CPI 波动对汇率有一个负向的冲击，并且随着时期数的增加负向的影响会越来越大。汇率波动对自身有一个正向的冲击，这个冲击从开始先增加，在第二期达到最大值以后又逐渐减少。

（六）预测

模型预测通常需要用到 predict（）函数，具体用法如下。

```
var.predict <- predict(var,n.ahead = 10,ci = 0.95)        #模型预测
var.predict                                               #模型预测值
```

这样我们就得到了 CPI 与汇率对数这两个变量的 VAR（2）模型的滞后 10 期预测结果。

本知识点微课视频二维码

思考练习

1. 收集自 1978 年改革开放以来历年中国进出口贸易总额数据，分别对进口总额、出口总额与进出口总额三个时间序列建立 ARIMA 模型。

2. 收集自 1978 年改革开放以来历年中国经济增长速度（GDP 增速）与中国能源生产增长速度、中国能源进口增长速度数据，建立 VAR 模型研究经济增长与能源增长之间的关系。

第七章 多元统计分析实验

第一节　聚类分析实验

一、聚类分析原理

（一）聚类分析的基本思想

1. 什么是聚类分析

聚类分析是一种分类技术，又称群分析、点群分析、簇群分析，是研究如何对事物进行分类的一种多元统计方法。这种方法的特点是只根据事物本身的特征分类，即将性质相近的事物归为一类，性质差异较大的事物归在不同的类。所谓“类”，通俗地说就是相似元素的集合。分类，是将一个观测对象指定到某一类（组）。以分类对象为标准，聚类分析可以分为 R 型聚类分析和 Q 型聚类分析两类。R 型聚类分析是对变量（指标）分类，如在儿童的成长发育研究中，把以形态学为主的指标归于一类，以机能为主的指标归于另一类；Q 型聚类分析是对样品（个体）分类，如对中国人口的文化程度状况进行分析。这两种聚类在数学上是对称的，没有什么不同。这里主要讨论 Q 型聚类分析问题。

样品或变量之间存在程度不同的相似性（亲疏关系），根据一批样品的多个观测指标，可以具体找出一些能够度量样品或变量之间相似程度的统计量，以这些统计量为划分类型的依据，建立一种分类方法，将一批样品或变量，按照它们在性质上的亲疏、相似程度进行分类。把一些相似程度较大的样品聚合为一类，把另外一些彼此之间相似程度较大的样品聚合成另外一类，关系密切的聚合到一个小的分类单位，关系疏远的聚合到一个大的分类单位，直到把所有的样品（指标）都聚合完毕，把不同类型意义划分出来，形成一个由小到大的分类系统。

聚类分析适用于对事物类别尚不清楚，甚至类别数无法确定的情况下进行分类的场合。与多元分析的其他方法相比，聚类分析的方法精准度有待提高，但由于它能解决许多实际问题，应用十分广泛，与回归分析、判别分析一起被称为多元分析的三大方法。

2. 聚类分析的目的

在一些社会、经济问题中，研究对象往往比较复杂，如果能把相似的样品（或变量）归成类，处理起来就较为方便。简单来说，聚类就是把事物按其相似程度进行分类，并寻找不同类别事物特征的分析工具。

3. 聚类的种类

根据分类的原理，聚类可以分为系统聚类和快速聚类；根据分类的对象，聚类又可以分为样品聚类和变量聚类，如图 7－1 所示。

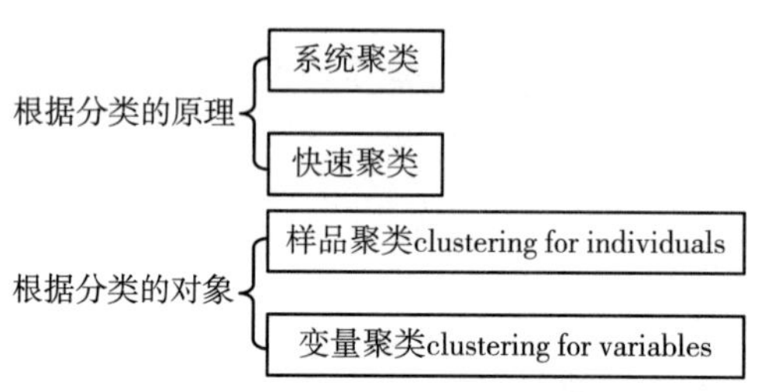

图 7－1　聚类分析分类

4. 聚类分析的主要步骤

一般来说，聚类分析至少应包括以下四个步骤。

第一，选择变量。因为聚类分析是根据所选定的变量对研究对象进行分类，聚类的结果仅反映了所选定变量所定义的数据结构。聚类中选择变量要注意所选变量和聚类分析的目标密切相关，所选变量应反映要分类对象的特征，变量之间不应该高度相关。

第二，计算相似性。选定聚类变量后，应计算研究对象之间的相似性，相似性是聚类分析中的一个基本概念，它反映了研究对象之间的亲疏程度，聚类分析就是根据研究对象之间的相似性来进行分类的。

第三，聚类。选定聚类方法，确定形成的类数。

第四，聚类结果的解释和证实。

（二）相似性测度

聚类分析实质上是寻找一种能客观反映元素之间亲疏关系的统计量，然后根据这种统计量把元素分成若干类。描述样品（或变量）间亲疏、相似程度的统计量很多，目前用得最多的聚类统计量是距离和相似系数，距离系数一般用于对样品分类，而相似系数一般用于对变量聚类。

在聚类分析中，一般的规则是将“距离”较小的点或“相似系数”较大的点归为同一类，将“距离”较大的点或“相似系数”较小的点归为不同的类。在进行聚类分析时，样品间的距离和相似系数有各种不同的定义，而这些定义与变量的类型密切相关。根据变量取值的不同，变量特性的测量尺度有间隔尺度、顺序尺度和名义尺度三种类型。

第一种为间隔尺度（定量变量）。指标度量时用数量来表示，其数值由测量、计数或统计所得到，如经济统计数字、抽样调查数据、身高、体重、年龄、速度、压力等。

第二种为顺序尺度（定序变量、定性变量）。指标度量时没有明确的数量表示，只有次序（等级）关系，如毕业论文成绩有优、良、中、及格、不及格之分；体质状况有好、中、差三个等级；某产品质量可分为一等品、二等品、三等品三个等级等。

第三种为名义尺度（定类变量、定性变量）。具有该种特性的变量在度量时既没有数量表示，也没有次序关系，而只有性质上的差异（用一些类表示），如性别有男、女；颜色有红、黄、蓝、绿等；医疗诊断中的阴性、阳性等。

不同类型的变量，在定义距离和相似系数时，其方法有很大差异。在实际应用中，研究比较多的是间隔尺度，这里主要讨论具有间隔尺度变量的样品聚类分析方法。

1. 数据的变换

由于样本数据矩阵往往由多个指标（即变量）构成，不同指标一般都有不同的量纲，并且有不同的数量级单位，为了使不同量纲、不同数量级的数据能放在一起进行比较，通常需要对数据进行变换处理。

常用的数据变换方法有中心化变换、标准化变换、规格化变换和对数变换四种。

（1）中心化变换。先求出每个变量的样本平均值，再从原始数据中减去该变量的均值，变换后数据的均值为0，而协差阵不变。

（2）标准化变换。首先对变量进行中心化变换；其次用该变量的标准差进行标准化。变换后每个变量的样本均值为0，标准差为1，且变换后的数据与变量的量纲无关。在抽样样本改变时，它仍保持相对稳定性。

（3）规格化变换。首先从数据矩阵的每一个变量中找出其最大值和最小值，这两者之间的差值称为极差；其次从每个变量的每个原始数据中减去该变量中的最小值，再除以极差，就得到规格化数据。

（4）对数变换。将各个原始数据取对数，将原始数据的对数值作为变换后的新值。即：

$$x'_{ij}=\log(x_{ij}),x_{ij}>0 \tag{7-1}$$

对数变换可将具有指数特征的数据结构化为线性数据结构。

2. 距离——样品间相似性的测度

对于样品之间的聚类即Q型聚类分析，“靠近”往往由某种距离来刻画。定义距离的方法很多，但是不论用什么方法来定义距离，都必须遵循一定的规则。

（1）定义距离的准则。用 x_{ij} 表示第i个样品的第j个指标，如表7－1所示，并且用 d_{ij} 表示第i个样品和第j个样品之间的距离。

表7－1　　数据矩阵

No	x_1	x_2	…	x_p
1	x_{11}	x_{12}	…	x_{1p}
…	…	…	…	…
n	x_{n1}	x_{n2}	…	x_{np}

一般来说，距离 d_{ij} 要求满足如下四个条件：

① $d_{ij}\geqslant 0$，对一切i、j都成立；

② $d_{ij}=0$，样品i与样品j的各指标值都相同，即 $i=j$；

③ $d_{ij}=d_{ji}$，对一切i、j都成立（对称性）；

④ $d_{ij}\leqslant d_{ik}+d_{kj}$，对一切i、j、k都成立（三角不等式）。

需要注意的是，如果所定义的距离不满足第四个条件，则称该距离为广义距离；当第四个条件加强为 $d_{ij}\leqslant\max\{d_{ik},d_{kj}\}$，该不等式对一切i、j、k均成立时，则称为极端距离。

（2）常用的距离。设样本数据矩阵：

$$X=\begin{bmatrix} x_{11} & \cdots & x_{1p} \\ \vdots & \ddots & \vdots \\ x_{n1} & \cdots & x_{np} \end{bmatrix}, \text{即 } X=\{x_{ij}\}_{n\times p} \tag{7-2}$$

常用的距离有明氏距离（Minkowski distance）、马氏距离（Mahalanobis distance）和兰氏距离（Lance & Williams distance）。

➢ 明氏距离

$$d_{ij}(q)=\left(\sum_{k=1}^{p}|x_{ik}-x_{jk}|^{q}\right)^{\frac{1}{q}}\text{（通用的距离测度公式）} \tag{7-3}$$

当 $q=1$ 时采用绝对距离：

$$d_{ij}(1)=\sum_{k=1}^{p}|x_{ik}-x_{jk}|\text{（最直观的距离）} \tag{7-4}$$

当 $q=2$ 时采用欧氏距离（Euclidean distance）：

$$d_{ij}(2) = \left[\sum_{k=1}^{p}(x_{ik} - x_{jk})^2\right]^{\frac{1}{2}} \tag{7-5}$$

当 $q=\infty$时采用切比雪夫距离（Chebychev distance）：

$$d_{ij}(\infty) = \max_{1 \leqslant k \leqslant p} |x_{ik} - x_{jk}| \tag{7-6}$$

明氏距离特别是其中的欧氏距离是聚类分析中应用最广泛的距离，但有两个主要缺点：第一，距离与各变量的量纲有关，而各指标计量单位的选择有一定的人为性和随意性；第二，没有考虑指标之间的相关性。

对于明氏距离缺点的改进方法通常有两个：第一，当各指标的测量值相差悬殊时，先对数据标准化，用标准化后的数据计算距离。标准化后的数据，每个变量的样本均值为 0，标准差为 1，与变量的量纲无关。第二，对指标的相关性作了考虑且不受测量单位影响的距离是马氏距离。

➢ 马氏距离

马氏距离又称为广义欧氏距离（generalized Euclidean distance），X_i，X_j 两点之间的马氏距离定义为：

$$d_{ij}^2(M) = (X_i - X_j)' \sum{}^{-1}(X_i - X_j) \tag{7-7}$$

其中，X_i、X_j 分别为第 i 个样品和第 j 个样品的 p 个指标观测值所组成的向量，$\sum^{-1}$ 为观测变量之间的协方差阵的逆矩阵。

需要注意的是，马氏距离考虑到了观测变量之间的相关性；如果假定各变量之间相互独立，即观测变量的协方差矩阵是对角矩阵，则马氏距离就退化为欧氏距离。

马氏距离的不足之处是，公式中的∑（样品协方差矩阵）若始终不变，则往往显得不妥；若要随聚类过程而不断变化，则有许多不便。因此，在实际聚类分析中，马氏距离也不是理想的距离。

➢ 兰氏距离

$$d_{ij}(L) = \frac{1}{p}\sum_{k=1}^{p}\frac{|x_{ik} - x_{jk}|}{x_{ik} + x_{jk}} \tag{7-8}$$

兰氏距离仅适用于一切 $x_{ij}>0$ 的情况。兰氏距离克服了明氏距离与各指标的量纲有关的缺点，且对大的奇异值不敏感，适合高度偏倚的数据，但也没有考虑变量间的相关性。

通常人们还是喜欢应用欧氏距离聚类。以上几种距离的定义均要求变量是间隔尺度的，如果使用的变量是有序尺度或名义尺度的，则有相应的一些定义距离的方法。

3. 相似系数——事物之间相似性的测度

聚类分析方法不仅用来对样品进行分类，而且可用来对变量（指标）进行分类，在对变量进行分类时，常常采用相似系数来度量变量之间的相似性。变量 x_i 与 x_j 的相似系数用 c_{ij} 来表示。相似系数是衡量变量之间相似程度的一个量，变量之间的关系越是密切，其相似系数越接近于 1（或 -1）；反之，它们的关系越是疏远，其相似系数越接近于0。即聚类时，比较相似的变量倾向于归为一类，相似度低的变量归属不同的类。

（1）相似系数应满足以下条件。

① $c_{ij}=\pm 1$，若变量 x_i 与 x_j 成比例，即若 $x_i=ax_j$，且 $a>0$ 时，则 $c_{ij}=1$；而 $a<0$ 时，$c_{ij}=-1$。

② $|c_{ij}|\leq 1$，对一切 i，j 都成立。

③ $c_{ij}=c_{ji}$，对一切 i，j 都成立。

（2）常用的相似系数。相似系数的定义和计算方法视观测变量的性质的不同而不同，名义尺度变量和顺序尺度变量的取值与间隔尺度变量的取值方法不同，因而计算相似系数的方法也不同。对于间隔尺度，最常用的相似系数有两种，即为夹角余弦和相关系数。

（三）系统聚类法

系统聚类法是诸聚类分析方法中使用最多的一种，它是将类由多变少的一种方法。

1. 系统聚类法的基本思想

考虑 n 个样品的聚类问题，系统聚类方法的基本思想为在聚类过程起始将 n 个样品各自作为一类，并规定样品之间的距离和类与类之间的距离（这时类间的距离与样品间的距离是相同的），然后将距离最近的两类合并成一个新类，并计算新类与其他类的类间距离；再将距离最近的两类合并，这样每次减少一类，直到所有的样品合并成一类为止。

2. 系统聚类法的基本步骤

系统聚类法的基本步骤如图 7-2 所示。

3. 研究类与类之间的方法

（1）最短距离法（single linkage）；

（2）最长距离法（complete linkage）；

（3）中间距离法（median method）；

（4）类平均法（average linkage）；

（5）可变类平均法（flexible - beta method）；

（6）重心法（centroid method）；

（7）可变法（flexible method）；

（8）Ward 离差平方和法（Ward's minimum - variance method）。

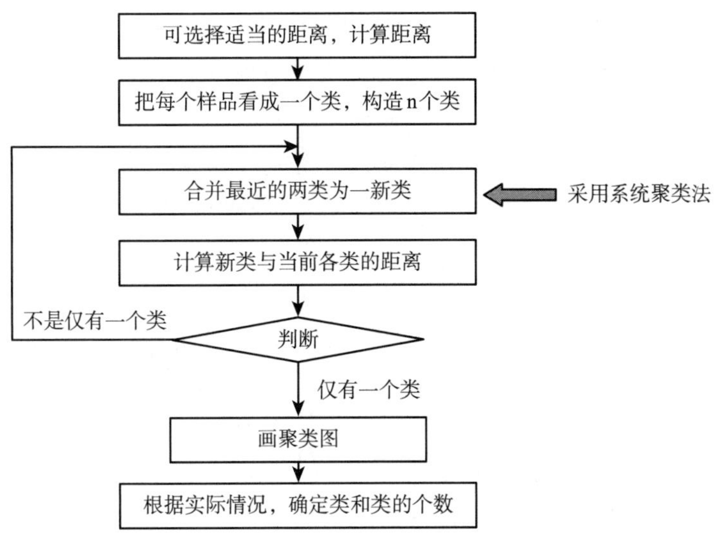

图7－2　系统聚类法的基本步骤

4. 系统聚类法的性质

（1）单调性。令 D_r 是系统聚类法中第 r 次并类时的距离，如果一种系统聚类法能满足 $D_1 < D_2 < D_3 < \cdots$，则称它具有单调性。这种单调性符合系统聚类法的思想，先合并较相似的类，后合并较疏远的类。最短（长）距离法、（可变）类平均法和离差平方和法都具有单调性，但中间距离法和重心法不具有单调性。

（2）空间的浓缩与扩张。设有两种系统聚类法，它们在第 i 步的距离矩阵分别为 A_i 和 B_i，$i = 0, 1, \cdots, n-1$，若 $A_i > B_i$（$a_{ij} > b_{ij}$，对一切 i，j），则称第一种方法比第二种方法使空间扩张，或第二种方法比第一种方法使空间浓缩。

对于前述常用的八种系统聚类法，通过比较可以得到如下结论：

$$(\text{最短距离法}) \leqslant (\text{类平均法}) \leqslant (\text{最长距离法})$$
$$(\text{重心法}) \leqslant (\text{类平均法}) \leqslant (\text{离差平方和法})$$

一般来说，太收缩的方法不够灵敏，太扩张的方法当样本大时容易失真。类平均法比较适中，相对于其他方法，类平均法不太收缩也不太扩张，具有并类空间守恒的性质，因此一般情况下认为此方法效果更好。

（四）动态聚类法

1. 动态聚类法的基本思想

系统聚类法是一种比较成功的聚类方法。然而当样本点数量十分庞大时，则是一件非常繁重的工作，且聚类的计算速度也比较慢。例如，在市场抽样调查中，有4万人就其对衣着的偏好做了回答，希望能迅速将它们分为几类。这时，采用系统聚类法就很困难，而动态聚类法就会显得方便、实用。动态聚类解决的问题是，假设有 n 个样本点，要把它们分为 k 类，使得每一类内的元素都是聚合的，并且类与类之间还能很好地区别开。动态聚类适用于大型数据。

2. 动态聚类法的基本步骤

动态聚类法的基本步骤如图 7 - 3 所示。首先，选择若干个样品点为初始“凝聚点”。其次，可选择地，通过分配每个样品到“凝聚点”最近的类里来形成临时分类，每一次对一个样品点进行归类，“凝聚点”更新为这一类目前的均值。所有的样品点分配完后，这些类的“凝聚点”用临时类的均值代替，此步骤可以一直进行直到“凝聚点”的改变很小或为零时止。最终的分类由分配每一个样品点到最近的“凝聚点”而形成。

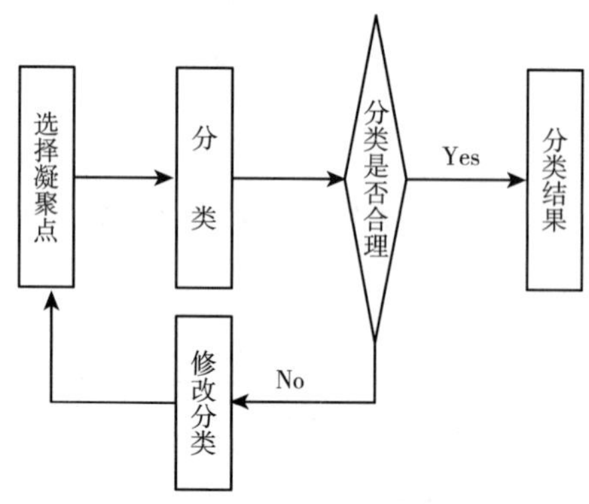

图 7 - 3　动态聚类法的基本步骤

3. 动态聚类法与系统聚类法应用区别

系统聚类法的聚类过程是单方向的，一旦某个样品进入某一类，就不可能再归入其他的类，而动态聚类法对于不合适的初始分类可以进行反复调整。

本知识点微课视频二维码

二、聚类分析实验案例

科技的进步和发展为人类生活带来了不可估量的便捷，显著改善了人们的生活方式，提高了企业生产效率。基于 2018 年全国 31 个省（自治区、直辖市）科技发展数据集[①]，采用系统聚类方法对 2018 年全国 31 个省（自治区、直辖市）的各类

① 中华人民共和国科学技术部、国家统计局。

科技发展水平指标对地区进行聚类分析。2018 年 31 个省（自治区、直辖市）科技发展数据集中包括 7 个指标，分别为 R&D 经费内部支出占 GDP 比例（x_1）、研究与开发机构数（x_2）、研究与开发机构从业人员数（x_3）、研究与开发机构 R&D 课题数（x_4）、国内专利申请受理数（x_5）、国内专利申请授权数（x_6）和国内有效专利数（x_7）。

（一）操作步骤

1. 读入数据集

```
#读入数据并命名为 data7. 1
data7. 1 <- read. csv('聚类分析数据—2018 年 31 省份科技发展 . csv',encoding =
"UTF -8")
```

2. 为方便查看聚类分析的输出结果，对数据集的行列名称进行设置

```
colnames(data7. 1) <- c('province','x1','x2','x3','x4','x5','x6','x7')
#取省份的值赋予 var
var <- data7. 1$province
#将 var 转换为字符型
var = as. character(var)
#将数据集 data7. 1 的行命名为相应的省份名称
for(i in 1:31) row. names(data7. 1)[i] = var[i]
data <- data7. 1[1:31,1:8]
data1 <- data[1:31,2:8]
```

3. 对数据集进行标准化处理并计算相似矩阵

```
data2 <- scale(data1)
#采用欧氏距离计算相似矩阵 d
d <- dist(data2,method = "euclidean")
```

其中，method 为距离计算方法，包括“euclidean”（欧氏距离），“manhattan”（绝对距离），“maximum”（切氏距离），“minkowski”（明氏距离），“canberra”（兰氏距离）等。

4. 聚类并绘制聚类树状图

```
#采用最小距离法(single)聚类
HC <- hclust(d,method = "single")
```

其中，method 为系统聚类方法，包括“single”（最小距离法），“complete”（最大距离法），“average”（类平均法），“median”（中间距离法），“centroid”（重心法），“ward”（Ward 法）等。

```
#绘制聚类树状图
plot(HC)
#hang = -1 可以使 x 轴的标记在 y = -1 的位置显示,cex 调整标记大小
plot(HC,hang = -1,cex =1)
#将结果分为五类,并用红框标出
rect.hclust(HC,k =5,border ="red")
```

（二）结果分析

图 7-4 为系统聚类分析的分类结果，此处将我国 31 个省（自治区、直辖市）划分为五类，结果如下。

第一类：北京；

第二类：广东；

第三类：江苏、浙江；

第四类：上海；

第五类：山东、四川、陕西、宁夏、西藏、海南、青海、河南、天津、辽宁、重庆、福建、山西、黑龙江、贵州、内蒙古、新疆、吉林、广西、云南、甘肃、安徽、湖北、河北、江西和湖南。

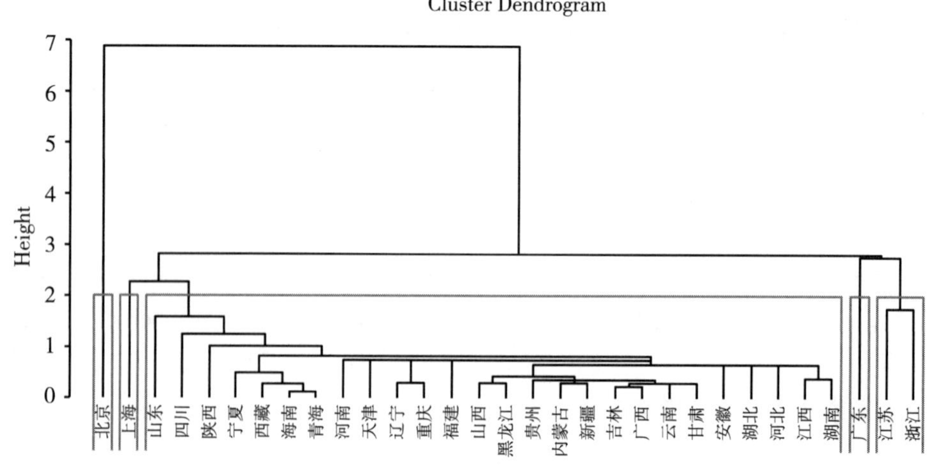

图 7-4　系统聚类分析结果

本知识点微课视频二维码

第二节　主成分分析实验

一、主成分分析原理

（一）主成分分析的基本思想

在实证数据分析研究中，为了尽可能完整地收集信息，对于每个样本往往要观测它的很多指标，少到四、五项，多则几十项。例如，美国的统计学家斯通（Stone，1947）关于国民经济的研究是一项十分著名的工作。他曾利用美国 1929～1938 年各年的数据，得到了 17 个反映国民收入与支出的变量要素，如雇主补贴、消费资料和生产资料、纯公共支出、净增库存、股息、利息、外贸平衡等。

多变量问题是经常会遇到的。从搜集资料的角度看，采用多变量方式进行记录可以避免重要信息的遗漏，但变量过多会增加分析问题的难度与复杂性。在许多实际问题中，多个变量之间具有一定的相关关系。因此，人们希望在各个变量之间相关关系研究的基础上，用较少的新变量代替原来较多的变量，并且使这些较少的新变量尽可能多地保留原来较多的变量所反映的信息。主成分分析方法就是综合处理这种问题的一种强有力的方法。

斯通（1947）在进行主成分分析后，以 97.4% 的精度，用三个新变量取代了原 17 个变量。根据经济学知识，斯通给这三个新变量分别命名为总收入 F_1、总收入变化率 F_2 和经济发展或衰退的趋势 F_3。主成分分析就是试图在力保数据信息丢失最少的原则下，对这种多变量的数据进行最佳综合简化，即对高维变量空间进行降维处理。很显然，识辨系统在一个低维空间要比在一个高维空间容易得多。同时，综合简化后形成的这些综合指标的变化要能大体上反映样本全部指标的变化，而不丧失或者只丧失很少一部分原始指标所提供的信息。例如，一个人的身材需要用很多项指标才能完整地描述，如身高、臂长、腿长、肩宽、胸围、腰围、臀围等，但人们购买衣服时一般只用长度和肥瘦两个指标，这里，长度和肥瘦就是描述人体形状的多项指标组合而成的两个综合指标。

主成分分析又称主分量分析或主轴分析，是将多个指标化为少数几个综合指标的一种多元统计分析方法。从数学角度来看，这是一种降维处理技术。通常把转化生成的综合指标称之为主成分。主成分分析就是设法将原来众多具有一定相关性的指标（如 p 个指标），重新组合成一组新的相互无关的综合指标（$Y_i, i=1,\cdots,m$）来代替原来指标。通常使综合指标 Y_i 为原来 p 个指标的线性组合。

本知识点微课视频二维码

（二）主成分分析的数学模型及几何解释

1. 主成分分析的一般数学模型

设 $x=(x_1,x_2,\cdots,x_p)'$是 p 维随机向量，均值 $E(x)=\mu$，协差阵 $Var(x)=\sum$，

$$x=(x_1,x_2,\cdots,x_p)=\begin{pmatrix} x_{11} & \cdots & x_{1p} \\ \vdots & \ddots & \vdots \\ x_{n1} & \cdots & x_{np} \end{pmatrix} \tag{7-9}$$

新的综合变量由原来的变量 x_1，x_2，…，x_p 线性表示，即：

$$\begin{aligned} y_1 &= a_{11}x_1 + a_{12}x_2 + \cdots + a_{1p}x_p \triangleq a_1'x \\ y_2 &= a_{21}x_1 + a_{22}x_2 + \cdots + a_{2p}x_p \triangleq a_2'x \\ &\cdots \\ y_p &= a_{p1}x_1 + a_{p2}x_2 + \cdots + a_{pp}x_p \triangleq a_p'x \end{aligned} \tag{7-10}$$

由于可以任意地对原始变量进行上述线性变换，由不同的线性变换得到的综合变量 y 的统计特性也不尽相同。假如希望用 y_1 来代替原来的 p 个变量 $x_1,x_2,\cdots,x_p$，这就要求 y_1 尽可能多地反映原来 p 个变量的信息，即希望 y_1 是 $x_1,x_2,\cdots,x_p$ 的一切线性函数中方差最大的。

下面将举例说明用方差的大小来寻找主成分的原因。反映城镇居民生活消费状况的指标通常有 8 个（食品、衣着、日用品等），可以由这 8 个指标线性组合成一个新指标，亦即一个可以衡量各地城镇居民总体生活消费状况的综合性指标，此综合性指标能真正显出消费程度的差异（富裕的、贫穷的），且指标方差越大，便代表它对居民消费程度差异拥有越大的反映及解释能力。

因此，p 个原始观测变量的第一主成分就是这 p 个原始观测变量的所有线性组合中方差最大的综合指标，第二主成分就是这 p 个原始观测变量的所有线性组合中方差次大的综合指标……第 p 个主成分就是这 p 个原始观测变量的所有线性组合中方差第 p 大的综合指标。

主成分的方差可以表示为：

$$
\begin{aligned}
Var(y) &= Var(a'x) \\
&= E[a'x - E(a'x)][a'x - E(a'x)]' \\
&= a'E(x - Ex)(x - Ex)'a \\
&= a'\sum a \qquad (7-11)
\end{aligned}
$$

$$Cov(y_i, y_j) = a'_i \sum a_j (i, j = 1, \cdots, p) \qquad (7-12)$$

综上所述，要找出 p 个原始指标的第一主成分(y_1)，就是要找出使 $a'\sum a$ (即方差) 最大的 p 个原始指标的线性组合 $y = a'x$。

另外，由于 $Var(y) = Var(a'x) = a'\sum a$，对任意的常数 k，$Var(ka'x) = k^2 Var(a'x) = k^2 a'\sum a$，若不对 a 加以限制，则 $Var(y) \to \infty$，从而使问题变得没有意义，因此，通常要将线性组合 $y = a'x$ 系数标准化及单位化，令 $a'a = \sum_{i=1}^{p} a_i^2 = 1$，于是，求 p 个原始指标的第一主成分($y_1$)的问题，就变成了在约束条件 $a'a = 1$ 之下，求使得 $a'\sum a$ 最大的向量 a 的问题。

如果第一主成分不足以代表原来 p 个变量的绝大部分信息，则往往还要计算 p 个原始指标的第二主成分(y_2)。为了有效地代表原变量的信息，第一主成分 (y_1) 已反映的信息不希望在第二主成分(y_2)中出现，用统计语言来讲，即要求 $cov(y_2, y_1) = a'\sum a_1 = 0$。于是，求第二主成分($y_2$)，就是在约束条件 $a_2'a_2 = 1$ 和 $cov(y_2, y_1) = 0$ 下，求 a_2 使 $Var(y_2)$达到最大，所求之(y_2)称为第二主成分。类似地可求得第三主成分、第四主成分等。

综上所述，将线性变化约束在下面的原则之下。

(1) $a_i'a_i = I$，即 $a_{i1}^2 + a_{i2}^2 + \cdots + a_{ip}^2 = 1$。

(2) y_i 与 $y_j(i \neq j; i, j = 1, 2, \cdots, p)$相互无关。

(3) y_1 是 $x_1, x_2, \cdots, x_p$ 的一切满足原则 (1) 的线性组合中方差最大者；y_2 是与 y_1 不相关的 $x_1, x_2, \cdots, x_p$ 的所有线性组合中方差最大者……y_p 是与 $y_1, y_2, \cdots, y_{p-1}$ 都不相关的 $x_1, x_2, \cdots, x_p$ 的所有线性组合中方差最大者。

基于以上三条原则决定的新 (综合) 变量 $y_1, y_2, \cdots, y_p$ 分别称为原始变量 $x_1, x_2, \cdots, x_p$ 的第一、第二……第 p 个主成分。其中，y_1 在总方差中占的比例最大，$y_2, y_3, \cdots, y_p$ 的方差依次递减。

2. 主成分分析的几何意义

在处理涉及多个指标问题的时候，为了提高分析的效率，可以不直接对 p 个指标构成的 p 维随机向量 $x = (x_1, x_2, \cdots, x_p)'$进行分析，而是先对向量 x 进行线性变换，形成少数几个新的综合变量 $y_1, y_2, \cdots, y_m$，使得各综合变量之间相互独立且能解释原始变量尽可能多的信息，能够在以损失很少部分信息为代价的前提下，做到简化数据结构、提高分析效率。

下面在二维空间中讨论主成分的几何意义，所得结论可以扩展到多维的情况。

设有 N 个样品，每个样品有两个观测变量 X_1，X_2，在由变量 X_1，X_2 组成的坐标空间中，N 个样品散布的情况如带状，如图 7-5 所示。

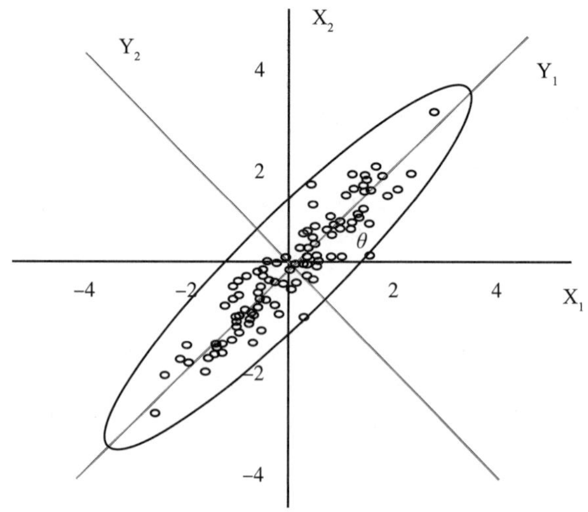

图 7-5　主成分分析的几何解释

图 7-5 中的 N 个样本点，无论沿着 X_1 轴方向还是 X_2 轴方向，都有较大的离散性，其离散程度可以分别用观测变量 X_1 的方差或 X_2 的方差测定。当只考虑 X_1 和 X_2 中的任何一个时，原始数据中的信息将会有较大的损失。考虑 X_1 和 X_2 的线性组合，使原始样品数据可以由新的变量 Y_1 和 Y_2 来刻画，在几何上表示就是将坐标轴按逆时针方向旋转 θ，得到新坐标轴 Y_1 和 Y_2。

$$\begin{aligned} Y_1 &= X_1\cos\theta + X_2\sin\theta \\ Y_2 &= -X_1\sin\theta + X_2\cos\theta \end{aligned} \qquad (7-13)$$

其矩阵形式为：

$$\begin{pmatrix} Y_1 \\ Y_2 \end{pmatrix} = \begin{pmatrix} \cos\theta & \sin\theta \\ -\sin\theta & \cos\theta \end{pmatrix} \begin{pmatrix} X_1 \\ X_2 \end{pmatrix} = UX \qquad (7-14)$$

其中，U 为旋转变换矩阵，且 $U'U = I$，即是正交矩阵。

经过上述旋转之后，N 个样品在 Y_1 轴上的离散程度最大（方差最大），变量 Y_1 代表了原始数据的绝大部分信息，即使不考虑变量 Y_2，信息损失也不多，且 Y_1、Y_2 不相关。只考虑 Y_1 时，二维降为一维。因此，经过上述旋转变换就可以把原始数据的信息集中到 Y_1 轴上，对数据中包含的信息起到浓缩的作用。

（三）主成分的推导及性质

1. 主成分的推导

设 p 维随机向量 $x=(x_1,x_2,\cdots,x_p)'$ 的均值向量为 $E(x)=\mu$，协方差矩阵为 $Var(x)=\sum$。

由定义知，求第一主成分 $y_1=a'_1x$ 的问题⇔求 a_1，使得在 $a'_1a_1=1$ 的约束下，$Var(y_1)$ 达到最大，使得：

$$
\begin{cases}
Var(a'_1x) & = E[a'_1x-E(a'_1x)][a'_1x-E(a'_1x)]' \\
 & = a'_1E[x-E(x)][x-E(x)]'a_1 \\
 & = a'_1\sum a_1 \text{ 达到最大值} \\
s.t: a'_1a_1=1 &
\end{cases}
\tag{7-15}
$$

这是条件极值问题。

利用拉格朗日乘子，可得拉格朗日函数为：

$$U=a'_1\sum a_1-\lambda(a'_1a_1-1) \tag{7-16}$$

它是 a_1 的二次函数和 λ 的线性函数，分别对向量 a_1 和 λ 微分，并令其为 0，得：

$$
\begin{cases}
\dfrac{\partial U}{\partial a_1}=2\sum a_1-2\lambda a_1=0 \\
\dfrac{\partial U}{\partial \lambda}=a'_1a_1-1=0
\end{cases}
\tag{7-17}
$$

由式（7-17）中第一个方程式，可得：

$$(\sum-\lambda I)a_1=0 \tag{7-18}$$

由约束条件 $a'_1a_1=1$ 可知 $a_1\neq 0$，即齐次线性方程组 $(\sum-\lambda I)a_1=0$ 有非零解。由线性代数的知识可知：

$$|\sum-\lambda I|=|\lambda I-\sum|=0 \tag{7-19}$$

因此，λ 必须是协差阵 Σ 的一个特征根，而 a_1 则是与此特征根相对应的特征向量。

由式（7-17）中第一个方程式所组成的向量左乘一个行向量 a'_1，得：

$$a'_1\sum a_1-\lambda a'_1a_1=0 \tag{7-20}$$

由于约束条件规定 $a_1'a_1=1$，所以必有：

$$Var(y_1) = a_1'\sum a_1 = \lambda \tag{7-21}$$

因此，要使 $Var(y_1) = a_1'\sum a_1$ 最大，也就必须使 λ 尽可能地大。

因为 λ 还必须是协差阵 Σ 的特征根，所以 λ 应取为协差阵 Σ 的最大特征根，即：

$$\lambda = maxc(\sum) = \lambda_1 \tag{7-22}$$

而与Σ的最大特征根 λ_1 相对应的特征向量 $a_1=(a_{11},a_{12},\cdots,a_{1p})'$就应该是 p 个原始指标的第一主成分的系数向量，即第一主成分为：

$$y_1 = a_1'x \tag{7-23}$$

如果只用第一主成分可能丧失的信息太多，还需要计算 p 个原始指标的第二主成分 y_2。在计算第二主成分时，除去类似于计算第一主成分的约束条件以外，还必须附上第二主成分与第一主成分不相关这一条件，即还须有约束条件：

$$Cov(y_2,y_1) = Cov(a_2'x,a_1'x) = a_2'\sum a_1 = 0 \tag{7-24}$$

因为 $\sum a_1 = \lambda_1 a_1$，所以有：

$$Cov(y_2,y_1) = a_2'\sum a_1 = \lambda_1 a_2'a_1 \tag{7-25}$$

要使 $Cov(y_2,y_1)=0$，也就是要使 $a_2'a_1=0$，即第二主成分的系数向量必须与第一主成分的系数向量正交。

因此，计算原始指标的第二主成分问题也就是在约束条件 $a_2'a_2=1$ 和 $a_2'a_1=0$ 之下，求使得 $y_2=a_2'x$ 的方差 $Var(y_2) = a_2'\sum a_2$ 最大的向量 a_2 的值，即：

$$\begin{cases} \max a_2'\sum a_2 \\ s.t: a_2'a_2 = 1; a_2'a_1 = 0 \end{cases} \tag{7-26}$$

由此类推，可知 λ 必须为协差阵Σ的一个特征根，由目标函数可知该特征根应为协差阵Σ的第 k 大特征根，而相应于该特征根的特征向量 a_k 就是原始指标的第 k 个主成分的系数向量，该主成分的方差也就等于这一特征根 λ_k。

设 $x=(x_1,\cdots,x_p)'$是 p 维随机向量，且 $Var(x) = \sum > 0$，$\sum$ 的特征根为 $\lambda_1 \geq \lambda_2 \geq \cdots \geq \lambda_p$，$a_1,a_2,\cdots,a_p$ 为相应的单位正交特征向量，则 x 的第 i 主成分为 $y_i=a_i'x$，$(i=1,2,\cdots,p)$，它具有方差 $\lambda_i(i=1,2,\cdots,p)$，且 $Var(y_i)=\lambda_i$。即 $x_1,x_2,\cdots,x_p$ 的主成分就是以 $\sum$ 的特征向量为系数的线性组合，它们互不相关，其方差为 $\sum$ 的特征根。

由于 $\sum$ 的特征根 $\lambda_1 \geqslant \lambda_2 \geqslant \cdots \geqslant \lambda_p > 0$，有 $Var(y_1) \geqslant Var(y_2) \geqslant \cdots \geqslant Var(y_p) > 0$，因此主成分的名次是按特征根取值大小顺序排列的。

在实际问题中，不同的变量往往有不同的量纲，为消除由于量纲的不同可能带来的一些不合理的影响，常采用将变量标准化的方法。标准化后的变量协差阵就是原变量的相关阵，因此，标准化原始变量的主成分可以根据相关阵来求出。

2. 主成分的性质

（1）原始变量进行标准化后，各主成分的均值都为0，即有：

$$E(y_i) = E(a'_i x) = 0 \tag{7-27}$$

这是由于计算各主成分时，都必须先对原始变量进行标准化变换，变换后的原始变量的均值为0，所以各主成分的均值也必然为0。

（2）各个主成分之间互不相关，两两主成分之间的协方差为0，即有：

$$Cov(y_i, y_j) = 0, i \neq j \tag{7-28}$$

（3）$D(y) = \Lambda$（y 的协方差阵为对角阵）。即 p 个主成分的方差 $Var(y_i) = \lambda_i$，且主成分之间互不相关。

（4）$\sum_{i=1}^{p} \sigma_{ii} = \sum_{i=1}^{p} \lambda_i$（$\sigma_{ii}$ 为 $\sum$ 的主对角元素）。通常称 $\sum_{i=1}^{p} \sigma_{ii}$ 为系统总方差，由此可知，主成分分析是把 p 个随机变量的总方差 $\sum_{i=1}^{p} \sigma_{ii}$ 分解为 p 个不相关的主成分方差之和，且存在 $m < p$，使 $\sum_{i=1}^{p} \sigma_{ii} \approx \sum_{i=1}^{m} \lambda_i$，即 p 个原变量所提供的总信息（总方差）的绝大部分只需用前 m 个主成分来代替。

（5）主成分 y_k 与原始变量 x_i 的相关系数为：

$$\rho(y_k, x_i) = \frac{a_{ki}\sqrt{\lambda_k}}{\sqrt{\sigma_{ii}}}, (k, i = 1, 2, \cdots, p) \tag{7-29}$$

把主成分 y_k 与原始变量 x_i 的相关系数称为因子载荷量（因子负荷量）。因子载荷量揭示了主成分与原始变量之间的相关程度（即表示 x_i 依赖 y_k 的比重，反映了第 i 个原有变量在第 k 个公共因子上的相对重要性）。

3. 主成分的选取

主成分分析的目的是为了减少变量的个数，故在解决实际问题时，一般不是取 p 个主成分，而是取前 $m(m < p)$ 个主成分，由此，引入贡献率的概念。

称 $\frac{\lambda_1}{\sum_{i=1}^{p} \lambda_i}$ 为第一主成分的贡献率，称 $\frac{\sum_{i=1}^{m} \lambda_i}{\sum_{i=1}^{p} \lambda_i}$ 为前 m 个主成分的累积贡献率。

$\frac{\lambda_k}{\sum_{i=1}^{p}\lambda_i}$ 为主成分 y_k 的贡献率，这个值越大，表明 $y_k = a_k' x$ 这个新变量综合 $x_1, x_2, \cdots, x_p$ 信息的能力越强，即由 $a_k' x$ 的差异来解释 x 这个随机向量的差异的能力越强。

（四）主成分分析的计算步骤

通过对主成分分析基本原理的介绍，可以把主成分分析计算步骤归纳如下：

1. 对原始数据标准化

$$X_{ij}^{*} = \frac{X_{ij} - \bar{X}_j}{\sqrt{Var(X_j)}}, (i = 1, \cdots, n, j = 1, \cdots, p) \quad (7-30)$$

一般认为，如果各指标之间的数量级相差悬殊，特别是各指标有不同的物理量纲时，较合理的做法是使用 R 代替 $\sum$，尤其是经济问题所涉及的变量单位大都不统一，采用 R 代替 $\sum$ 后，可看作是用标准化的数据做分析，使得主成分有现实经济意义，便于解释，又可避免过于突出数值大的变量。

2. 计算相关系数矩阵

$$R = \begin{bmatrix} r_{11} & \cdots & r_{1p} \\ \vdots & \ddots & \vdots \\ r_{p1} & \cdots & r_{pp} \end{bmatrix} \quad (7-31)$$

其中，$r_{ij}(i, j = 1, 2, \cdots, p)$ 为原来变量 x_i 与 x_j 的相关系数，其计算公式为：

$$r_{ij} = \frac{\sum_{k=1}^{n}(x_{ki} - \bar{x}_i)(x_{kj} - \bar{x}_j)}{\sqrt{\sum_{k=1}^{n}(x_{ki} - \bar{x}_i)^2 \sum_{k=1}^{n}(x_{kj} - \bar{x}_j)^2}} \quad (7-32)$$

3. 求相关系数矩阵的特征值和特征向量 $A = (a_{ij})$

R 的特征方程式 $|R - \lambda I| = 0$，首先解特征方程 $|R - \lambda I| = 0$ 求出特征值 $\lambda_i(i = 1, 2, \cdots, p)$，特征值是主分量 y 的方差，其次分别求出对应于特征值 λ_i 的特征向量 $a_i(i = 1, 2, \cdots, p)$，主成分是原变量的线性组合。

$$y_i = \sum_{j=i}^{p} a_{ij} x_j \quad (7-33)$$

4. 计算主成分贡献率及累积贡献率，确定主成分个数

$$\alpha = \frac{\sum_{k=1}^{m}\lambda_k}{\sum_{k=1}^{p}\lambda_k} \geqslant 0.85 \quad (7-34)$$

一般取累积贡献率达 85% ~95% 的特征值 λ_1，λ_2，…，λ_m 所对应的第一，第二……第 m（m≤p）个主成分。

主成分的个数 m，除了按累积贡献率达到一定程度（如 85% 以上）来确定，还有一个标准是先计算 Σ 或 R 的 p 个特征根的均值 $\bar{\lambda}$，取大于 $\bar{\lambda}$ 的特征根个数 m。当 $p<20$ 时，大量实践表明，第一个标准容易取太多的主成分，而第二个标准容易取太少的主成分，故可以将两者结合起来应用，同时，应考虑 m 个主成分对 x_i 的贡献率 $V_i^{(m)}$。

5. 对所选主成分做出合理解释

主成分分析的关键在于能否给主成分赋予新的意义，给出合理的解释，这个解释应根据主成分的计算结果结合定性分析来进行。

累积贡献率的大小可以表达 m 个主成分提取了 $x_1,x_2,\cdots,x_p$ 的多少信息，但它没有表达某个变量被提取了多少信息（即 $y_1,y_2,\cdots,y_m$ 包含有 x_i 的多少信息），为此又引入另一个概念。

第 k 个主成分从第 i 个原始变量中所提取的信息量为$\frac{\lambda_k a_{ki}^2}{\sigma_{ii}}$。如果在研究中只选取了前 m 个主成分，则这 m 个主成分从原始变量中所提取的总信息量为：

$$V_i^{(m)} = \frac{\sum_{k=1}^{m} \lambda_k a_{ki}^2}{\sigma_{ii}} \tag{7-35}$$

其中，$V_i^{(m)}$ 是原始变量 x_i 的信息提取率，表示这 m 个主成分所能够解释第 i 个原始变量的变动的程度。

在选取主成分时，不仅要使前 m 个主成分的累积贡献率达到一定程度，而且还要使每个原始变量的信息提取率也达到一定的程度。

目前，在多指标综合评价经济效益问题的研究中，随着多元统计方法的推广和普及，已有许多理论与实际工作者采用主成分分析建立综合评价函数，这种方法的核心是通过主成分分析，选择 m 个主成分 $y_1,y_2,\cdots,y_m$，以每个主成分 y_i 的方差贡献率占 m 个主成分累计方差贡献率的比重作为权数，构造综合评价函数：

$$F = a_1\hat{Y}_1 + a_2\hat{Y}_2 + \cdots + a_m\hat{Y}_m \tag{7-36}$$

其中，$\hat{Y}_i(i=1,2,\cdots,m)$ 为第 i 个主成分的得分（将标准化后的原始数据代入主成分表达式计算出各样品的主成分得分，得分反映各样品在主成分中的地位）。

本知识点微课视频二维码

二、主成分分析实验案例

城市经济综合实力的变化影响着区域发展，选取 2009～2017 年安徽省 16 个地级市数据，采用主成分分析方法对各市的经济状况进行分析。安徽各市经济发展水平综合评价数据集[①]涵盖 10 个指标，分别为地区生产总值（x_1）、第一产业增加值（x_2）、第二产业增加值（x_3）、第三产业增加值（x_4）、人均生产总值（x_5）、常住人口（x_6）、固定资产投资总额增长速度（x_7）、地方财政收入（x_8）、人均可支配收入（x_9）和社会消费品零售总额（x_{10}）。

操作步骤与结果分析

1. 读入数据集

```
#读入数据并命名为 data7.2
data7.2 <- read.csv('主成分分析数据 - 安徽各市经济发展水平综合评价.CSV',
header = T, encoding = "UTF-8")
colnames(data7.2) = c('','x1','x2','x3','x4','x5','x6','x7','x8','x9','x10')
```

2. 数据标准化

```
#标准化
data.std <- scale(data7.2[2:11])
#将数据的行命名为相应的地市 + 年份
rownames(data.std) <- data7.2[[1]]
```

3. 确定主成分个数

最常见的是基于特征值的方法。每个主成分都与相关系数矩阵的特征值相关联，第一主成分与最大的特征值相关联，第二主成分与第二大的特征值相关联，依此类推。Kaiser-Harris 准则建议保留特征值大于 1 的主成分，特征值小于 1 的主成分所解释的方差比包含在单个变量中的方差更少。Cattell 碎石检验则绘制了特征值与主成分数的图形。这类图形可以清晰展示图形弯曲状况，在图形变化最大处之上的主成分都可保留。最后，还可以进行模拟，依据与初始矩阵相同大小的随机数矩阵来判断要提取的特征值。若基于真实数据的某个特征值大于一组随机数据矩阵相应的平均特征值，那么该主成分可以保留。该方法称为平行分析。利用 R 语言中的

① 国家统计局、安徽省统计局。

fa. parallel 函数可以同时对三种特征值判断准则进行评价。

```
library(psych)
fa.parallel(data.std,fa = "pc",n.iter = 100,
+               show.legend = FALSE,main = "Scree plot with parallel analysis")
```

由图 7 - 6 可知，碎石图检验（由线段与 x 符号组成）、平行分析（虚线）结果以及特征值大于 1 准则均表明，选择两个主成分即可保留数据集的大部分信息。

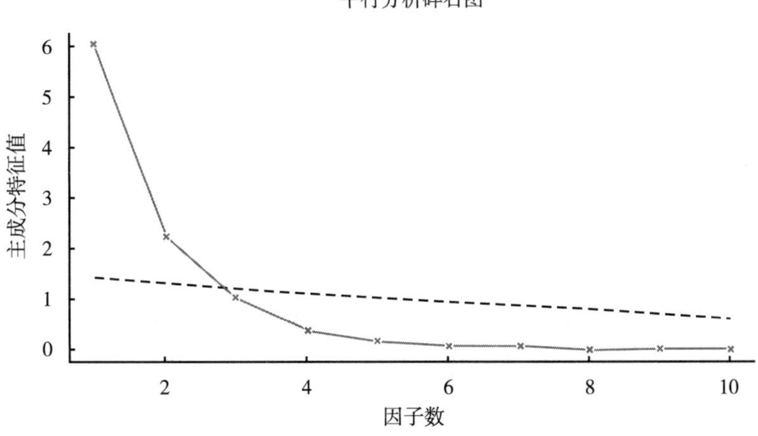

图 7 - 6　判断所需的主成分个数

4. 提取主成分

```
pac <- principal(data.std,nfactors =2);pac
```

Principal Components Analysis

Call: principal (r = data. std, nfactors = 2)

Standardized loadings (pattern matrix) based upon correlation matrix

	RC1	RC2	h2	u2	com
x1	0.76	0.63	0.97	0.030	1.9
x2	0.87	-0.20	0.79	0.207	1.1
x3	0.68	0.68	0.93	0.072	2.0
x4	0.76	0.62	0.96	0.045	1.9
x5	-0.10	0.93	0.87	0.127	1.0

x6	0.93	-0.26	0.92	0.076	1.2
x7	-0.05	-0.51	0.26	0.741	1.0
x8	0.70	0.69	0.96	0.044	2.0
x9	0.04	0.81	0.65	0.350	1.0
x10	0.81	0.55	0.96	0.036	1.8

	RC1	RC2
SS loadings	4.38	3.89
Proportion Var	0.44	0.39
Cumulative Var	0.44	0.83
Proportion Explained	0.53	0.47
Cumulative Proportion	0.53	1.00

从主成分载荷矩阵可以看出，第一主成分主要由第一产业增加值和常住人口规模两个变量来解释，第二主成分主要由人均生产总值和人均可支配收入两个变量来解释。第一主成分可以认为是规模变量，第二主成分可以认为是人均变量。另外，这两个主成分的方差贡献率分别是44%和39%，累计方差贡献率达到83%。

5. 计算主成分综合得分

根据公式（7-36）可计算主成分综合得分，每个主成分方差贡献率占全部主成分方差贡献率的比重分别为53%和47%，主成分综合得分计算如下：

```
scores =0.53 * pac$scores[,1] +0.47 * pac$scores[,2]
#将各主成分得分与综合综合得分合并
cbind(pac$scores,scores)[129:144,]
```

	RC1	RC2	scores
合肥市2017	3.854334816	3.592883231	3.731452571
淮北市2017	-0.794532820	0.586467673	-0.145462588
亳州市2017	0.499542284	-0.324776422	0.112112492
宿州市2017	0.809528630	-0.315981236	0.280538993
蚌埠市2017	-0.007305934	1.201092333	0.560641252

	RC1	RC2	scores
阜阳市 2017	1.657288366	-0.800200742	0.502268486
淮南市 2017	-0.107476869	0.151915341	0.014437470
滁州市 2017	0.479773041	0.317562311	0.403533998
六安市 2017	0.344170260	0.002575725	0.183620828
马鞍山市 2017	-0.697650934	1.756375942	0.455741698
芜湖市 2017	0.392173517	2.188095243	1.236256728
宣城市 2017	-0.269157202	0.567563875	0.124101704
铜陵市 2017	-1.337941839	1.858239861	0.164263560
池州市 2017	-1.005937838	0.520944355	-0.288303207
安庆市 2017	0.570856764	0.193021617	0.393274245
黄山市 2017	-1.217820146	1.099225118	-0.128808872

由以上计算结果可以看出，经济综合实力最高的是合肥市和芜湖市，合肥市同时在两个主成分上都有较高的得分，说明其经济规模和人均经济水平都比较高，而芜湖市仅在第二主成分有较高的得分，说明芜湖市更加注重通过提升人均经济水平来提高经济综合实力。

本知识点微课视频二维码

第三节　因子分析实验

一、因子分析原理

因子分析（factor analysis）是主成分分析的推广，它也是利用降维的思想，从研究原始变量相关矩阵内部的依赖关系出发，把一些具有错综复杂关系的变量（或样品）归结为少数几个综合变量（因子）的一种多变量统计分析方法。相对于主成分分析，因子分析更倾向于描述原始变量之间的相关关系，因此，因子分析的出发点是原始变量的相关矩阵。

（一）因子分析的基本思想

为评价高中学生的学习能力，抽取 200 名高中生进行问卷调查，共 50 个问题，所有问题可简单地归结为阅读理解、数学水平和艺术修养三个方面，即在一个因子分析模型中，每一方面就是一个因子。假如 200 名高中生测试的分数 $X_i(i=1,2,\cdots,200)$ 可以用上述 3 个因子表示成线性函数，则：

$$X_i = u_{i1}F_1 + u_{i2}F_2 + u_{i3}F_3 + \varepsilon_i,\quad i=1,2,\cdots,200 \tag{7-37}$$

进一步可把这个简单因子模型推广到多个因子的情况，即影响学生测试成绩 X 所共有的因子有 m 个（分别记为 $F_1,F_2,\cdots,F_m$）。另外，每个学生的测试成绩还可能受一些独特因素影响，如心理素质、应变能力等，这些公共因素和独特因素是客观存在的，但是很难被直接测量到。

$$X_i = u_{i1}F_1 + u_{i2}F_2 + \cdots + u_{im}F_m + \varepsilon_i,\quad i=1,2,\cdots,p \tag{7-38}$$

用这 m 个不可观测的相互独立的公共因子 $F_1,F_2,\cdots,F_m$（也成为潜因子）和一个特殊因子 ε_i 来描述原始可测的相关变量 $X_1,X_2,\cdots,X_p$，并解释分析学生的学习能力。

由此案例可以看出，因子分析的基本思想是根据相关性大小将原始变量分组，使得同组内的变量之间相关性较高，而不同组的变量间的相关性较低。每组变量代表一个基本结构，并用一个不可观测的综合变量表示，这个基本结构就称为公共因子。它将多个变量综合为少数几个“因子”，以再现原始变量与“因子”之间的相互关系。

用统计语言来说，因子分析即通过对变量（或样品）的相关系数矩阵（对样品是相似系数矩阵）内部结构的研究，找出能控制所有变量（或样品）的少数几个随机变量去描述原始多个变量（或样品）之间的相关（相似）关系。对于所研究的某一具体问题，原始变量就可以分解成两部分之和的形式，一部分是少数几个不可测的所谓公共因子的线性函数，另一部分是与公共因子无关的特殊因子。用一句话概括，因子分析就是寻找潜在支配因子的模型分析方法。

因子分析分为 R 型因子分析（对变量作因子分析）和 Q 型因子分析（对样品作因子分析）两类。这两种因子分析的处理方法一样，只是出发点不同，R 型从变量的相关阵出发，Q 型从样品相似阵出发。对一批观测数据，可以根据实际问题的要求来决定采用哪一种类型的因子分析。这里主要介绍 R 型因子分析。

因子分析的应用主要有两方面：一方面，应用于寻求基本结构，简化观测系统，将具有错综复杂关系的对象（变量或样品）综合为少数几个因子（不可观测的、相互独立的随机变量），以再现因子与原变量（可测的、相关的）之间的内在联系；另一方面，用于对变量或样品的分类，在得出因子的表达式之后，就可以把原始变量的数据代入表达式得出因子得分值，根据因子得分在因子所构成的空间中把变量或样品点画出来，形象直观地达到分类的目的。

（二）因子分析的数学模型和相关概念

1. R 型因子分析模型

因子分析把每个原始变量分解成两个部分：一部分是由所有变量共同具有的少数几个因子构成的，即所谓公共因素部分；另一部分是每个变量独自具有的因素，即所谓独特因素部分。

设 $X=(x_1,x_2,\cdots,x_p)'$为观察到的随机向量，$F=(F_1,F_2,\cdots,F_m)'$是不可观测的向量（m 应小于 p）。于是：

$$\begin{aligned} X_1 &= u_{11}F_1+u_{12}F_2+\cdots+u_{1m}F_m+\varepsilon_1 \\ X_2 &= u_{21}F_1+u_{22}F_2+\cdots+u_{2m}F_m+\varepsilon_2 \\ &\vdots \\ X_p &= u_{p1}F_1+u_{p2}F_2+\cdots+u_{pm}F_m+\varepsilon_p \end{aligned} \quad (7-39)$$

因子模型的一般表达形式为：

$$X_i=u_{i1}F_1+u_{i2}F_2+\cdots+u_{im}F_m+\varepsilon_i,\quad i=1,2,\cdots,p \quad (7-40)$$

也可以以矩阵的形式表示：

$$X=UF+\varepsilon \quad (7-41)$$

其中，$X_i(i=1,2,\cdots,p)$和 $F_j(j=1,2,\cdots,m)$都是标准化变量。其中，

$$\begin{aligned} X &= (X_1,X_2,\cdots,X_p)' \\ F &= (F_1,F_2,\cdots,F_m)' \\ \varepsilon &= (\varepsilon_1,\varepsilon_2,\cdots,\varepsilon_P)' \end{aligned} \quad (7-42)$$

待估的系数矩阵为：

$$U=\begin{bmatrix} u_{11} & u_{12} & \cdots & u_{1m} \\ u_{21} & u_{22} & & u_{2m} \\ \vdots & & \ddots & \vdots \\ u_{p1} & u_{p2} & \cdots & u_{pm} \end{bmatrix} \quad (7-43)$$

且应该满足下列条件：

（1）$m\leqslant p$；

（2）$Cov(F,\varepsilon)=0$，即 F 和 ε 是不相关的；

(3) $D(F)=\begin{pmatrix}1 & & 0\\ & \ddots & \\ 0 & & 1\end{pmatrix}=I_m$，即 $F_1,F_2,\cdots,F_m$ 不相关，且方差均为1；

(4) $D(\varepsilon)=\begin{pmatrix}\sigma_1^2 & & 0\\ & \ddots & \\ 0 & & \sigma_p^2\end{pmatrix}$，即 $\varepsilon_1,\varepsilon_2,\cdots,\varepsilon_P$ 不相关，且方差不相同。

2. 因子分析的几个相关概念

根据因子分析的数学模型，引入几个基本概念，它们的统计含义如下。

(1) 公共因子 $F_1,F_2,\cdots,F_m$。因子模型中 $F_1,F_2,\cdots,F_m$ 为因子变量或公共因子（潜因子）（common factors），是在各个原观测变量 X_i 的表达式中共同出现的因子。可理解为原始变量共同具有的公共因素，每个公因子 $F_j(j=1,2,\cdots,m)$ 假定至少对两个原始变量有贡献，否则它将归入特殊因子。

公因子是相互独立的不可观测的理论变量，之所以称其为因子，是因为其具有不可观测性，不是具体的变量。公共因子的实际含义需要结合具体问题的实际意义而定。

(2) 特殊因子 $\varepsilon_1,\varepsilon_2,\cdots,\varepsilon_P$。特殊因子（unique factor）为 $\varepsilon_i(i=1,2,\cdots,p)$，是向量X的分量 $X_i(i=1,2,\cdots,p)$ 所特有的因子，即每个特殊因子 ε_i 仅仅出现在与之相应的第i个原始变量 X_i 的表达式中，它仅对这个原始变量有作用，是每个观测变量所特有的因子，表示该变量不能被公因子所解释的部分，相当于回归分析中的残差项。

(3) 因子载荷 u_{ij}。模型中的矩阵 $U=(u_{ij})$ 的元素 u_{ij} 称为因子载荷（factor loadings），它是第i个变量在第j个公因子上的负载（或者叫作第i个变量在第j个主因子上的权），在各公共因子不相关的前提下，因子载荷 u_{ij} 就是第i个原有变量与第j个公共因子的相关系数，即表示 X_i 依赖 F_j 的比重（心理学家将它称为载荷），反映了第i个原有变量在第j个公共因子上的相对重要性。

因此，u_{ij} 的绝对值越大，则公共因子 F_j 与原有变量 X_i 的关系越强，或称公共因子 F_j 对于 X_i 的载荷量大，故 u_{ij} 称为公共因子载荷量，简称因子载荷，矩阵U称为因子载荷矩阵。

由公式：

$$\begin{aligned}Cov(X,F)&=Cov(UF+\varepsilon,F)\\&=Cov(UF,F)+Cov(\varepsilon,F)\\&=UCov(F,F)=U\end{aligned}\tag{7-44}$$

可见，U中元素 u_{ij} 刻画变量 X_i 与 F_j 之间的相关性，称为 X_i 在 F_j 的因子载荷。

（4）变量共同度 h_i^2——U 的行元素平方和。变量共同度也称为公共方差（公因子方差），指观测变量方差中由公因子决定的比例，也即原始变量 X_i 对公因子依赖的程度。h_i^2 大表明 X 的第 i 个分量 X_i 对于 F 的每一分量 $F_1, F_2, \cdots, F_m$ 的共同依赖程度大，故 h_i^2 为变量 X_i 的共同度。

$$h_i^2 = \sum_{j=1}^{m} {u_{ij}}^2 \tag{7-45}$$

由于 $F_1, F_2, \cdots, F_m$ 相互独立，

$$X_i = u_{i1}F_1 + u_{i2}F_2 + \cdots + u_{im}F_m + \varepsilon_i \tag{7-46}$$

$$\begin{aligned} D(X_i) &= {u_{i1}}^2 D(F_1) + {u_{i2}}^2 D(F_2) + \cdots + {u_{im}}^2 D(F_m) + D(\varepsilon_i) \\ &= {u_{i1}}^2 + {u_{i2}}^2 + \cdots + {u_{im}}^2 + \sigma_i^2 \end{aligned} \tag{7-47}$$

令 $h_i^2 = \sum_{j=1}^{m} {u_{ij}}^2 (i = 1, 2, \cdots, p)$，于是：

$$\sigma_{ii} = h_i^2 + \sigma_i^2, \quad i = 1, 2, \cdots, p \tag{7-48}$$

其中，h_i^2 反映了公因子对 X_i 的影响，可以看作公因子对 X_i 的方差贡献，称为共性方差；而 σ_i^2 是特殊因子 ε_i 对 X_i 的方差贡献，称为个性方差。当 X 为标准化的随机向量时，$\sigma_{ii} = 1$，此时有 $h_i^2 + \sigma_i^2 = 1 (i = 1, 2, \cdots, p)$。即当公因子之间彼此正交时，$X_i$ 的共同度（公因子方差）等于和该变量有关的因子载荷的平方和，用公式表示：

$$h_i^2 = u_{i1}^2 + u_{i2}^2 + \cdots + u_{im}^2 \tag{7-49}$$

变量的方差由两部分组成，一部分由公因子决定，一部分由特殊因子决定，公因子方差表示了变量方差中能被公因子所解释的部分（即反映了全部公因子对变量 X_i 的影响，是全部公因子对 X_i 的方差所做出的贡献），公因子方差越大，变量能被公因子说明的程度越高（越接近 1，说明公共因子已经解释说明了原有变量 X_i 的几乎全部信息）；特殊因子的方差，仅与变量 X_i 本身的变化有关。

（5）公共因子 F_j 的方差贡献——因子载荷矩阵中列的平方和。公共因子 F_j 的方差贡献定义为因子载荷矩阵 U 中第 j 列各元素的平方和。每个公因子对数据的解释能力，可以用该因子所解释的总方差来衡量，通常称为该因子的贡献，公因子 F_j 的贡献等于和该因子有关的因子载荷量的平方和，即：

$$S_j = \sum_{i=1}^{p} u_{ij}^2, \quad j = 1, 2, \cdots, m \tag{7-50}$$

其中，S_j 的统计意义与 X_i 的共同度 h_i^2 恰好相反，S_j 表示了第 j 个公因子 F_j 对 X 的所有分量 $X_1, X_2, \cdots, X_p$ 的总影响，称为公因子 F_j 对 X 的贡献，它是衡量公因子相对重要性的指标。显然，S_j 越大，表明 F_j 对 X 的贡献越大。如果计算载荷矩阵 U

的各列平方和，使相应的贡献有顺序，$S_1 \geqslant S_2 \geqslant \cdots \geqslant S_m$，即可以此为依据，提炼出最有影响的公因子。要解决此问题，关键是对载荷矩阵 U 的估计。

（三）因子载荷的估计方法

要建立某实际问题的因子分析模型，关键是要根据样本数据矩阵估计载荷矩阵 U（即求解初始因子，其主要目的是确定能够解释观测变量之间相互关系的最小因子个数）。根据所依据的准则不同，有很多种求因子解的方法，如主成分法、主因子法、最小二乘法、极大似然法、α 因子提取法等。下面介绍主成分法的具体步骤。

设随机向量 $X=(x_1,x_2,\cdots,x_p)'$的协差阵为 Σ，Σ 的特征根 $\lambda_1 \geqslant \lambda_2 \geqslant \cdots \geqslant \lambda_p > 0$，其相应的特征向量为 $a_1,a_2,\cdots a_p$（标准正交基），则：

$$\Sigma = A\begin{bmatrix} \lambda_1 & & 0 \\ & \ddots & \\ 0 & & \lambda_p \end{bmatrix}A' = \sum_{i=1}^{p} \lambda_i a_i a'_i = (\sqrt{\lambda_1}a_1,\cdots,\sqrt{\lambda_p}a_p)\begin{pmatrix} \sqrt{\lambda_1}a_1' \\ \vdots \\ \sqrt{\lambda_p}a_p' \end{pmatrix} \tag{7-51}$$

当公共因子 F_i 有 p 个时，特殊因子为 0，所以 X = UF，U 为因子载荷阵。

由式（7－51）有 $DX = var(UF) = Uvar(F)U' = UU'$，即 $\Sigma = UU'$，可知 U 为 $(\sqrt{\lambda_1}a_1,\cdots,\sqrt{\lambda_p}a_p)$，所以第 j 列因子载荷与相应的主成分系数 a_j 仅相差一个常数 $\sqrt{\lambda_j}$。实际应用时通常根据因子的累积贡献率大于 80% 或 85% 以上，决定所取因子的个数。

需要注意的是，对于其他确定因子载荷的方法而言，主成分法比较简单。但是由于这种方法所得的特殊因子 $\varepsilon_1,\varepsilon_2,\cdots,\varepsilon_P$ 之间并不相互独立，因此，用主成分法确定因子载荷可能会有相当大的误差。但是当共同度较大时，特殊因子所起的作用较小，因而特殊因子之间的相关性所带来的影响几乎可以忽略。在实际中，很多有经验的分析人员在进行因子分析时，总是先用主成分法进行分析，然后再尝试其他的方法。

（四）因子旋转

建立因子分析数学模型的目的不仅是为了找出公共因子，更重要的是要知道每个公共因子的意义，以便对实际问题进行分析。但若根据上述估计方法求出公因子解，其初始因子载荷阵并不满足“简单结构准则”，即各个公因子的典型代表变量不是很突出，容易使公共因子的意义含糊不清，不便于对实际背景进行解释，因此需要进行因子旋转。

例如，某个原有变量 X_i 可能同时与几个因子变量都有比较大的相关关系（或某

个原有变量 X_i 的信息需要由若干个因子变量来共同解释），虽然一个因子变量可能能够解释许多变量的信息，但它却只能解释某个变量的一少部分信息，不是任何一个变量的典型代表。这样的情况必然使得某个因子变量的实际含义模糊不清，而实际分析工作中，通常希望对因子变量的含义有比较清楚的认识。因此，因子分析试图通过某种手段使每个变量在尽可能少的因子上有比较高的载荷，即在理想状态下，让某个变量在某个因子上的载荷趋于1，而在其他因子上的载荷趋于0。经过因子旋转的过程，一个因子变量就能够成为某个变量的典型代表，使得其具有清晰的实际含义。

对因子载荷阵实行旋转，通过改变坐标轴的位置，重新分配各个因子所解释的方差的比例，使因子结构更简单、更易于解释，以期找到实际意义更为明确的公因子。其中，简单的因子结构指每个变量在尽可能少的因子上有比较高的负载。

因子旋转方法有正交旋转和斜交旋转两类，通常采用正交旋转方法。对公共因子作正交旋转就是对载荷矩阵 U 作正交变换，右乘正交矩阵 T，使得 UT 有更明显的实际意义。旋转以后的公共因子向量为 $F^* = T'F$，它的各个分量 F_1^*，F_2^*，…，F_m^* 也是互不相关的因子。根据正交矩阵 T 的不同选取方式，将构造不同的正交旋转的方法。在实践中，通常采用的方法是最大方差旋转法。

方差最大法的直观意义是希望通过因子旋转后，使每个因子上的负载尽可能地拉开距离，一部分变量的负载趋于（正负）1，另一部分变量的负载趋于0，解释因子时，这些小的负载一般可以略去不计。

在进行因子旋转后，需要计算因子得分。在分析中，往往更倾向于使用公共因子反映原始变量，这样更有利于描述研究对象的特征。将公共因子表示为变量（或样品）的线性组合，即：

$$
\begin{aligned}
F_1 &= \beta_{11}x_1 + \beta_{12}x_2 + \cdots + \beta_{1p}x_p \\
F_2 &= \beta_{21}x_1 + \beta_{22}x_2 + \cdots + \beta_{2p}x_p \\
&\cdots \\
F_m &= \beta_{m1}x_1 + \beta_{m2}x_2 + \cdots + \beta_{mp}x_p
\end{aligned}
\tag{7-52}
$$

式（7－52）为因子得分函数，可以计算每个样品的公因子得分。

估计因子得分的方法很多，常用的方法有汤姆生（Thompson）法和巴特莱特（Bartlett）法两种，这里主要介绍汤姆生因子得分。首先建立以公因子为因变量、原始变量为自变量的回归方程：

$$F_j = \beta_{j1}x_1 + \beta_{j2}x_2 + \cdots + \beta_{jp}x_p, j = 1, 2, \cdots, m \tag{7-53}$$

这里的原始变量与公因子变量均为标准化变量。其次，利用汤姆生法，可以得到 F 的估计值：

$$\hat{F} = U'R^{-1}X \tag{7-54}$$

其中，U 为因子载荷阵，R 为原始变量的相关阵，X 为原始变量向量矩阵。

最后，计算出每个样品的总因子得分，以此排序。

$$
\begin{aligned}
\text{总得分} = \quad & F_1 \times \frac{F_1\text{ 的方差贡献率}}{m\text{ 个因子的累计方差贡献率}} \\
& + F_2 \times \frac{F_2\text{ 的方差贡献率}}{m\text{ 个因子的累计方差贡献率}} \\
& \vdots \\
& + F_m \times \frac{F_m\text{ 的方差贡献率}}{m\text{ 个因子的累计方差贡献率}}
\end{aligned}
\tag{7-55}
$$

（五）因子分析的基本步骤

因子分析的核心问题有两个：一个是如何构造因子变量；另一个是如何对因子变量进行命名解释。因此，因子分析的基本步骤和解决思路就是围绕这两个核心问题展开的。

因子分析有以下四个基本步骤：

第一步，确认待分析的原有变量是否适合作因子分析；

第二步，构造因子变量（求解初始因子）；

第三步，利用旋转方法使因子变量更具有可解释性；

第四步，计算因子变量得分。

其中，最为关键的一步是判定原有变量是否具备进行因子分析的条件。因子分析的目的，是从原有众多的变量中综合出少量具有代表意义的因子变量，这必定有一个潜在的前提要求，即原有变量之间应具有较强的相关关系。如果原有变量之间不存在较强的相关关系，那么无法从中综合出能够反映某些变量共同特性的几个较少的公共因子变量。因此，一般在因子分析时，需要对原有变量进行相关分析。最简单的方法是计算变量之间的相关系数矩阵并进行统计检验，如果相关系数矩阵中的大部分相关系数都小于 0.3 且未通过统计检验，那么这些变量就不适合做因子分析。常用的判定待分析的原有变量是否适合作因子分析的方法为巴特利特球度检验与 KMO 统计量判定方法。

巴特利特球度检验是以变量的相关系数矩阵为出发点。它的零假设 H_0 是相关系数矩阵是一个单位阵，即相关系数矩阵对角线上的所有元素都为 1，所有非对角线上的元素都为零。巴特利特球度检验的统计量根据相关系数矩阵的行列式计算得到，如果该统计量值比较大，且其对应的相伴概率值小于用户心中的显著性水平，则应拒绝 H_0，认为相关系数矩阵不太可能是单位阵，适合作因子分析；相反，如果该统计量值比较小，且其对应的相伴概率值大于用户心中的显著性水平，则不能拒绝 H_0，可以认为相关系数矩阵可能是单位阵，不适合作因子分析。

KMO 统计量是用于比较变量间简单相关系数和偏相关系数的一个指标，计算公式如下：

$$KMO = \frac{\sum\sum_{i\neq j} r_{ij}^2}{\sum\sum_{i\neq j} r_{ij}^2 + \sum\sum_{i\neq j} p_{ij}^2} \tag{7-56}$$

其中，r_{ij}是变量和变量之间的简单相关系数，p_{ij}是它们之间的偏相关系数。可见，KMO 统计量的取值在 0 和 1 之间，当所有变量之间的简单相关系数平方和远远大于偏相关系数平方和时，KMO 值接近 1。KMO 值越接近 1，则越适合作因子分析，KMO 越小，则越不适合作因子分析。Kaiser 给出了一个 KMO 的度量标准，即为 0.9 以上为非常适合，0.7 ~0.9 为适合，0.6 ~0.7 为一般，0.5 ~0.6 为不太适合，0.5 以下为不适合。

本知识点微课视频二维码

二、因子分析实验案例

在一项对消费者购买牙膏偏好的调查中，通过拦截访问 30 名消费者，用 7 级量表询问访者对以下陈述的认同程度（1 表示非常不同意，7 表示非常同意）。试采用因子分析的方法对影响消费者购买牙膏的偏好进行探讨。

X1：购买预防蛀牙的牙膏是重要的；

X2：我喜欢使用牙齿亮泽的牙膏；

X3：牙膏应当保护牙龈；

X4：我喜欢使用口气清新的牙膏；

X5：预防坏牙不是牙膏提供的一项重要利益；

X6：购买牙膏时最重要的考虑是富有魅力的牙齿。

操作步骤与结果分析：

1. 读入数据集并判定数据是否适合进行因子分析

```
#读入数据并命名为 data2
library(openxlsx)
data2 <- read.xlsx("C:\\牙膏偏好调查.xlsx",rows = 1:31, cols = 1:6 )
#KMO 统计量判定方法
KMO(r = cor(data2))
```

Kaiser - Meyer - Olkin factor adequacy

Call: KMO (r = cor (data2))

Overall MSA = 0.66

MSA for each item =

X1	X2	X3	X4	X5	X6
0.62	0.70	0.68	0.64	0.77	0.56

可以得出，KMO统计量值为0.66，大于因子分析要求的KMO值在0.5以上，因此判定数据集可以进行因子分析。

2. 计算变量的相关系数并生成矩阵

```
#计算变量的相关系数
data2_cor <- cor(data2)
#生成相关系数矩阵
R = matrix(data2_cor,nrow =6)
```

3. 求特征值和特征向量

```
#求特征值和特征向量
eigen_ = eigen(R)
lambda = eigen_$values
vectors = eigen_$vectors
```

4. 输出其方差解释以及累计方差和

```
#计算方差解释
p = nrow(R)
score = rep(0,p)
for(i in 1:p){
  score[i] = lambda[i]/p
  }
cum.score = cumsum(score)
Score
#绘制碎石图
plot(score,type ='b',lty =3,pch =19,main ='scree plot')
```

输出的方差解释为：

[1]　0.45519806　0.36968654　0.07359965　0.05687627　0.03043804
0.01420144

得到的碎石图如图 7 -7 所示。

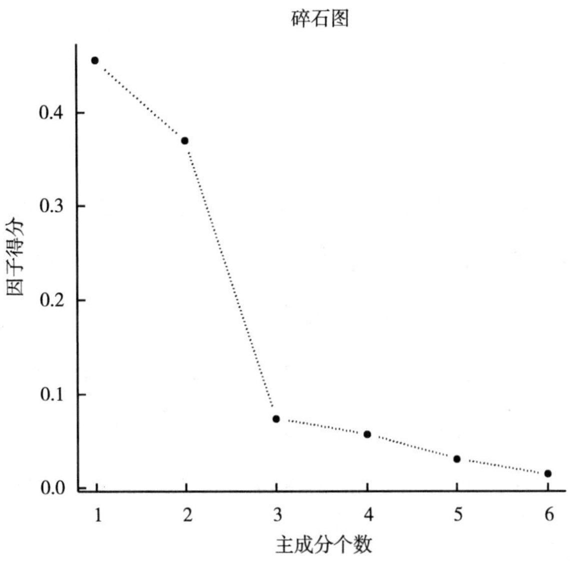

图 7 -7　碎石图

由碎石图，选取前三个主成分，即 m =3。

5. 构造因子载荷矩阵

```
#生成因子载荷矩阵
L_1 = sqrt(lambda[1]) * vectors[,1]
L_2 = lambda[2] * vectors[,2]
L_3 = lambda[3] * vectors[,3]
L = cbind(L_1,L_2,L_3)
L
```

	L_1	L_2	L_3
[1,]	0.9283425	-0.3771421	-0.005125471
[2,]	-0.3005297	-1.1843932	0.304973415
[3,]	0.9361812	-0.1949382	0.069625934
[4,]	-0.3415817	-1.1750352	-0.301005306
[5,]	-0.8687553	0.5224497	0.078942364
[6,]	-0.1766389	-1.2974465	0.017023500

6. 生成残差矩阵

```
#生成残差矩阵
phi = diag(R - L%*%t(L))
E = R - (L%*%t(L)) - phi
E
```

	[,1]	[,2]	[,3]	[,4]	[,5]	[,6]
[1,]	0.0000000	-0.2152625	-0.06508691	-0.2096732	0.15039047	-0.3170026
[2,]	0.3667695	0.0000000	0.46032689	-0.2442343	0.93948354	-0.3683846
[3,]	-0.1498852	-0.2065034	0.00000000	-0.2168232	0.05109722	-0.1875260
[4,]	0.3742345	-0.2423585	0.45188293	0.0000000	0.92231605	-0.3513028
[5,]	0.1802296	0.3872907	0.16573468	0.3682474	0.00000000	0.4205690
[6,]	0.3937737	-0.2396404	0.60804854	-0.2244343	1.10150609	0.0000000

7. 确定因子数量

```
library(psych)
#数据标准化
X = scale(data2,center = T,scale = T)
#确定因子数量
m = fa.parallel(X)
m$nfact
```

输出结果:

Parallel analysis suggests that the number of factors = 2 and the number of components = 2

There were 30 warnings (use warnings () to see them)

[1] 2

得到因子数量为 2 个。

8. 因子旋转并输出因子载荷矩阵

```
#设置因子旋转
x.fa2 = fa(X,nfactors = 2,fm = 'mle',rotate = 'varimax')
round(x.fa2$loadings,2)
```

输出结果：

	ML1	ML2
X1	0.97	
X2		0.75
X3	0.90	-0.14
X4	0.78	
X5	-0.89	
X6		0.83

	ML1	ML2
SS loadings	2.554	1.888
Proportion Var	0.426	0.315
Cumulative Var	0.426	0.740

可以看出，目前方差累计解释为74%，并且可以根据因子载荷矩阵，将两个因子用变量表示。

$$F1 = 0.97X1 + 0.90X3 - 0.89X5$$
$$F2 = 0.75X2 - 0.14X3 + 0.78X4 + 0.83X6$$

9. 因子划分

```
#生成因子划分结果
fa.diagram(x.fa2)
```

因子划分结果如图7-8所示。因子1在X1（预防蛀牙）、X3（保护牙龈）、X5（预防坏牙）上的载荷较大，可解释为“护牙因子”；因子2在X2（牙齿亮泽）、X4（口气清新）、X6（富有魅力）上的载荷较大，可解释为“美牙因子”。

本知识点微课视频二维码

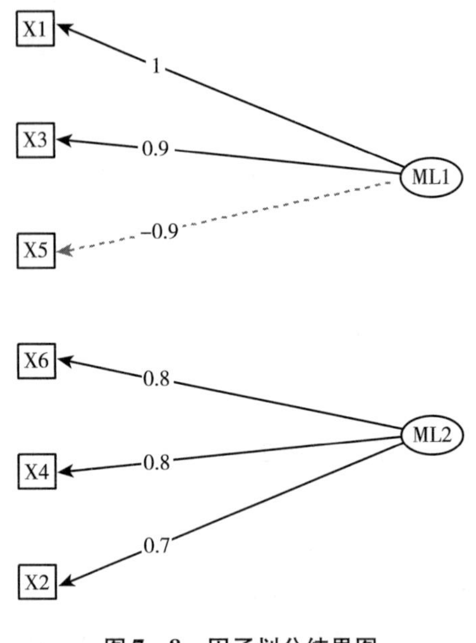

图 7-8　因子划分结果图

思考练习

1. 聚类分析有哪些适用场景?

在商业领域，聚类分析被用来发现不同的客户群，并且通过购买模式刻画不同的客户群的特征；它是细分市场的有效工具，同时也可用于研究消费者行为，寻找新的潜在市场、选择实验的市场，并作为多元分析的预处理。

在生物地理领域，聚类分析被用作动植物分类和对基因进行分类，获取对种群固有结构的认识。

在保险行业领域，聚类分析通过用户的平均消费来鉴定汽车保险单持有者的分组，或根据住宅类型、价值、地理位置来鉴定一个城市的房产分组。

在因特网与电子商务领域，聚类分析被用来在网上进行文档归类来修复信息；聚类分析可以对网站进行数据挖掘，通过分组聚类出具有相似浏览行为的客户，并分析客户的共同特征，更好地帮助电子商务的用户了解自己的客户，向客户提供更合适的服务。

2. 同样是利用降维思想，因子分析与主成分分析的区别和联系是什么?

首先，主成分分析不能作为一个模型来描述，它只是通常的变量变换；而因子分析需要构造因子模型。

其次，主成分分析中主成分的个数和变量的个数 P 相同，它是将一组具有相关性的变量变换为一组独立的变量［注意应用主成分分析解决实际问题时，一般只选取前 m(m < p)个主成分］；而因子分析的目的是要用尽可能少的公因子，以便构造一个结构简单的因子模型。

最后，主成分分析是将主成分表示为可观测的原变量的线性组合；而因子分析是将原始变量表示为公因子和特殊因子的线性组合。

鉴于主成分分析现实含义的解释缺陷，对主成分分析方法进行扩展，得到因子分析方法。因子分析在提取公因子时，不仅注意变量之间是否相关，而且考虑相关关系的强弱，使得提取出来的公因子不仅起到降维的作用，而且能够被合理解释。因此，因子分析与主成分分析是包含与扩展的关系。

3.（使用 R 软件实现）现有 5 个样本，每个样本只有一个指标，分别为 1，2，6，8，11，样本间的距离选用 Euclide 距离，用最短距离法，最长距离法等进行聚类分析，画出相应的树状图。

4.（使用 R 软件实现）1999 年全国 31 个省市自治区的城镇居民全年消费性支出的八个主要指标，这八个变量分别是 x1（食品）、x2（衣着）、x3（家庭设备用品及服务）、x4（医疗保健）、x5（交通与通信）、x6（娱乐教育文化服务）、x7（居住）、x8（杂项）。数据集构造命令已给出，分别用最长距离法与类平均法对各地区做聚类分析。

x <- data. frame(

x1 = c(2959. 19，2459. 77，1495. 63，1046. 33，1303. 97，1730. 84，1561. 86，1410. 11，3712. 31，2207. 58，2629. 16，1844. 78，2709. 46，1563. 78，1675. 75，1427. 65，1783. 43，1942. 23，3055. 17，2033. 87，2057. 86，2303. 29，1974. 28，1673. 82,2194. 25，2646. 61，1472. 95，1525. 57，1654. 69，1375. 46,1608. 82)，

x2 = c(730. 79，495. 47，515. 90，477. 77，524. 29，553. 90，492. 42，510. 71，550. 74，449. 37，557. 32，430. 29，428. 11，303. 65，613. 32，431. 79，511. 88，512. 27，353. 23，300. 82，186. 44，589. 99，507. 76，437. 75，537. 01，839. 70，390. 89，472. 98,437. 77，480. 99，536. 05)，

x3 = c(749. 41，697. 33，362. 37，290. 15，254. 83，246. 91，200. 49，211. 88，893. 37，572. 40，689. 73，271. 28，334. 12，233. 81，550. 71，288. 55，282. 84，401. 39，564. 56，338. 65，202. 72，516. 21，344. 79，461. 61，369. 07，204. 44，447. 95，328. 90,258. 78，273. 84，432. 46)，

x4 = c(513. 34，302. 87，285. 32，208. 57，192. 17，279. 81，218. 36，277. 11，346. 93，211. 92，435. 69，126. 33，160. 77，107. 90，219. 79，208. 14，201. 01，206. 06，356. 27，157. 78，171. 79，236. 55，203. 21，153. 32，249. 54，209. 11，259. 51，219. 86，303. 00，317. 32，235. 82)，

x5 = c(467. 87，284. 19，272. 95，201. 50，249. 81，239. 18，220. 69，224. 65，

527.00, 302.09, 514.66, 250.56, 405.14, 209.70, 272.59, 217.00, 237.60, 321.29, 811.88, 329.06, 329.65, 403.92, 240.24, 254.66, 290.84, 379.30, 230.61, 206.65, 244.93, 251.08, 250.28),

x6 = c(1141.82, 735.97, 540.58, 414.72, 463.09, 445.20, 459.62, 376.82, 1034.98, 585.23, 795.87, 513.18, 461.67, 393.99, 599.43, 337.76, 617.74, 697.22, 873.06, 621.74, 477.17, 730.05, 575.10, 445.59, 561.91, 371.04, 490.90, 449.69, 479.53, 424.75, 541.30),

x7 = c(478.42, 570.84, 364.91, 281.84, 287.87, 330.24, 360.48, 317.61, 720.33, 429.77, 575.76, 314.00, 535.13, 509.39, 371.62, 421.31, 523.52, 492.60, 1082.82, 587.02, 312.93, 438.41, 430.36, 346.11, 407.70, 269.59, 469.10, 249.66, 288.56, 228.73, 344.85),

x8 = c(457.64, 305.08, 188.63, 212.10, 192.96, 163.86, 147.76, 152.85, 462.03, 252.54, 323.36, 151.39, 232.29, 160.12, 211.84, 165.32, 182.52, 226.45, 420.81, 218.27, 279.19, 225.80, 223.46, 191.48, 330.95, 389.33, 191.34, 228.19, 236.51, 195.93, 214.40),

row. names = c("Beijing","Tianjin","Hebei","shanxi1","neimeng","liaoning","jilin","heilongjiang","shanghai","jiangsu","zhejiang","Anhui","Fujian","Jiangxi","Shandong","Henan","Hubei","Hunan","Guandong","Guangxi","Hainan","Chongqing","Sichuan","Guizhou","Yunnan","Xizang","Shanxi3","Gansu","Qinghai","Ningxia","Xinjiang"))

5. (使用 R 软件实现) 在某中学随机抽取某年级 30 名学生，测量其身高 (X1)、体重 (X2)、胸围 (X3) 和坐高 (X4)，数据如表 7 - 2 所示。试对这 30 名中学生身体四项指标数据做主成分分析。

表 7 - 2　　　　30 名学生身体素质数据

编号	1	2	3	4	5	6	7	8	9	10
X1	148	139	160	149	159	142	153	150	151	139
X2	41	34	49	36	45	31	43	43	42	31
X3	72	71	77	67	80	66	76	77	77	68
X4	78	76	86	79	86	76	83	79	80	74
编号	11	12	13	14	15	16	17	18	19	20
X1	140	161	158	140	137	152	149	145	160	156
X2	29	47	49	33	31	35	47	35	47	44
X3	64	78	78	67	66	73	82	70	74	78
X4	74	84	83	77	73	79	79	77	87	85

续表

编号	21	22	23	24	25	26	27	28	29	30
X1	151	147	157	147	157	151	144	141	139	148
X2	42	38	39	30	48	36	36	30	82	38
X3	73	73	68	65	80	74	68	67	68	70
X4	82	78	80	75	88	80	76	76	73	78

6. （使用 R 软件实现）现有 20 名应聘者应聘某公司的某职位，公司为这些应聘者的 15 项指标进行打分，其指标与得分情况见表 7 – 3。运用因子分析的方法对 15 项指标进行因子分析，并选取 5 个因子。

表 7 – 3　　　　20 名应聘者指标与得分情况

指标	应聘者编号									
	A1	A2	A3	A4	A5	A6	A7	A8	A9	A10
FL	6	9	7	5	6	7	9	9	9	4
APP	7	10	8	6	8	7	9	9	9	7
AA	2	5	3	8	8	7	8	9	7	10
LA	5	8	6	5	8	6	8	8	8	2
SC	8	10	9	6	4	8	8	9	8	10
LC	7	9	8	5	4	7	8	9	8	10
HON	8	9	9	9	9	10	8	8	8	7
SMS	8	10	7	2	5	5	8	8	5	10
EXP	3	5	4	8	8	9	10	10	9	3
DRV	8	9	9	4	5	6	8	9	8	10
AMB	9	9	9	5	5	5	10	10	9	10
GSP	7	8	8	8	8	8	8	9	8	10
POT	5	8	6	7	8	6	9	9	8	9
KJ	7	8	8	6	7	6	8	9	8	3
SUIT	10	10	10	5	7	6	10	10	10	10

指标	应聘者编号									
	A11	A12	A13	A14	A15	A16	A17	A18	A19	A20
FL	4	4	6	8	4	6	8	6	6	4
APP	7	7	9	9	8	9	7	8	7	8
AA	10	10	8	8	8	6	7	8	8	7
LA	0	4	10	9	7	7	7	4	4	8
SC	10	10	5	6	5	8	9	8	7	8
LC	8	10	4	3	4	9	5	8	8	9
HON	3	7	9	8	10	8	8	6	5	10
SMS	9	8	4	2	2	9	6	4	4	5
EXP	5	2	4	5	7	8	6	3	4	2

续表

指标	应聘者编号									
	A11	A12	A13	A14	A15	A16	A17	A18	A19	A20
FL	4	4	6	8	4	6	8	6	6	4
DRV	9	8	4	2	5	8	7	3	2	6
AMB	10	8	5	6	3	7	8	6	6	7
GSP	8	10	4	6	6	6	6	7	8	9
POT	10	10	7	7	6	8	6	2	3	8
KJ	2	3	6	5	4	6	7	6	5	8
SUIT	5	7	8	6	6	10	8	4	4	9

注：15 项指标自上至下分别为申请书的形式、外貌、专业能力、讨人喜欢、自信心、精明、诚实、推销能力、经验、积极性、抱负、理解能力、潜力、交际能力和适应性。

第八章
机器学习实验

第一节　机器学习概述

一、什么是机器学习

举个常见的例子，唐诗《占雨》有“朝霞不出门，暮霞行千里”的诗句，说的是如果早晨看到红霞，这一天估计要下雨，所以不能出门；如果是傍晚看到红霞，意味着第二天是晴天，可以外出。这个例子背后有水汽与天气的自然科学原理，但是在唐代，人们还不能清楚地解释其背后蕴含的具体自然科学原理，只能是根据日常生活中多年的经验总结归纳出来这样的规律。根据归纳学习到的经验，作为人们今后日常出行决定的参考。

上面对经验的学习和利用是靠人类自身完成的。现在是信息化快速发展的数字时代，计算机能帮上什么忙吗？机器学习就是这样的一门学科，机器学习通过对数据的学习，总结经验，然后用学到的经验进行决策。机器学习是从给定的训练数据集中学习出一个模型，总结规律，当有了新的数据时，可以运用学习得到的模型来进行预测。

二、机器学习分类

机器学习可以简单地分为监督学习、无监督学习。

监督学习的数据集要求包括输入和输出，也可以说是特征和目标，数据集中的目标是事先标注的。以“是否愿意生二孩”为例，有 100 个 18 ~49 岁已生育一胎育龄女性的观测，有年龄、幸福感自评、经济自评、每周工作时长、学历、一孩性别 6 个变量作为输入；是否愿意生二孩作为输出。变量说明如表 8 -1 所示。

表 8－1　　　　　　“是否愿意生二孩”数据变量说明

变量	变量取值选项说明
是否愿意生二孩	愿意，不愿意
年龄	18～29 岁，30～39 岁，40～49 岁
幸福感自评	幸福，一般，不幸福
经济自评	低于平均，中等，高于平均
每周工作时长	20 小时以下，20～40 小时，40 小时以上
学历	大学以下，大学，研究生及以上
一孩性别	男，女

机器学习就是根据这 100 个育龄女性受访者的数据学习出一个模型，将来面对一个未接受访问的已有一个孩子的育龄女性，观察出这位女性相应的 6 个变量数据特征，然后就可以使用之前学习得到的模型来判断她是否愿意生育二孩。例如，这个没接受过访问的育龄女性的 6 个特征分别是 18～29 岁、幸福、经济自评中等、每周工作时间大于 40 小时、研究生学历、第一个孩子是男孩，根据学习得到的模型预测为“不愿意生育二孩”。

无监督学习中输入数据没有被标记，这里讲的没有被标记指的是没有像上例中“是否愿意生育二孩”这样的一个结果，也就是没有确定的输出结果。分类和回归是监督学习的代表，聚类是无监督学习的代表。前面举例中把育龄女性分为“愿意生育二孩、不愿意生育二孩”就是分类，而如果每个人生育二孩的意愿标记上倾向概率 0.85、0.67、0.34……这就是回归。而如果没有最后“是否愿意生育二孩”这一标记的话，只有关于年龄、性别、年收入、每周工作时长、学历、第一胎孩子性别 6 个变量的话，任务是对 500 个育龄女性进行聚类，如聚成“本地人口、流动人口”这样的类别，注意在聚类学习中“本地人口、流动人口”这样的概念事先是不知道的，已知的 6 个变量中没有这个标记信息。这样的聚类就是无监督学习。聚类是无监督学习的代表。本章主要讨论监督学习。

本知识点微课视频二维码

第二节　决策树分析实验

决策树算法是机器学习中较为直观、容易解释的经典算法。

一、决策树分析原理

（一）决策树概述

决策树（decision tree）是一种基本的分类与回归方法，当决策树用于分类时称为分类树，用于回归时称为回归树。

决策树是基于树结构来进行决策的，这恰是人类在面临决策问题时一种很自然的处理机制。所以决策树模型是比较好解释的模型。例如，对“亲戚介绍的相亲对象要不要见面?”这样的问题进行决策时，通常会进行一系列的判断或“子决策”：大家可能先看“年龄”，如果是年龄大于30岁的，不见；如果年龄小于等于30岁，则再看“长相”。如果长相丑，则不见；如果长相帅或者中等，则再看“收入”，如果收入高，见；如果收入低，不见；如果收入中等，则再看是否是公务员。如果是公务员，见；如果不是公务员，则不见。如图8－1所示，这一系列的判断就形成了一棵决策树。

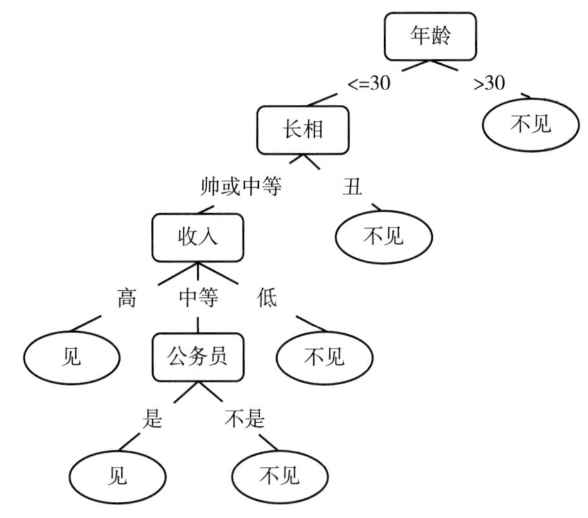

图8－1 “亲戚介绍的相亲对象要不要见面?”决策树

资料来源：https：//blog. csdn. net/qiujiahao123/article/details/62891478。

决策树由结点和有向边组成。结点有内部结点和叶结点两种类型，其中内部结点表示一个特征或属性，叶结点表示一个类。一般地，一棵决策树包含一个根结点、若干个内部结点和若干个叶结点。如图8－1所示，叶结点就是“见或不见”，叶结点对应于决策结果，其他每个结点则对应于一个属性测试。每个结点包含的样本集合根据属性测试的结果被划分到子结点中，根结点包含样本全集，从根结点到每个叶结点的路径对应了一个判定测试序列。图8－1中，方框表示内部结点，椭圆框

“见或不见”表示叶结点。决策树学习的目的是为了产生一棵泛化能力强，即处理未见示例能力强的决策树。

（二）划分选择

如何选择最优划分属性。一般而言，随着划分过程不断进行，希望决策树的分支结点所包含的样本尽可能属于同一类别，即结点的“纯度”越来越高。

例如前面的“亲戚介绍的相亲对象要不要见面?”决策树图片中，为什么根结点是年龄？而不是收入或者长相？决策树中对分支节点的选择是希望所选择的划分属性能够带来“纯度提升”越大。

这里需要先了解下面四个概念。

1. 信息熵

“信息熵”是度量样本集合纯度最常用的一种指标。熵是热力学中的概念，其物理意义是体系混乱程度的度量。假定当前样本集合 D 中第 k 类样本所占的比例为 p_k，$|y|$表示集合 y 中元素的个数，即目标变量表现有几类，则 D 的信息熵定义为如下公式：

$$\mathrm{Ent}(D) = -\sum_{k=1}^{|y|} p_k \log_2 p_k$$

这里是以 2 为底取对数，也有教材中以常数 e 为底取对数。

信息熵的值越小，则 D 的纯度越高。

2. 信息增益

假定离散属性 a 有 v 个可能的取值$\{a^1, a^2, \cdots, a^v\}$，若使用 a 来对样本集 D 进行划分，则会产生 v 个分支结点，其中第 v 个分支结点包含了 D 中所有在属性 a 上取值为 a^v 的样本，记为 D^v。可根据信息熵公式计算出 D^v 的信息熵，再考虑到不同的分支结点所包含的样本数不同，给分支结点赋予权重，样本数越多的分支结点的影响越大，于是可计算出用属性 a 对样本集 D 进行划分所获得的“信息增益”，具体公式如下：

$$\mathrm{Gain}(D,a) = \mathrm{Ent}(D) - \sum_{v=1}^{v} \frac{|D^v|}{|D|}\mathrm{Ent}(D^v)$$

一般而言，信息增益越大，则意味着使用该属性来进行划分所获得的“纯度提升”越大。因此，可用信息增益来进行决策树的划分属性选择。著名的 ID3 决策树学习算法就是以信息增益准则来选择划分属性。

以表 8－2 为例，该数据集包含 17 个训练样例，用以学习人们愿不愿意生二孩的决策树。显然集合 y 中元素的个数为 2，只有愿意或不愿意 2 种表现。在决策树学习开始时，根结点包含 D 中的所有样例，正例指愿意生育二孩，反例指不愿意，

其中正例占 $p_1=\frac{9}{17}$，反例占 $p_2=\frac{8}{17}$。于是，根据信息熵公式可计算出根结点的信息熵为 0.998。

$$\text{Ent}(D) = -\sum_{k=1}^{2} p_k \log_2 p_k = -\left(\frac{9}{17}\log_2\frac{9}{17}+\frac{8}{17}\log_2\frac{8}{17}\right) = 0.998$$

表 8－2　　　　　　　　　　　　　二孩生育意愿数据集

编号	一孩性别	年龄（岁）	幸福感自评	经济自评	每周工作时长（小时）	学历	是否愿意生育二孩
1	男	18～29	幸福	低于平均	20～40	大学以下	不愿意
2	男	18～29	幸福	低于平均	<20	大学	愿意
3	女	30～39	幸福	低于平均	20～40	大学以下	愿意
4	女	40～49	幸福	低于平均	>40	研究生及以上	不愿意
5	男	18～29	一般	低于平均	20～40	大学以下	不愿意
6	男	30～39	一般	低于平均	<20	大学	不愿意
7	男	18～29	幸福	高于平均	<20	大学以下	愿意
8	男	40～49	幸福	高于平均	>40	研究生及以上	愿意
9	女	40～49	不幸福	高于平均	<20	大学以下	不愿意
10	男	18～29	一般	高于平均	20～40	大学	不愿意
11	男	40～49	幸福	高于平均	<20	大学以下	愿意
12	男	18～29	幸福	中等	<20	大学	不愿意
13	男	18～29	幸福	中等	<20	大学以下	愿意
14	女	30～39	一般	中等	<20	大学以下	愿意
15	男	30～39	幸福	中等	20～40	大学以下	愿意
16	男	30～39	一般	中等	>40	大学	不愿意
17	女	30～39	幸福	中等	20～40	大学以下	愿意

然后，计算出当前属性集合｛经济自评，每周工作时长，学历，幸福感自评，年龄，一孩性别｝中每个属性的信息增益。以属性“幸福感自评”为例，它有 3 个可能的取值：｛不幸福，一般，幸福｝。若使用该属性对 D 进行划分，则可得到 3 个子集，分别记为：D^1（幸福感自评 = 不幸福），D^2（幸福感自评 = 一般），D^3（幸福感自评 = 幸福）。子集 D^1 包含编号为｛9｝的 1 个样例，正例愿意生育二孩，占 $p_1=0$，反例不愿意生育二孩有 1 例，占 $p_2=1$；D^2 包含编号为｛5，6，10，14，16｝的 5 个样例，其中 1 例愿意，4 例不愿意，正、反例分别占 $p_1=\frac{1}{5}$，$p_2=\frac{4}{5}$；D^3 包含编号为｛1，2，3，4，7，8，11，12，13，15，17｝的 11 个样例，其中正、反例分别占 $p_1=\frac{8}{11}$，$p_2=\frac{3}{11}$。根据信息熵计算公式，可计算出用“幸福感自评”划

分之后所获得的3个分支结点的信息熵为：

$$\mathrm{Ent}(D^1) = -(0 + 1 \times \log_2 1) = 0$$

$$\mathrm{Ent}(D^2) = -\left(\frac{1}{5}\log_2\frac{1}{5} + \frac{4}{5}\log_2\frac{4}{5}\right) = 0.722$$

$$\mathrm{Ent}(D^3) = -\left(\frac{8}{11}\log_2\frac{8}{11} + \frac{3}{11}\log_2\frac{3}{11}\right) = 0.845$$

D^1 的信息熵是0，D^2 的信息熵是0.722，D^3 的信息熵是0.845，D^3 是三种幸福感自评等级中无序程度较大的。

如果分支节点的信息熵为1，这个时候实际上是无序程度最大的，即样例中有一半是正例，一半是反例。若如 D^1 样例中，全是正例或者全是反例，则信息熵为0，因为此时纯度已经最高了。

于是，根据信息增益计算公式，可计算出属性“幸福感自评”的信息增益为0.239。

$$\begin{aligned}\mathrm{Gain}(D,\text{幸福感自评}) &= \mathrm{Ent}(D) - \sum_{v=1}^{3}\frac{|D^v|}{|D|}\mathrm{Ent}(D^v)\\ &= 0.998 - \left(\frac{1}{17}\times 0 + \frac{5}{17}\times 0.722 + \frac{11}{17}\times 0.845\right)\\ &= 0.239\end{aligned}$$

类似地，可计算出其他属性的信息增益：

$$\mathrm{Gain}(D,\text{每周工作时长}) = 0.034$$

$$\mathrm{Gain}(D,\text{学历}) = 0.150$$

$$\mathrm{Gain}(D,\text{经济自评}) = 0.064$$

$$\mathrm{Gain}(D,\text{年龄}) = 0.033$$

$$\mathrm{Gain}(D,\text{一孩性别}) = 0.007$$

显然，属性“幸福感自评”的信息增益最大，于是它被选为划分属性。图8-2给出了基于“幸福感自评”对根结点进行划分的结果，各分支结点所包含的样例子集显示在结点中。

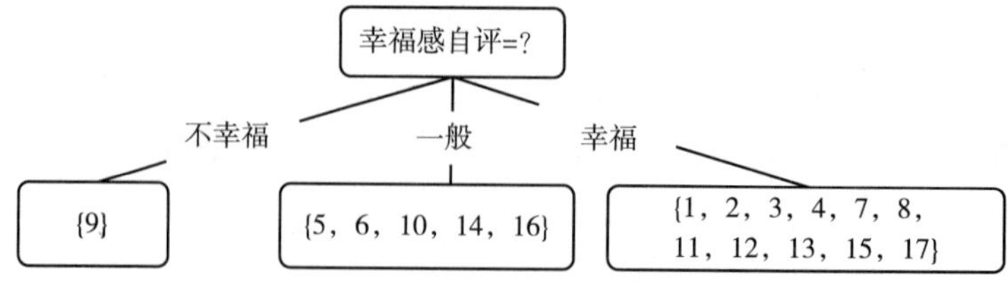

图8-2　基于“幸福感自评”属性对根结点划分结果

然后，决策树学习算法将对每个分支结点做进一步划分。以图 8－2 中第三个分支结点 D^3（幸福感自评＝幸福）为例，该结点包含的样例集合 D^1 有编号为｛1，2，3，4，7，8，11，12，13，15，17｝的 11 个样例，可用属性集合为｛经济自评，每周工作时长，学历，年龄，一孩性别｝。基于 D^3 计算出各属性的信息增益：

$$\text{Gain}(D^3,\text{经济自评}) = 0.186$$
$$\text{Gain}(D^3,\text{每周工作时长}) = 0.040$$
$$\text{Gain}(D^3,\text{学历}) = 0.105$$
$$\text{Gain}(D^3,\text{年龄}) = 0.153$$
$$\text{Gain}(D^3,\text{一孩性别}) = 0.005$$

“经济自评”取得了较大的信息增益，可选其作为划分属性，若有两个或以上的属性有相同的信息增益，可任选其中之一作为划分属性。

类似的，对每个分支结点进行上述操作，最终得到决策树如图 8－3 所示。

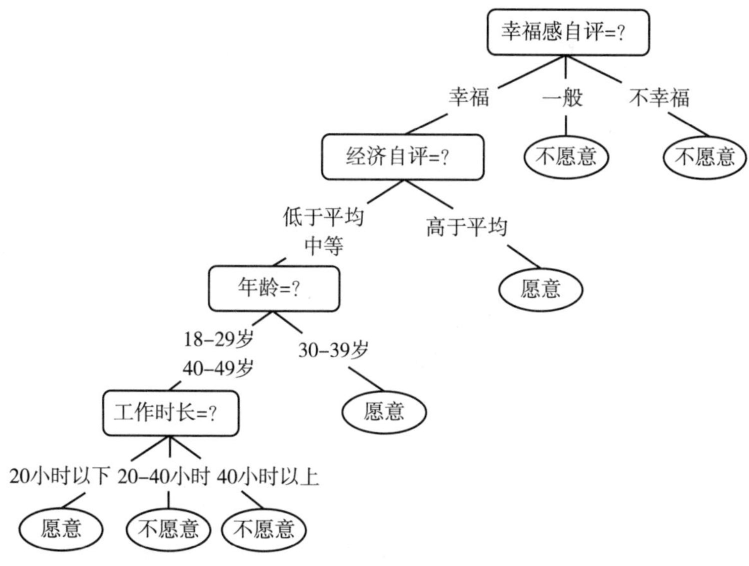

图 8－3　基于信息增益生成的决策树图

3. 增益率

实际上，信息增益准则对可取值数目较多的属性有所偏好，为减少这种偏好可能带来的不利影响，著名的 C4.5 决策树算法不直接使用信息增益，而是使用“增益率”（gain ratio）来选择最优划分属性。增益率定义公式如下：

$$\text{Gain}_{\text{ratio}(D,a)} = \frac{\text{Gain}(D,a)}{\text{IV}(a)}$$

$$\text{IV}(a) = -\sum_{v=1}^{v} \frac{|D^v|}{|D|}\log_2 \frac{|D^v|}{|D|}$$

其中，IV(a)称为属性 a 的“固有值”（intrinsic value）。属性 a 的可能取值数目越多（即 V 越大），则 IV(a)的值通常会越大。例如，对二孩生育意愿数据集，有：

$$\mathrm{IV}(\text{一孩性别})=0.971(V=2)$$
$$\mathrm{IV}(\text{经济自评})=1.337(V=3)$$
$$\mathrm{IV}(\text{编号})=4.088(V=17)$$

这里如果把数据集中的“编号”也作为一个候选划分属性，则可计算出它的信息增益为 0.993，远大于其他候选划分属性。这很容易理解：“编号”将产生 17 个分支，每个分支结点仅包含一个样本，这些分支结点的纯度已达最大。然而，这样的决策树显然不具有泛化能力，无法对新样本进行有效预测。

需注意的是，增益率准则对可取值数目较少的属性有所偏好，因此，C4.5 算法并不是直接选择增益率最大的候选划分属性，而是使用了一个启发式：先从候选划分属性中找出信息增益高于平均水平的属性，再从中选择增益率最高的。

4. 基尼指数

CART 决策树使用“基尼指数”（Gini index）来选择划分属性。数据集 D 的纯度可用基尼值来度量，公式如下：

$$\begin{aligned}\mathrm{Gini}(D) &= \sum_{k=1}^{|y|}\sum_{k'\neq k}P_kP_{k'}\\ &= 1-\sum_{k=1}^{|y|}p_k^2\end{aligned}$$

直观来说，Gini(D)反映了从数据集 D 中随机抽取两个样本，其类别标记不一致的概率，因此，Gini(D)越小，则数据集 D 的纯度越高。

属性 a 的基尼指数定义公式如下：

$$\mathrm{Gini}_{\mathrm{index}(D,a)} = \sum_{v=1}^{v}\frac{|D^v|}{|D|}\mathrm{Gini}(D^v)$$

于是，在候选属性集合 A 中，选择那个使得划分后基尼指数最小的属性作为最优划分属性，即：

$$a_* = \underset{a\in A}{\mathrm{argmin}}\,\mathrm{Gini}_{\mathrm{index}(D,a)}$$

（三）剪枝处理

剪枝（pruning）是决策树学习算法对付“过拟合”的主要手段。在决策树学习中，为了尽可能正确地分类训练样本，结点划分过程将不断重复，有时会造成决策树分支过多，这时就可能因训练样本学得“太好”了，会把训练集自身的一些特点当作所有数据都具有的一般性质而导致过拟合。因此，可通过主动去掉一些分支来降低过拟合的风险。

决策树剪枝的基本策略有“预剪枝”和“后剪枝”。预剪枝是指在决策树生成过程中，对每个结点在划分前先进行估计，若当前结点的划分不能带来决策树泛化性能提升，则停止划分并将当前结点标记为叶结点；后剪枝则是先从训练集生成一棵完整的决策树，自底向上地对非叶结点进行考察，若将该结点对应的子树替换为叶结点能带来决策树泛化性能提升，则将该子树替换为叶结点。

本知识点微课视频二维码

二、决策树分析实验案例

（一）数据业务理解

以 adult 数据为例，该数据来源于美国加州大学尔湾分校的机器学习数据库（https：//archive. ics. uci. edu/ml/datasets/Adult），该数据是机器学习常用的数据之一，数据文件可在该网站下载使用，数据的相关说明也可以在该网站浏览。从网页可以看到该数据的相关信息，如数据来源、研究领域和任务、数据量的大小、是否有缺失值、网页的点击量等。

在将来的实际数据分析工作中，一开始最重要的就是了解数据，也就是本节讲的数据业务理解。因为只有了解了数据，才能清楚地认识到有哪些数据，变量的类型和具体表现是什么样的，只有这样才能判断可以用哪些机器学习方法，描述统计适宜用什么样的图形来展示。

adult 数据来自美国 1994 年人口普查数据，共有 48842 个观测，训练集共有 32561 个观测，测试集共有 16281 个观测。机器学习中训练集用来训练模型，测试集则用来评估模型的预测能力等。该数据共 15 个变量，其中，6 个连续性变量，9 个名义变量。各变量名见表 8－3，最后一个变量 class 是该数据的输出变量，也就是标记变量。

该数据任务为考察收入分类 class 跟数据集中的哪些因素有关，这些因素与收入分类是什么关系？实际任务就是考察收入高低与年龄、教育、工作类别、婚姻状况、职业等特征有无关系。

表 8 – 3　　　　adult 数据变量名及说明

序号	变量名	序号	变量名
1	age：年龄（连续变量）	9	race：种族（白人、黑人等）
2	workclass：工作类别（私人、不工作等）	10	sex：性别（女、男）
3	fnlwgt：序号（连续变量）	11	capital. gain：财产收益（连续变量）
4	education：教育（学士、硕士、博士等）	12	capital. loss：财产损失（连续变量）
5	education. num：教育年限（连续变量）	13	hours. per. week：每周工作时间（连续变量）
6	marital. status：婚姻状况（未婚、已婚配偶为军人、已婚配偶为平民等）	14	native. country：籍贯（美国、柬埔寨、英国等）
7	occupation：职业（技术支持、销售等）	15	class：收入分类（ >50K，< =50K）
8	relationship：关系（妻子、丈夫等）		

本知识点微课视频二维码

（二）数据预处理

下面将以 adult 数据为例，介绍部分数据预处理方法。

1. 读取数据

```
setwd("D:\\实验\\")            #将工作路径设置在 D 盘的"实验"文件夹
adult <- read.table("adult.txt",header = F,sep = ",")      #读取数据:训练集 a-
dult、测试集 adulttest
```

这里运用 read. table 函数读取数据，adult. txt 是放在工作路径的数据文件，header = F 表示首行不是变量名，sep = "," 表示该数据的分隔符为逗号。可以看到这两个数据集文件，都是 txt 文档。

图 8 – 4 为 adult 数据的 txt 文档示例。

39, State-gov, 77516, Bachelors, 13, Never-married, Adm-clerical, Not-in-family, White, Male, 2174, 0, 40, United-States, <=50K
50, Self-emp-not-inc, 83311, Bachelors, 13, Married-civ-spouse, Exec-managerial, Husband, White, Male, 0, 0, 13, United-States, <=50K
38, Private, 215646, HS-grad, 9, Divorced, Handlers-cleaners, Not-in-family, White, Male, 0, 0, 40, United-States, <=50K
53, Private, 234721, 11th, 7, Married-civ-spouse, Handlers-cleaners, Husband, Black, Male, 0, 0, 40, United-States, <=50K
28, Private, 338409, Bachelors, 13, Married-civ-spouse, Prof-specialty, Wife, Black, Female, 0, 0, 40, Cuba, <=50K
37, Private, 284582, Masters, 14, Married-civ-spouse, Exec-managerial, Wife, White, Female, 0, 0, 40, United-States, <=50K
49, Private, 160187, 9th, 5, Married-spouse-absent, Other-service, Not-in-family, Black, Female, 0, 0, 16, Jamaica, <=50K
52, Self-emp-not-inc, 209642, HS-grad, 9, Married-civ-spouse, Exec-managerial, Husband, White, Male, 0, 0, 45, United-States, >50K
31, Private, 45781, Masters, 14, Never-married, Prof-specialty, Not-in-family, White, Female, 14084, 0, 50, United-States, >50K
42, Private, 159449, Bachelors, 13, Married-civ-spouse, Exec-managerial, Husband, White, Male, 5178, 0, 40, United-States, >50K
37, Private, 280464, Some-college, 10, Married-civ-spouse, Exec-managerial, Husband, Black, Male, 0, 0, 80, United-States, >50K
30, State-gov, 141297, Bachelors, 13, Married-civ-spouse, Prof-specialty, Husband, Asian-Pac-Islander, Male, 0, 0, 40, India, >50K

图 8 – 4　adult 数据示例

图 8-4 中第一行即为第一个观测，可以看到年龄为 39 岁，工作类别为州政府，序号 77516，学士学位，受教育年限 13 年，未婚，最后收入类别小于等于 5 万美元。没有变量名，变量之间分隔为逗号。

2. 添加变量名

```
#将 age、workclass、fnlwgt、education、education. num 等变量名打包赋给 colname
colname <- c("age","workclass","fnlwgt","education","education. num",
        "marital. status","occupation","relationship",
        "race","sex","capital. gain","capital. loss","hours. per. week",
        "native. country","class")
#对 adult 数据集进行命名,用的函数是 colnames 函数。
colnames(adult) <- colname
adulttest <- read. table("adult. test. txt",header = F,sep = ",")          #读入测试集
colnames(adulttest) <- colname                                  #为测试集数据添加变量名
```

3. 缺失值处理

```
str(adult)                                                  # str 函数可以查看数据的结构
```

运行结果如图 8-5 所示。

```
> str(adult)
'data.frame':	32561 obs. of  15 variables:
 $ age           : int  39 50 38 53 28 37 49 52 31 42 ...
 $ workclass     : chr  " State-gov" " Self-emp-not-inc" " Private" " Private" ...
 $ fnlwgt        : int  77516 83311 215646 234721 338409 284582 160187 209642 45781 159449 ...
 $ education     : chr  " Bachelors" " Bachelors" " HS-grad" " 11th" ...
 $ education.num : int  13 13 9 7 13 14 5 9 14 13 ...
 $ marital.status: chr  " Never-married" " Married-civ-spouse" " Divorced" " Married-civ-spouse" ...
 $ occupation    : chr  " Adm-clerical" " Exec-managerial" " Handlers-cleaners" " Handlers-cleaners" ...
 $ relationship  : chr  " Not-in-family" " Husband" " Not-in-family" " Husband" ...
 $ race          : chr  " White" " White" " White" " Black" ...
 $ sex           : chr  " Male" " Male" " Male" " Male" ...
 $ capital.gain  : int  2174 0 0 0 0 0 0 0 14084 5178 ...
 $ capital.loss  : int  0 0 0 0 0 0 0 0 0 0 ...
 $ hours.per.week: int  40 13 40 40 40 40 16 45 50 40 ...
 $ native.country: chr  " United-States" " United-States" " United-States" " United-States" ...
 $ class         : chr  " <=50K" " <=50K" " <=50K" " <=50K" ...
```

图 8-5　str 函数查看数据结构示例

可以看到 adult 数据为 data frame 数据框，共 32561 个观测，15 个变量。15 个变量的数据类型：age 变量是整数型；workclass 变量是字符型；fnlwgt 变量是整数型；education 变量是字符型；education. num 变量是整数型；marital. status、occupation、relationship、race、sex 变量都是字符型；capital. gain、capital. loss、hours. per. week 均是整数型；native. country 是字符型；最后变量 class 是字符型。

```
sum(is. na(adult))                                    #汇总 adult 数据多少行有缺失值
```

输出结果为 0，好像表明 adult 数据没有缺失值。实际上，细心的同学可能记得在下载数据时的网页上说明该数据是有缺失值的。workclass、occupation、native. country 这 3 个变量有缺失值，以“ ?”（注意：问号前面有 1 个空格）表示。

使用 table 函数对这 3 个变量统计频次查看具体情况。

```
table(adult$workclass)
table(adult$occupation)
table(adult$native. country)
```

输出结果如图 8 -6 所示。

```
> #观察缺失值
> table(adult$workclass)

               ?        Federal-gov         Local-gov      Never-worked           Private 
            1836                960              2093                 7             22696 
    Self-emp-inc   Self-emp-not-inc         State-gov       Without-pay 
            1116               2541              1298                14 
> table(adult$occupation)

                ?       Adm-clerical       Armed-Forces       Craft-repair    Exec-managerial 
             1843               3770                  9               4099               4066 
  Farming-fishing  Handlers-cleaners  Machine-op-inspct      Other-service    Priv-house-serv 
              994               1370               2002               3295                149 
   Prof-specialty    Protective-serv              Sales       Tech-support   Transport-moving 
             4140                649               3650                928               1597 
> table(adult$native.country)

                          ?                    Cambodia                      Canada 
                        583                          19                         121 
                      China                    Columbia                        Cuba 
                         75                          59                          95 
```

图 8 -6　table 函数统计频次示例

由图 8 -6 可以看到 workclass 变量为? 的有 1836 个，职业变量为? 的有 1843 个，籍贯为? 的有 583 个。只是 R 软件不能识别? 表示的缺失值，所以需要将? 替换为 NA。

```
adult$workclass[adult$workclass == " ?"] <- NA          #将原数据的问号替换为
缺失值,注意问号前有 1 个空格
```

其中，adult$workclass == " ?" 是一个判断语句，放在中括号当中会对该判断为 TRUE 的行进行操作，将 NA 赋值给 adult$workclass。以下类似操作。

```
adult$occupation[adult$occupation == " ?"] <- NA
adult$native.country[adult$native.country == " ?"] <- NA
table(adult$workclass)          #使用 table 函数观察一下是否替换成功
table(adult$occupation)
table(adult$native.country)
```

输出结果如图 8－7 所示，发现 workclass 当中已经没有？了，其他类似。

```
> #观察是否替换成功
> table(adult$workclass)

      Federal-gov        Local-gov     Never-worked          Private     Self-emp-inc
              960             2093                7            22696             1116
 Self-emp-not-inc        State-gov      Without-pay
             2541             1298               14
> table(adult$occupation)

      Adm-clerical      Armed-Forces      Craft-repair   Exec-managerial   Farming-fishing
              3770                 9              4099              4066               994
 Handlers-cleaners Machine-op-inspct     Other-service   Priv-house-serv    Prof-specialty
              1370              2002              3295               149              4140
   Protective-serv             Sales      Tech-support  Transport-moving
               649              3650               928              1597
> table(adult$native.country)

                  Cambodia                     Canada                      China
                        19                        121                         75
                  Columbia                       Cuba         Dominican-Republic
                        59                         95                         70
```

图 8－7　替换缺失值结果示例

替换完成后，就可以对缺失值进行处理。

缺失值的处理一般有直接删除含缺失值的观测、用均值或者众数替换、根据其他变量所提供的信息预测缺失值进行插补等几种处理方法，需要根据具体的数据和任务确定。

本实验直接删除含缺失值的观测。替换为缺失值 NA 后，可以用 na.omit 函数将所有含缺失值的观测删去，训练集新数据命名为 adult1。测试集操作相同，测试集新数据命名为 adulttest1。

```
adult1 <- na.omit(adult)                                        #删除缺失值,生成新数据
adulttest$workclass[adulttest$workclass == " ?"] <- NA          #测试集缺失值处理
adulttest$occupation[adulttest$occupation == " ?"] <- NA
adulttest$native.country[adulttest$native.country == " ?"] <- NA
adulttest1 <- na.omit(adulttest)                                #删除缺失值,生成测试集新数据
```

4. 籍贯变量预处理

```
table(adult1$native.country)
```

注意到输出结果中籍贯变量中的一个标志表现为 Taiwan，台湾是中国的一部分，将其标记为 China。

```
adult1$native. country[ adult1$native. country == "Taiwan" ]   #将台湾标记为 China
```

这样预处理后的籍贯变量汇总表，就已经没有 Taiwan 这个标志表现了。测试集籍贯变量处理，步骤同上。

```
adulttest1$native. country[ adulttest1$native. country == " Taiwan" ] <- " China"
table( adulttest1$native. country)                                    #查看是否替换成功
```

本知识点微课视频二维码

（三）探索性数据分析

前面已进行了 adult 数据的预处理，接下来是基于 adult 数据的探索性数据分析，主要介绍一些常用统计图的绘制。

1. 查看数据集概况

```
summary( adult1 )                                                      #查看数据集概况
```

summary 函数可以查看数值型变量的最小值、四分位数、最大值等统计量，输出结果如图 8－8 所示。图 8－8 中第一列分别为 age 变量的最小值、第一四分位数、中位数、均值、第三四分位数、最大值。

```
> ##描述统计分析
> summary(adult1)
      age          workclass            fnlwgt          education          education.num
 Min.   :17.00   Length:30162       Min.   :  13769   Length:30162       Min.   : 1.00
 1st Qu.:28.00   Class :character   1st Qu.: 117627   Class :character   1st Qu.: 9.00
 Median :37.00   Mode  :character   Median : 178425   Mode  :character   Median :10.00
 Mean   :38.44                      Mean   : 189794                      Mean   :10.12
 3rd Qu.:47.00                      3rd Qu.: 237629                      3rd Qu.:13.00
 Max.   :90.00                      Max.   :1484705                      Max.   :16.00
 marital.status      occupation        relationship          race               sex
 Length:30162       Length:30162       Length:30162       Length:30162       Length:30162
 Class :character   Class :character   Class :character   Class :character   Class :character
 Mode  :character   Mode  :character   Mode  :character   Mode  :character   Mode  :character
```

图 8－8　summary 函数示例

因子型变量显示的是频数统计。workclass 等变量是字符型变量，可以先用 as. factor 函数将它们转换为因子型变量。

```
adult1$workclass <- as.factor(adult1$workclass)        #转换为因子型变量
adult1$education <- as.factor(adult1$education)
adult1$marital.status <- as.factor(adult1$marital.status)
adult1$occupation <- as.factor(adult1$occupation)
adult1$relationship <- as.factor(adult1$relationship)
adult1$race <- as.factor(adult1$race)
adult1$sex <- as.factor(adult1$sex)
adult1$native.country <- as.factor(adult1$native.country)
adult1$class <- as.factor(adult1$class)
summary(adult1)                                        #再次查看数据集概况
```

再次运行 summary 函数，查看数据集概况。可以看到 workclass 等因子型变量的频数统计，运行结果如图 8 – 9 所示。

```
> summary(adult1)
      age                   workclass          fnlwgt                education      education.num
 Min.   :17.00   Federal-gov     :  943   Min.   :  13769   HS-grad     :9840   Min.   : 1.00
 1st Qu.:28.00   Local-gov       : 2067   1st Qu.: 117627   Some-college:6678   1st Qu.: 9.00
 Median :37.00   Private         :22286   Median : 178425   Bachelors   :5044   Median :10.00
 Mean   :38.44   Self-emp-inc    : 1074   Mean   : 189794   Masters     :1627   Mean   :10.12
 3rd Qu.:47.00   Self-emp-not-inc: 2499   3rd Qu.: 237629   Assoc-voc   :1307   3rd Qu.:13.00
 Max.   :90.00   State-gov       : 1279   Max.   :1484705   11th        :1048   Max.   :16.00
                 Without-pay     :   14                     (Other)     :4618
```

图 8 – 9　因子型变量的频数统计

通过这些统计量可以对数据有一个大致了解。对于一个陌生的数据而言，分析者应该用充分的时间来熟悉和了解数据，例如各变量的标志表现、最小值、最大值、均值、中位数等。

2. 统计图

对于数值型变量，还可以画直方图来显示其分布特征。

```
hist(adult1$age)                        #年龄的直方图
```

由图 8 – 10 可以看出，年龄基本在 20 岁以上，30 ~ 50 岁较多。同样可以绘制教育、婚姻状况、性别等变量与收入的统计图。

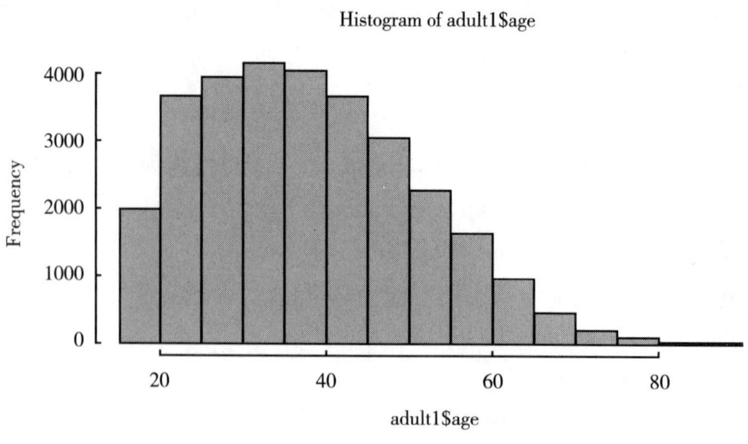

图 8－10　年龄的直方图

```
barplot(table(adult1$education))              #受教育情况的柱状图
table(adult1$education)                       #受教育程度的汇总表
barplot(table(adult1$education.num))          #受教育年限的柱状图
```

再来看受教育程度的柱状图，如图 8－11 所示。

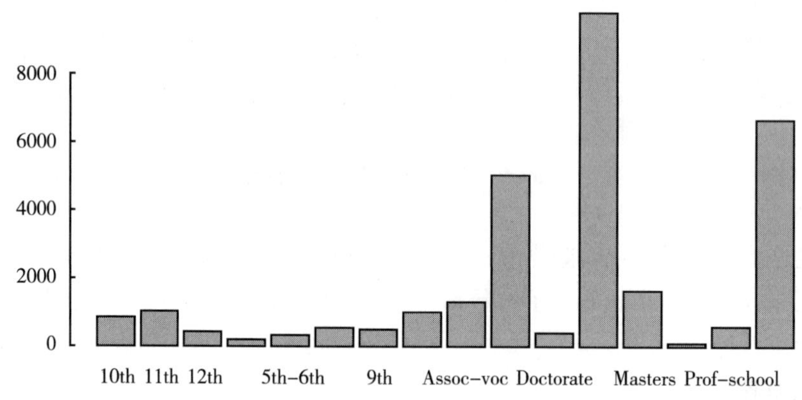

图 8－11　受教育情况的柱状图

这里命令使用了 barplot 的最基本形式。由于部分变量标签过长，没有全部显示。

受教育程度的汇总表输出结果如图 8－12 所示，能看到所有的类别名称。可以发现高中毕业（HS－grad）这一类别的观测最多，其次是 Some－college，再次学士（Bachelors）也较多。

```
> table(adult1$education)

     10th      11th      12th   1st-4th   5th-6th   7th-8th       9th Assoc-acdm Assoc-voc Bachelors Doctorate
      820      1048       377       151       288       557       455       1008      1307      5044       375
  HS-grad   Masters Preschool Prof-school Some-college
     9840      1627        45       542       6678
```

图 8－12　受教育程度的汇总表

另外，此处按照标签的字母顺序排列，显得有些杂乱。本数据集中还有受教育年限 education. num 这一变量，也可以用这个变量来展示受教育情况，输出结果如图 8－13 所示。

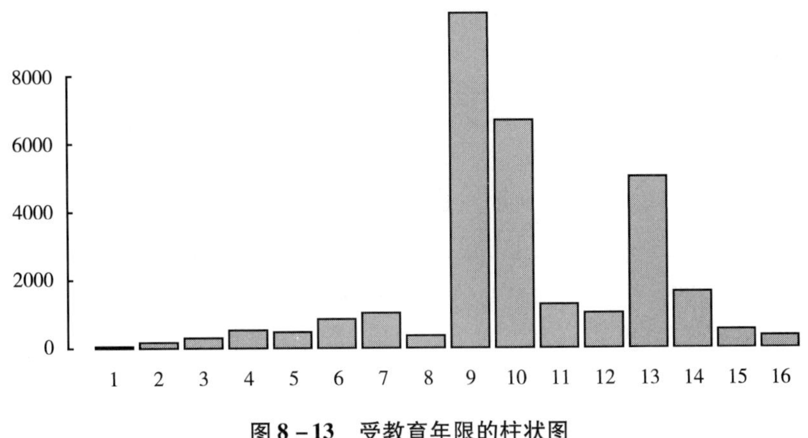

图 8－13　受教育年限的柱状图

前面介绍的是单一变量的图形举例。如果需要做二变量或多变量的图形，用 ggplot 函数来画图效果会更好。如果不确定是否已经安装了相关的程序包，可以通过如下第一行命令来调用，如尚未安装该程序包，则会先安装再加载。

```
if (! require(ggplot2)) install. packages("ggplot2")      #确认是否安装 ggplot2
if (! require(ggplot2)) install. packages("Rmisc ")       #确认是否安装 Rmisc
if (! require(ggplot2)) install. packages("dplyr ")       #确认是否安装 dplyr
```

如果已经安装，则直接用下面命令调用即可。

```
library(ggplot2)             #调用 ggplot 包
library(Rmisc)               #为后续一页多图调用此包
library(dplyr)               #为后续的管道操作调用此包
```

下面介绍封装绘图函数。

```
fun_bar <- function(data, xlab, fillc, pos, xname, yname) {
  mycolors <- c('white','grey')      #绘制黑白图,若不设置此行则默认为彩图
  ggplot(data, aes(xlab, fill = fillc)) +
    geom_bar(position = pos) +             #条形图,pos 有 3 个选项," stack"
（默认）:图形元素堆积;" fill" :百分比堆积;" dodge" :图形元素并列。
    labs(x = xname, y = yname) +
    coord_flip() +                                          #使图形倒置
    scale_fill_manual(values = mycolors) +                  #填充设置
    theme_bw()          # ggplot 图形的一种背景主题:白色背景和灰色网格线
}
```

其中，data：数据源，xlab：x 轴数据，fillc：填充颜色，pos：位置调整，xname：x 轴标签文本，yname：y 轴标签文本。

```
p1 <- fun_bar(data = adult1, xlab = adult1$education, fillc = adult1$class,pos =
'stack',  xname = 'education', yname = 'count')
p1
```

使用上述的绘图函数探索不同受教育程度的群体的收入等级（pos = ‘stack’指定使用堆积条形图）。p1 为不同受教育程度群体的收入等级的堆积条形图，输出结果如图 8 – 14 所示。

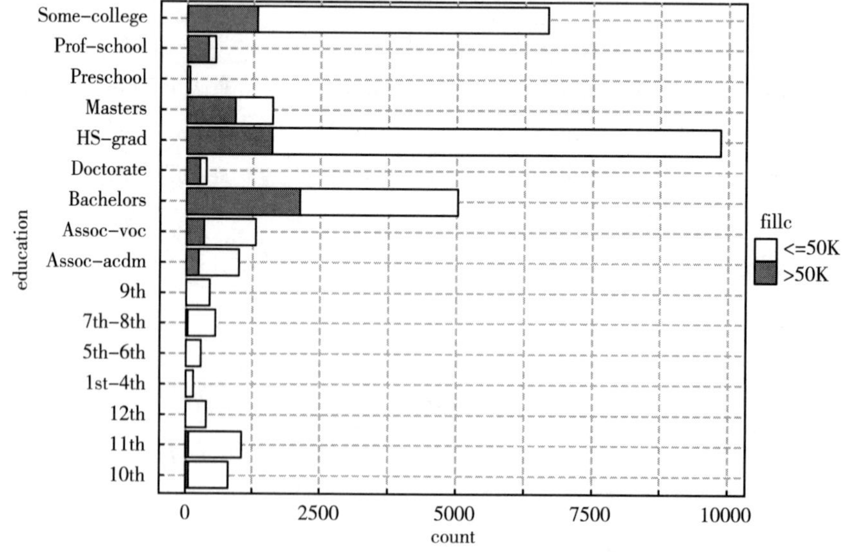

图 8 – 14　不同受教育程度群体收入等级图 p1

从图 8 - 14 中可以了解不同受教育程度的群体，收入大于 5 万美元和小于等于 5 万美元的人数。如 HS - grad 这一受教育程度的人群中以小于 5 万美元为主，而学士 Bachelors 这一人群中，大于 5 万美元的比例不小。

同样地探索不同受教育程度的群体的收入等级（pos = 'fill' 指定使用百分比堆积条形图）。

```
p2 <- fun_bar(data = adult1, xlab = adult1$education, fillc = adult1$class, pos = 'fill', xname = 'education', yname = 'per count')
p2
```

p2 为不同受教育程度的群体的收入等级的百分比堆积条形图，输出结果如图 8 - 15 所示。

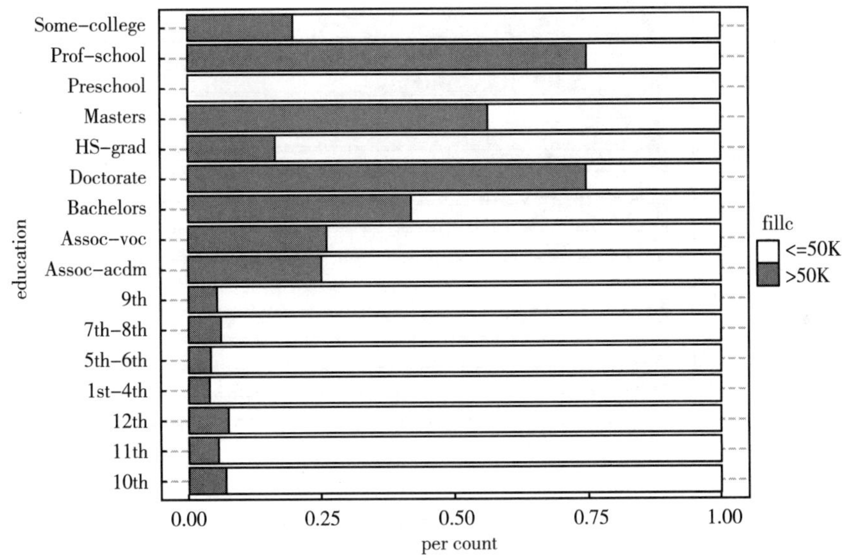

图 8 - 15　不同受教育程度群体收入等级图 p2

图 p1 是堆积条形图，图 p2 是百分比堆积条形图，图 p2 看得更为清楚。可以发现，学校教授（Prof - school）、博士（Doctorate）、硕士（Masters）、学士（Bachelors）等受教育程度中，收入大于 5 万美元占比较大。

```
multiplot(p1,p2,cols=1)                    #将 p1 和 p2 放在一起显示
```

输出结果如图 8 - 16 所示。

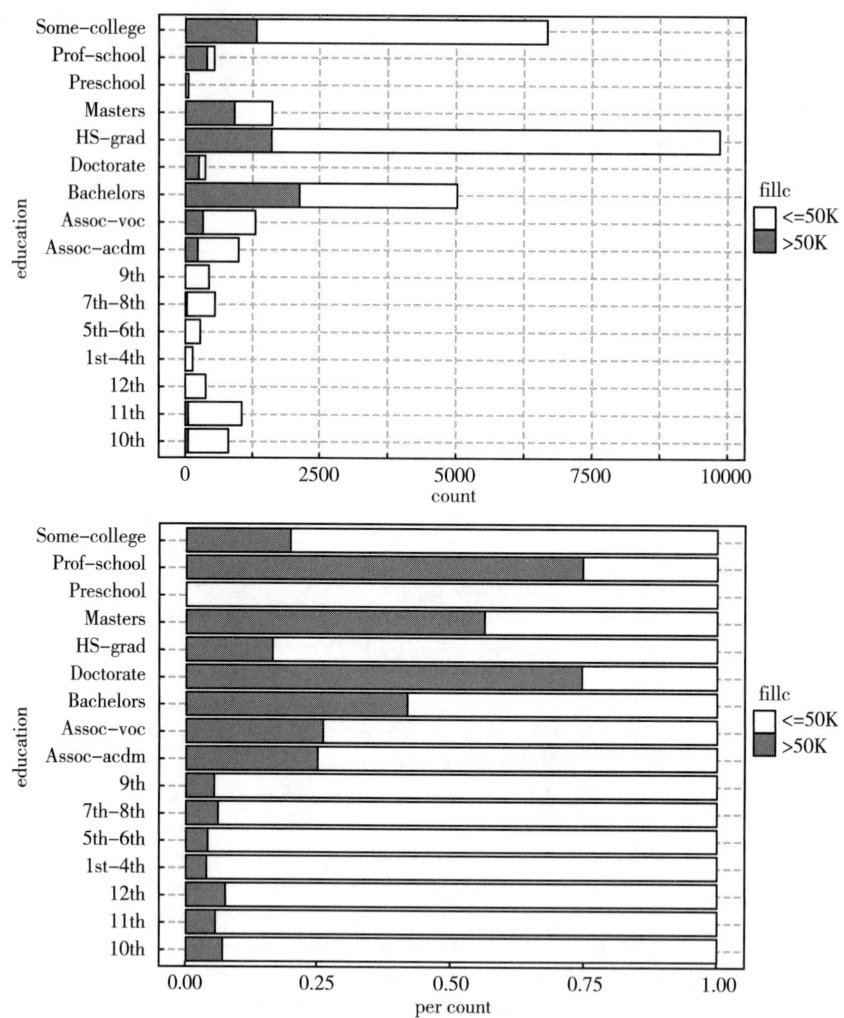

图 8 - 16　图 p1 和图 p2 放在一起显示

这里画的是受教育程度与收入的条形图，接下来画受教育年限与收入的关系图，受教育年限与收入的这种关系更为明显。

同样可以探索受教育年限对收入的影响。

```
p3 <- fun_bar(data = adult1, xlab = adult1$education. num, fillc = adult1$class,
pos = 'stack', xname = 'education. num', yname = 'count')
p4 <- fun_bar(data = adult1, xlab = adult1$education. num, fillc = adult1$class,
pos = 'fill', xname = 'education. num', yname = 'per count')
multiplot(p3,p4,cols = 1)                    #将 p3 和 p4 放在一起显示
```

p3 为不同教育年限的群体的收入等级的堆积条形图，p4 为不同教育年限的群体的收入等级的百分比堆积条形图，两个图放在一起如图 8－17 所示，可以发现：受教育年限越长，收入大于 5 万美元的占比越大。

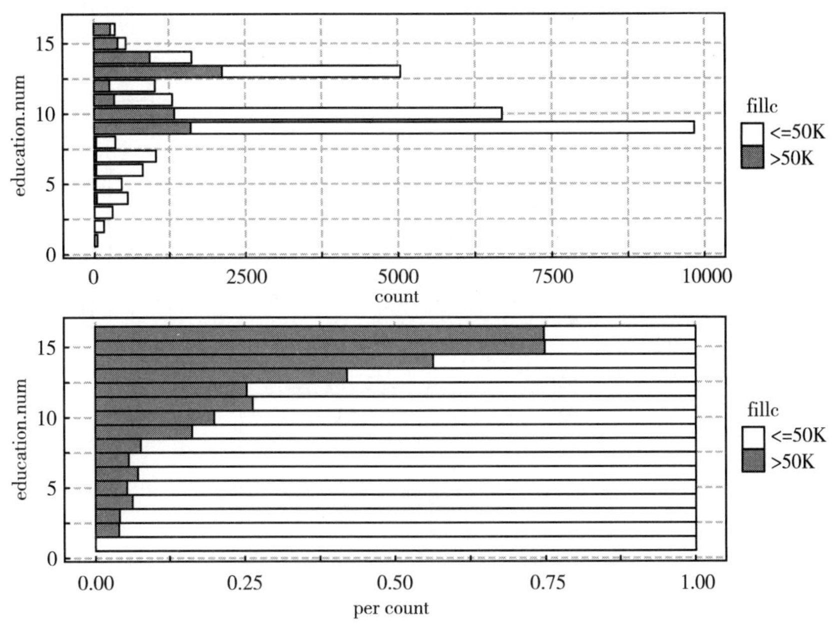

图 8－17　图 p3 和图 p4 放在一起显示

接下来用同样的方法，探索不同婚姻状况的人群收入。

```
p5 <- fun_bar(data = adult1, xlab = adult1$marital. status, fillc = adult1$class,
pos = 'stack', xname = 'marital. status', yname = 'count')
p6 <- fun_bar(data = adult1, xlab = adult1$marital. status, fillc = adult1$class,
pos = 'fill', xname = 'marital. status', yname = 'per count')
multiplot(p5, p6,cols = 1)
```

p5 是不同婚姻状况的人群收入堆积条形图，p6 是不同婚姻状况的人群收入百分比堆积条形图，两个图放在一起如图 8－18 所示，可以看到 married-civ-spouse 和 married-AF-spouse 类型的收入大于 5 万美元占比大。

接下来，继续探索性别、关系和收入等级的关系。

新定义绘图函数 fun_bar2，fun_bar2 函数与 fun_bar 函数有两个区别：一个区别是图形不再倒置，而是竖立起来；另一区别是 position 统一设定为 fill 填充。

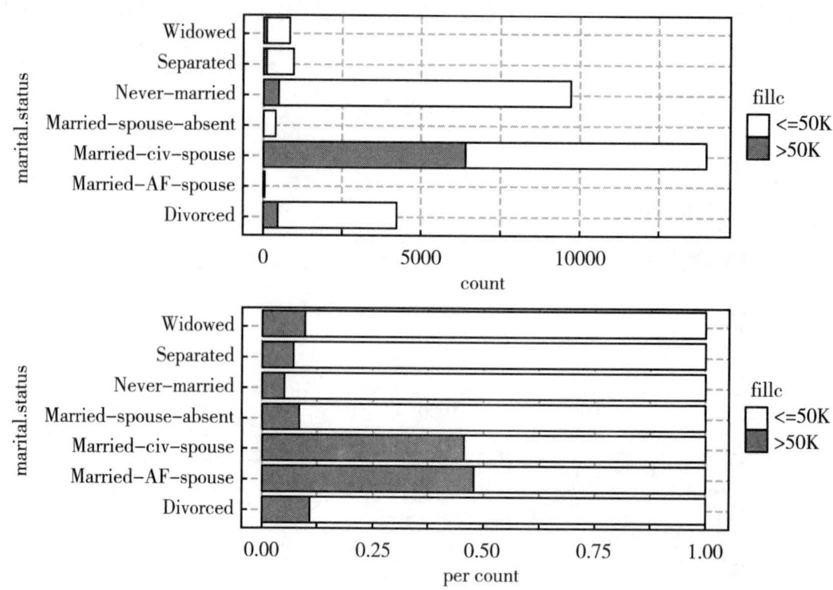

图 8－18　图 p5 和图 p6 放在一起显示

```
fun_bar2 <- function(data, xlab, fillc, xname, yname){
  mycolors <- c('white','grey')          #绘制黑白图,若不输入此行则默认为彩图
  ggplot(data, aes(xlab, fill = fillc)) +
    geom_bar(position = 'fill', color = 'black ') +            #边框设为黑色
    labs(x = xname, y = yname) +
    scale_fill_manual(values = mycolors) +
    theme_minimal()
}

p7 <- fun_bar2(data = adult1, xlab = adult1$sex, fillc = adult1$class,xname = '
sex', yname = 'per count')
p8 <- fun_bar2(data = adult1, xlab = adult1$relationship, fillc = adult1$class,
xname = 'relationship', yname = 'per count')
multiplot(p7, p8, cols = 2)                                    #放在同一幅图
```

p7、p8 绘制的是性别、关系与收入的百分比堆积条形图，把 p7、p8 放在同一幅图显示，如图 8－19 所示，由输出结果可以发现，男性大于 5 万美元占比大，husband、wife 组成家庭的群体大于 5 万美元占比大。

接下来仅为举例管道操作，探究 race 与财产收益（数值型变量）的关系。

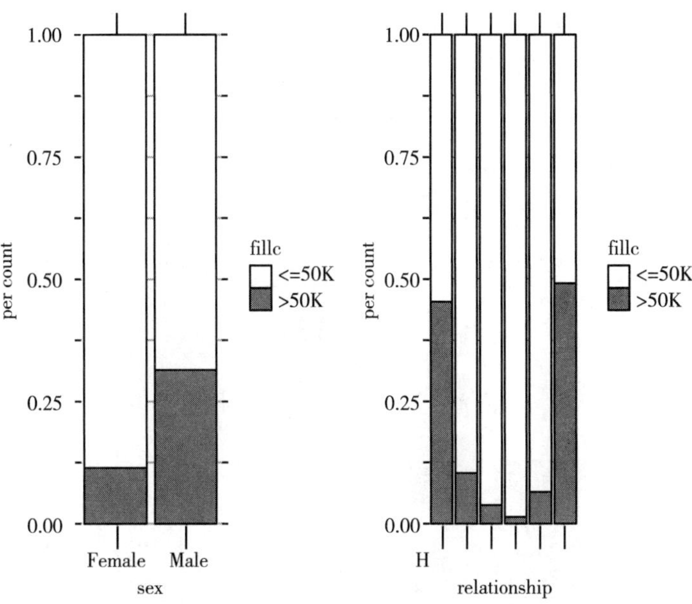

图 8 – 19　图 p7 和图 p8 放在一起显示

```
df_capital. gain <-
adult1 % >%
  group_by(race)% >%                                    #按照 race 分类
  summarise(Mcount = mean(capital. gain))        #统计平均 capital. gain
```

上述就是一个管道操作的例子，根据 adult1 数据集，生成了不同 race 分类的资产收益的平均值，对象名为 df_capital. gain。

```
fun_bar3 <- function(data, xlab, ylab, fillc, xname, yname){
  ggplot(data,aes(xlab, ylab, fill = xlab)) +
    geom_bar(stat = 'identity',linetype = c(0,1,2,3,4),alpha = xlab,color = 'black')
+#stat:设置统计方法,有效值是 count(默认值)和 identity,其中,count 表示条形的高度是变量的数量,identity 表示条形的高度是变量的值。
    labs(x = xname, y = yname) +
    theme(legend. position = 'none')  #移除图例
}

p9 <- fun_bar3(data = df_capital. gain,xlab = reorder(df_capital. gain$race, df_capital. gain$Mcount), ylab = df_capital. gain$Mcount, xname = 'race', yname = 'Mcount')
p9
```

输出结果如图 8－20 可以发现，Asian-Pac-Islander 平均财产收益最高，其次是 white，Black 平均财产收益最低。

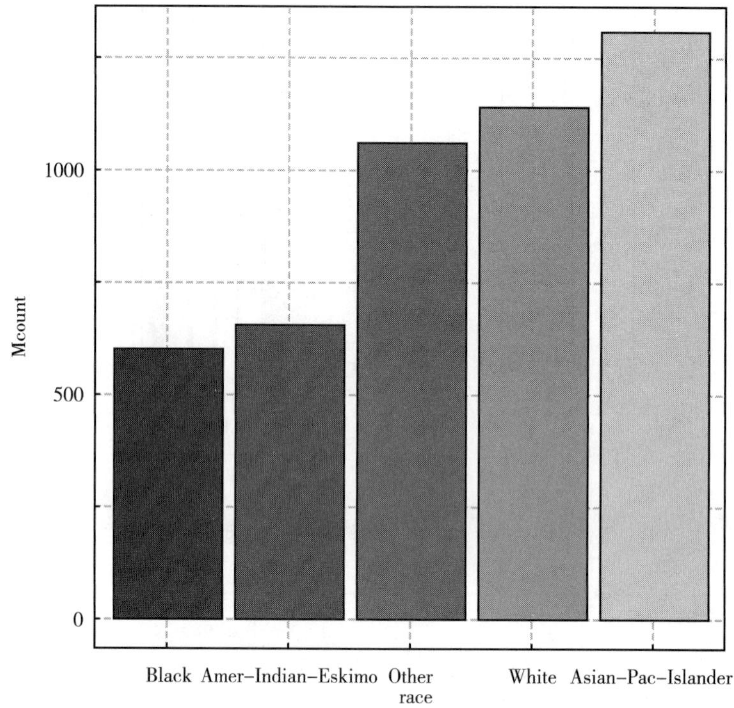

图 8－20　race 与财产收益的关系

下面介绍箱线图的绘制。

```
mycolors <- c('white','grey')                    #黑白图,若不设置此行则默认彩色图
box_age <- ggplot(adult1, aes(x = class, y = age ,fill = class)) +
  geom_boxplot() + theme_bw() + labs(x = 'class', y = 'age')  #收入与年龄的箱
线图
  scale_fill_manual(values = mycolors)
box_age

box_edu <- ggplot(adult1, aes(x = class, y = education. num ,fill = class)) +
  geom_boxplot() + theme_bw() + labs(x = 'class', y = 'education. num')  #收入
与受教育年限的箱线图
  scale_fill_manual(values = mycolors)
box_edu
```

```
box_work <- ggplot(adult1, aes(x = class, y = hours. per. week ,fill = class)) +
  geom_boxplot() + theme_bw() + labs(x = 'class', y = 'hours. per. week')  #收入与每周工作时长的箱线图
  scale_fill_manual(values = mycolors)
box_work

multiplot(box_age, box_edu, box_work, cols = 2)        #3 个图放在一起展示
```

输出结果如图 8－21 可以发现，收入高的年龄一般较大、每周工作时间较长、受教育年限较长。

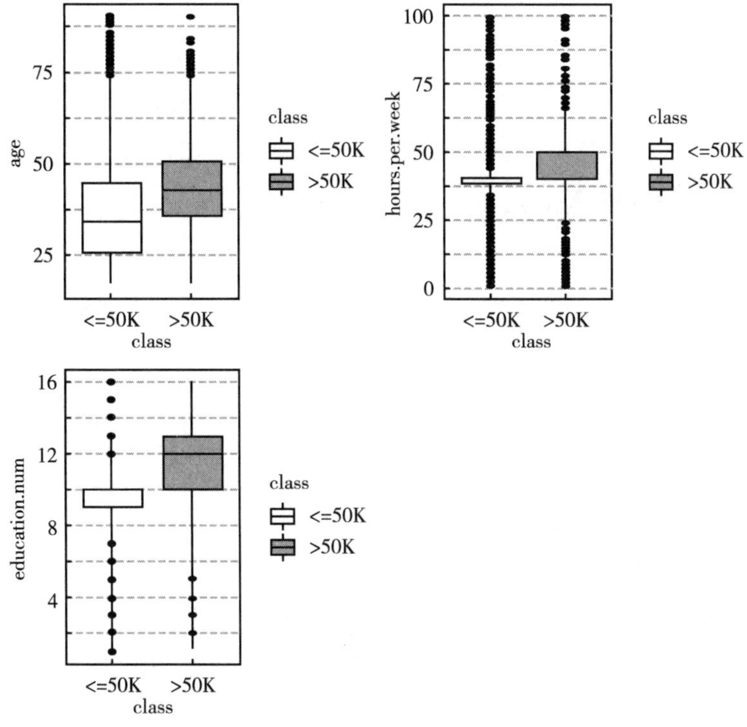

图 8－21　年龄、每周工作时间、受教育年限与收入的关系

这一部分通过一系列图的展示，可以发现一些大致规律。根据研究兴趣或视角，还可以做更多的描述统计分析。例如，做职业、籍贯等与收入分类的条形图等。

本知识点微课视频二维码

（四）决策树分析

1. 载入决策树分析包

决策树分析有很多包，如 rpart、party、tree 等都可以实现。接下来以 rpart 包进行举例。

首先载入包，如果不确定是否已经安装了相关的程序包，可以通过第一行命令来调用，如尚未安装该程序包，则会先安装再加载。

```
if (! require(rpart)) install. packages(" rpart ")
if (! require(rpart. plot)) install. packages(" rpart. plot")      #确认是否已经安装包
```

如果已经安装，则直接用下面命令调用即可。

```
library(rpart)                                    #载入包
library(rpart. plot)                              #为了后续的决策树可视化
```

2. rpart 包决策树分析

```
set. seed(1234)                                   #设置随机种子
? rpart                                           #查看 rpart 的帮助
```

rpart 的帮助如图 8－22 所示，主要看 method 和 parms 两个。method 表示建模方法:"anova"，"poisson"，"class" or "exp"；如果 y 是生存对象，则为"exp"；如果 y 有 2 列，则为"poisson"；如果 y 是因子变量，则为"class"。"anova"对应 y 为连续型变量。本例中应该选择"class"。

method	one of "anova", "poisson", "class" or "exp". If method is missing then the routine tries to make an intelligent guess. If y is a survival object, then method = "exp" is assumed, if yhas 2 columns then method = "poisson" is assumed, if y is a factor then method = "class" is assumed, otherwise method = "anova" is assumed. It is wisest to specify the method directly, especially as more criteria may added to the function in future. Alternatively, method can be a list of functions named init, split and eval. Examples are given in the file 'tests/usersplits.R' in the sources, and in the vignettes 'User Written Split Functions'.
model	if logical: keep a copy of the model frame in the result? If the input value for model is a model frame (likely from an earlier call to the rpartfunction), then this frame is used rather than constructing new data.
x	keep a copy of the x matrix in the result.
y	keep a copy of the dependent variable in the result. If missing and model is supplied this defaults to FALSE.
parms	optional parameters for the splitting function. Anova splitting has no parameters. Poisson splitting has a single parameter, the coefficient of variation of the prior distribution on the rates. The default value is 1. Exponential splitting has the same parameter as Poisson. For classification splitting, the list can contain any of: the vector of prior probabilities (component prior), the loss matrix (component loss) or the splitting index (component split). The priors must be positive and sum to 1. The loss matrix must have zeros on the diagonal and positive off-diagonal elements. The splitting index can be gini or information. The default priors are proportional to the data counts, the losses default to 1, and the split defaults to gini.

图 8－22　rpart 的帮助

parms 中注意 The splitting index can be gini or information，默认是 gini，在本节 CART 算法中讲到。Information，在本节 ID3 算法讲到。

```
tree. adult1 <- rpart( class ~. , data = adult1 ,method = "class" )
#tree. adult1 <- rpart( class ~. , data = adult1 ,method = "class" ,parms = list( split
 = "information" ) )注释语句中则用 information 作为分割准则
```

这里波浪号后面的点，表示影响因素用数据集中除了输出变量 class 以外的所有变量。

本例中 gini 和 information 两种分割准则所得结果没有区别。

```
summary( tree. adult1 )                                    #查看决策树概况
```

决策树有 cp、变量重要性、分裂过程等众多信息。信息太多，也不够直观，后续将介绍决策树可视化。

```
printcp( tree. adult1 )  #打印不同大小的树对应的预测误差,用于辅助设定最终的
树的大小
```

输出结果如图 8－23 所示，复杂度参数 cp 用于惩罚过大的树；树的大小即分支数 nsplit，有 n 个分支的树将有 n＋1 个终端节点；rel error 栏即训练集中各种树对应的误差；交叉验证误差 xerror 即基于训练样本所得的 10 折交叉验证误差；xstd 栏为交叉验证误差的标准差。

```
> printcp(tree.adult1)

Classification tree:
rpart(formula = class ~ ., data = adult1, method = "class")

Variables actually used in tree construction:
[1] capital.gain education    relationship

Root node error: 7508/30162 = 0.24892

n= 30162

        CP nsplit rel error  xerror      xstd
1 0.129995      0   1.00000 1.00000 0.0100018
2 0.064198      2   0.74001 0.74001 0.0089670
3 0.037294      3   0.67581 0.67581 0.0086527
4 0.010000      4   0.63852 0.63852 0.0084574
```

图 8－23　不同大小树对应的预测误差

```
plotcp(tree.adult1)                    #可画出交叉验证误差与复杂度参数的关系图
```

输出结果如图 8-24 所示，对于所有交叉验证误差在最小交叉验证误差一个标准差范围内的树，最小的树即最优的树。虚线是基于一个标准差准则得到的上限，从图像来看，应选择虚线下最左侧 cp 值对应的树。本例就应该选树的大小 5 对应的 cp =0.01，这时分支数 nsplit =4。

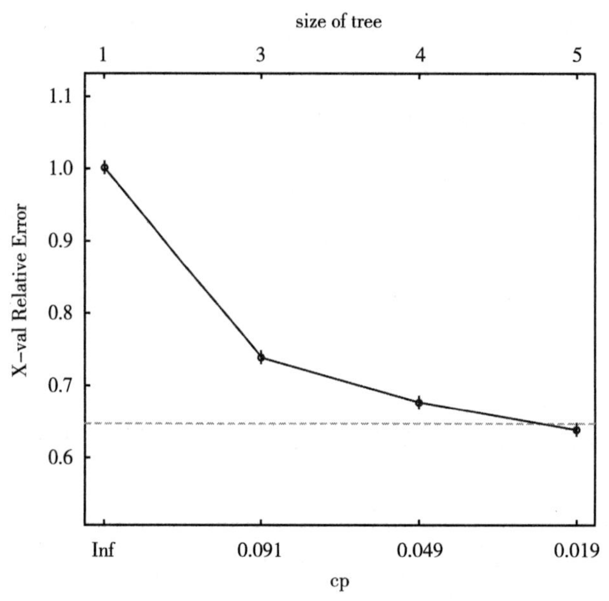

图 8-24　交叉验证误差与复杂度参数的关系

3. 决策树模型结果可视化分析

```
? rpart.plot                                              #查看 rpart.plot 帮助
```

主要看 type、extra、cex 3 个帮助信息。type 是关于图的类型，有一系列的选择。extra 是关于节点显示信息，也有一些选择。cex 是关于文本大小的设定。

```
rpart.plot(tree.adult1, type =5,extra =2,cex =0.75)              #可视化分析
```

由图 8-25 的输出结果可以看到，relationship 为 Not-in-family 等的往左，relationship 为 husband、wife 的往右，再看这里的 capital. gain，小于 7074 的则收入小于等于 5 万美元；capital. gain 大于等于 7074 的则收入大于 5 万美元。relationship 为 husband、wife 的，再看 education，为 10 年、11 年、12 年、1～4 年等的，

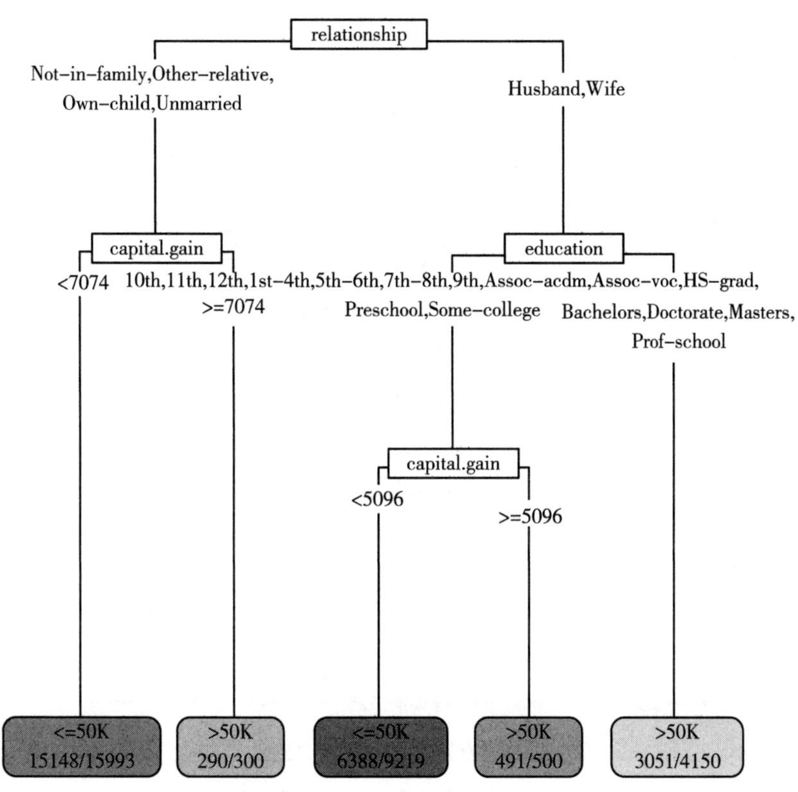

图 8－25　决策树可视化分析

再看 capital. gain，小于 5096 的则收入小于等于 5 万美元；capital. gain 大于等于 5096 的则收入大于 5 万美元。education 为学士、硕士、博士等的，则收入大于 5 万美元。该决策树共有 4 个分支，5 个叶结点。最下面一行叶结点中标记的是这个节点中的总观测数和预测正确的观测数，如第一个叶结点共有 15993 个观测，其中 15148 个是预测正确的。

4. 模型调优演示

本例 cp＝0. 01 时为最优，此处仅为演示调优操作。

```
printcp(tree. adult1)              #假设 xerror 最小的对应的是 cp＝0. 037294，则用
cp＝0. 037294 来进行剪枝
tree. adult1. pruned <－ prune(tree. adult1，cp＝0. 037294)          #用的是 prune 函数
rpart. plot(tree. adult1. pruned，type＝5，extra＝2，cex＝0. 75)
```

由图 8－26 的输出结果可以看到树变小了，只有 3 个分支，4 个叶结点。

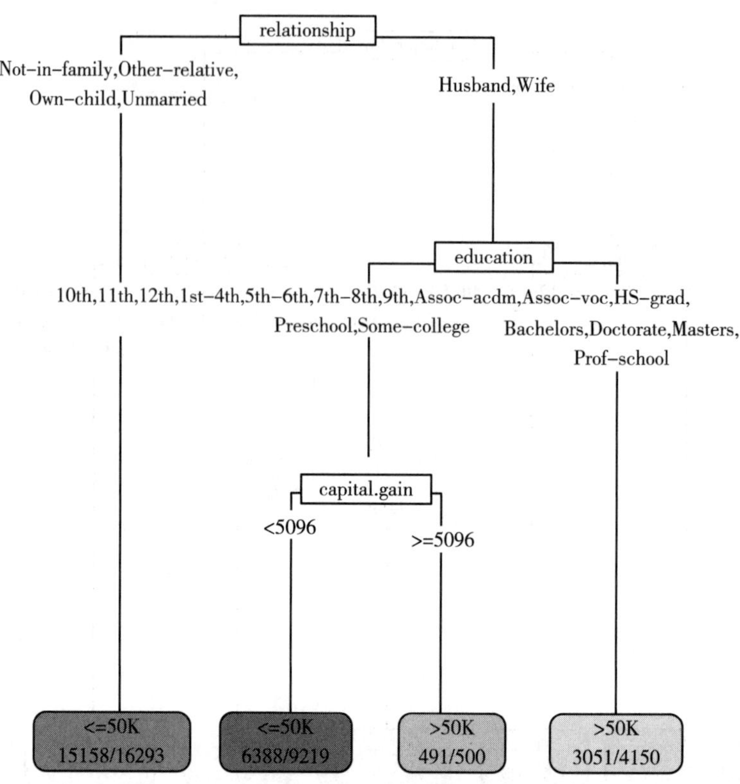

图 8－26　模型调优后的决策树可视化分析

5. 模型的预测：训练集

```
predict. train <- predict(tree. adult1, adult1, type = 'class')   #对训练集进行预测
```

根据构建好的 tree. adult1 决策树，用 predict 函数对训练集进行预测，type 有'class'和'prob'两个选择，'class'返回的是具体的分类，'prob'返回的是属于各个类别的概率。

6. 模型评价—混淆矩阵：训练集

```
table. mat <- table(adult1$class,predict. train)   #构建预测值与实际值的混淆矩阵
table. mat
```

如图 8－27 的输出结果可知，混淆矩阵的对角线是预测正确的，其他则是预测错误的。

```
> #模型评价-混淆矩阵：训练集
> table.mat<-table(adult1$class,predict.train)
> table.mat
        predict.train
          <=50K  >50K
   <=50K  21536  1118
   >50K    3676  3832
> accuracy.train <- sum(diag(table.mat)) / sum(table.mat)
> print(paste('Accuracy for train', accuracy.train))
[1] "Accuracy for train 0.841058285259598"
```

图 8－27　训练集混淆矩阵及准确率

7. 模型性能评价—模型准确度：训练集

```
accuracy. train  <-  sum( diag( table. mat) ) / sum( table. mat)   #对角线求和除以总的观测数
print( paste( 'Accuracy for train', accuracy. train) )
```

输出结果显示，训练集的准确率是 0. 8411。

8. 模型的预测：测试集

```
predict. test <- predict( tree. adult1 , adulttest1 , type  =  'class')   #根据构建好的决策树,预测测试集
table. mat. test <- table( adulttest1$class,predict. test)          #构建测试集混淆矩阵
table. mat. test
accuracy. test  <-  sum( diag( table. mat. test) ) / sum( table. mat. test)   #测试集精准度
print( paste( 'Accuracy for test', accuracy. test) )
```

输出结果如图 8－28 所示，测试集的准确率是 0. 8390。

```
> #模型评价-混淆矩阵：测试集
> table.mat.test<-table(adulttest1$class,predict.test)
> table.mat.test
        predict.test
          <=50K  >50K
  <=50K.  10772   588
  >50K.    1837  1863
> #模型性能评价—模型准确度：测试集
> accuracy.test <- sum(diag(table.mat.test)) / sum(table.mat.test)
> print(paste('Accuracy for test', accuracy.test))
[1] "Accuracy for test 0.838977423638778"
```

图 8－28　测试集混淆矩阵及准确率

9. 树的其他一些设置

```
? rpart. control                                    #查看帮助
```

该函数可对决策树模型的超参数进行控制，看下关于 rpart. control 的帮助，主要看 minsplit：分支节点最小的样本数，minbucket：叶子节点最小样本数，maxdepth：树的最大深度。

```
ct <- rpart. control( maxdepth  =  3)                #把树的最大深度设为 3
```

例如上行命令，把树的最大深度设为 3。另外考虑到 capital. gain、capital. loss 这些变量与收入高度相关，因此剔除 capital. gain 与 capital. loss 变量。education 与 education. num 信息重复，因此剔除 education 变量。

```
tree. adult1. sim  <-  rpart( class ~ age + workclass + education. num + marital. status +
occupation + relationship + race + sex + hours. per. week + native. country,  adult1 , con-
trol  =  ct)
rpart. plot( tree. adult1. sim,  type =5 ,extra =2)
```

由图 8 – 29 输出结果可以发现新的决策树更加简洁，只用到两个变量 relationship 和 education. num。relationship 为 Not-in-family 等的，则收入小于等于 5 万美元；relationship 为 husband、wife 的，再看 education. num，小于 13 的则收入小于等于 5 万美元；education. num 大于等于 13 的则收入大于 5 万美元。整个决策树共有 2 个分支，3 个叶结点。

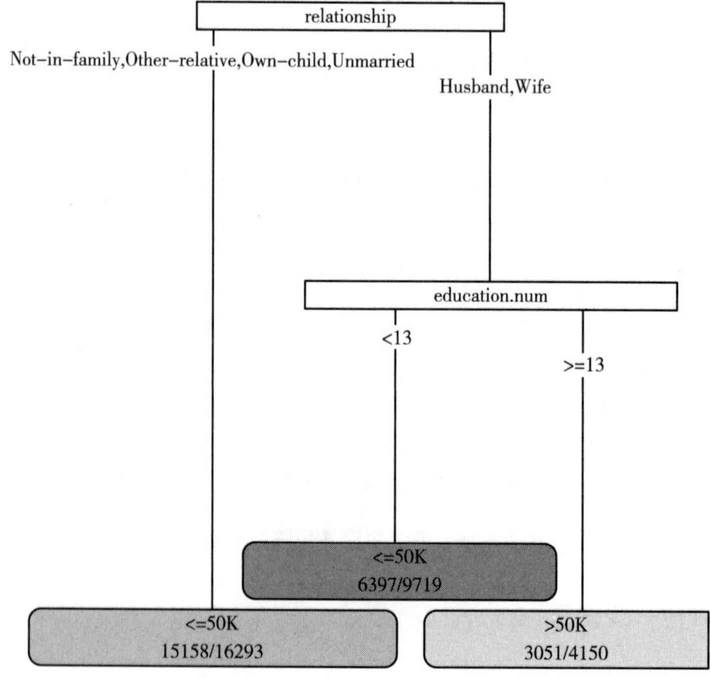

图 8 – 29　调整后的决策树可视化分析

```
#训练集
table. mat. sim. train <- table ( adult1 $class, predict ( tree. adult1. sim, adult1, type =
" class" ) )
accuracy. sim. train  <-  sum ( diag ( table. mat. sim. train ) )  /  sum ( table. mat. sim.
train)
print( paste( 'Accuracy for train',  accuracy. sim. train) )
#测试集
table. mat. sim. test <- table( adulttest1 $class, predict( tree. adult1. sim, adulttest1, type
 = " class" ) )
accuracy. sim. test  <-  sum( diag( table. mat. sim. test) ) / sum( table. mat. sim. test)
print( paste( 'Accuracy for test',  accuracy. sim. test) )
```

再计算新决策树在训练集和测试集的准确率，输出结果如图 8－30 所示，分别为0. 8158 和0. 8151，略有下降。

```
> #训练集
> table.mat.sim.train<-table(adult1$class,predict(tree.adult1.sim,adult1,type="class"))
> accuracy.sim.train <- sum(diag(table.mat.sim.train)) / sum(table.mat.sim.train)
> print(paste('Accuracy for train', accuracy.sim.train))
[1] "Accuracy for train 0.815794708573702"
>
> #测试集
> table.mat.sim.test<-table(adulttest1$class,predict(tree.adult1.sim,adulttest1,type="class"))
> accuracy.sim.test <- sum(diag(table.mat.sim.test)) / sum(table.mat.sim.test)
> print(paste('Accuracy for test', accuracy.sim.test))
[1] "Accuracy for test 0.815073041168659"
```

图 8－30　训练集和测试集的准确率

这个例子表明收入高低主要与个人在家庭中担任的角色和所受教育有关。感兴趣的同学还可以就该数据筛选一下变量再进行决策树分析，可能还会有意外的发现。

本知识点微课视频二维码

第三节　随机森林分析实验

一、随机森林分析原理

随机森林（random forest，RF）是一种集成学习，是利用多棵决策树对样本进行训练并预测的一种分类模型。所谓的集成学习，其大致思路是通过训练多个弱模型打包起来组成一个强模型，强模型的性能要比单个弱模型好很多，这里的弱和强是相对的。集成学习中的弱模型可以是决策树、逻辑回归分类、支持向量机等模型。

随机森林是用随机的方式构建的一个森林，而森林中的每一棵树都相当于一个弱分类模型，且各个弱分类模型之间彼此相互不关联，也就是森林中各个树之间是彼此独立的。从理论上讲，随机森林的表现一般要优于单一的决策树。因为随机森林的结果是通过多个决策树结果投票来决定最后的结果。简单来说就是：随机森林中每个决策树都有一个自己的结果，通过统计每个决策树结果，选择投票数最多的作为其最终结果。

（一）基本算法

随机森林算法步骤如下：

第一，从样本数据集中随机且有放回地选出 n 个样本，通常使用 Bootstrap 采样（即自助法采样）；

第二，从所有属性中随机选择 k 个属性，选择最佳分割属性作为节点建立决策树（通常是建立 CART 决策树）；

第三，重复以上两步 m 次，即建立了 m 棵决策树；

第四，这 m 个决策树形成随机森林，通过投票表决结果，决定数据属于哪一类。

投票机制是随机森林模型构建的一个重要环节。传统机器学习领域的投票机制主要分硬投票和软投票两种，其原理主要采用少数服从多数的思想。硬投票是直接输出类标签。如果标签数量相等，那么按照升序的次序进行选择；软投票是输出各类的概率，且可以对各个类别设置权重，然后根据最大概率来确定最终分类的结果。随机森林模型通常采用的是硬投票机制。

（二）重要参数

1. 随机森林分类性能的主要因素

森林中单棵树的分类强度：在随机森林中，每一棵决策树的分类强度越大，即每棵树枝叶越茂盛，则整体随机森林的分类性能越好。

森林中树之间的相关度：在随机森林中，树与树之间的相关度越大，即树与树之间的枝叶相互穿插越多，则随机森林的分类性能越差。

2. 随机森林的两个重要参数

随机森林的两个重要参数为树节点预选的变量个数和随机森林中树的个数。以上两个参数是在构建随机森林模型过程中的两个重要参数，这也是决定随机森林预测能力的两个重要参数。其中第一个参数决定了单棵决策树的情况，而第二个参数决定了整片随机森林的总体规模。换言之，上述两个参数分别从随机森林的微观和宏观层面上决定了整片随机森林的构造。

（三）特征分析

关于随机森林模型的特征分析，通常有平均不纯度降低和平均精确度降低这两种方法。

1. 平均不纯度降低

随机森林由多棵决策树（如 CART）构成，决策树中的每一个节点都是关于某个特征的条件，为的是将数据集按照不同的响应变量一分为二。

决策树（CART）利用不纯度可以在最优条件判断基础上来确定节点。对于分类问题，通常采用基尼不纯度，对于回归问题，通常采用的是方差或者最小二乘拟合。当训练决策树的时候，可以计算出每个特征减少了多少树的不纯度。对于一个决策树森林来说，可以算出每个特征平均减少了多少不纯度，并把它平均减少的不纯度作为特征选择的标准。平均减少的不纯度越大，该特征也就越重要。

2. 平均准确率降低

通过直接度量每个特征对模型准确率的影响来进行特征选择。其主要思路是：打乱每个特征的特征值顺序，并且度量顺序变动对模型的准确率的影响；对于不重要的变量来说，打乱顺序对模型的准确率影响不会太大；对于重要的变量来说，打乱顺序就会降低模型的准确率。

（四）应用场景

随机森林应用十分广泛，且主要应用于以下几个方面。

第一，可用于样本数据的分类和回归。尤其是对于高维特征问题，随机森林很有优势，可以不用事先做特征选择。对此主要归因于该模型待选特征的随机化。另外，对于部分特征值缺失的场景，随机森林也比较友好。

第二，随机森林还可以用于异常值检测（如 Isolation Forest 模型的运用）和聚类。异常检测的原则是：若样本 x 为异常值，它应在大多数 iTree 中很快从根到达叶子。

第三，在特征工程中，随机森林算法也常用于特征选择，可以进行变量重要性分析。特征选择采用随机的方法去分裂每一个节点，然后比较不同情况下产生的误差，能够监测到内在估计误差、分类能力和相关性决定选择特征的数目。单棵决策树的分类能力可能很小，但在随机产生大量的决策树后，一个测试样本可以通过每一棵树的分类结果经统计后选择最可能的分类。

（五）优势和不足

随机森林模型的优势在于以下几个方面。

第一，两个随机性的引入，使得随机森林不容易陷入过拟合且具有很好的抗噪声能力。

第二，能够处理较高维度的数据，通常不用做特征选择，不用做特征选择的原因在于：特征子集是随机选择的，子集大小可以控制。

第三，在训练完后，它能够进行特征重要性分析。

第四，训练速度快，容易做成并行化方法，因为模型在训练时树与树之间是相互独立的。

随机森林模型缺陷或不足在于以下两个方面。

第一，对于有不同取值的属性特征的数据，取值划分较多的属性会对随机森林产生更大的影响。这种操作跟决策树算法类似，以信息增益划分数据集的特征，都有这个问题，可以用信息增益比来校正。

第二，随机森林不像决策树那样能看到一棵树，意思就是说，随机森林像是个神秘的“黑盒子”。

本知识点微课视频二维码

二、随机森林分析实验案例

（一）数据特征描述

本节继续以 adult 数据为例来进行随机森林的模型实现。数据集包括训练集数据和测试集数据，我们将用训练集数据来训练模型，用测试集数据来评估模型的预测能力。

我们的目标是：考察数据集中收入分类跟哪些因素有关？并以测试集数据来进行预测分析。

决策树分析部分对数据做了描述性统计分析，详细介绍了其数据特征，这里只对数据集做简单陈述。

```
adult_train <- read.csv('d:/dataset/adult_data/adultadjust.csv')
adult_test <- read.csv('d:/dataset/adult_data/adulttest1adjust.csv')
str(adult_train)
str(adult_test)
```

读取数据，并使用 str（）提取数据集数据特征。训练集共有 30162 个观测，测试集共有 15060 个观测。机器学习中训练集用来训练模型，测试集则用来评估模型的预测等能力。该数据共 15 个特征变量，其中：6 个连续性变量，9 个分类或顺序变量。这九个分类或顺序变量是字符串型，需要使用 as. factor( )变换为因子型，便于后续建模。native. country 变量在训练集和测试集上表现不同，因此在随机森林模型分析时剔除 native. country 和与收入分类无关的代表序号的 fnlwgt 变量。

```
adult_train$workclass  <-  as. factor(adult_train$workclass)
adult_test$workclass  <-  as. factor(adult_test$workclass)
```

（二）构建随机森林模型

1. 引入随机森林的相关包

```
library(randomForest)        #主要用于调用 randomForest( )函数
library(caret)               # 用于在模型评价等方面的函数使用
```

2. 构建随机森林模型

```
set. seed(1234)                 # 首先我们设置随机数种子
rf_model  <-  randomForest(class  ~.  - fnlwgt - native. country, data  =  adult_train,
importance  = T)
pred_rf  <-  predict(rf_model, adult_train, type  =  'class')
sum(diag(table(pred_rf, adult_train$class)))/dim(adult_train)
confusionMatrix(pred_rf, adult_train$class)   #查看训练集混淆矩阵
```

混淆矩阵如表 8 -4 所示。

表 8 -4　　随机森林训练集混淆矩阵

pred_rf	< =50K	>50K	错误比率
< =50K	21128	1526	0. 06736
>50K	2602	4906	0. 34656

随机森林模型结果：袋外估计误差率：13. 69%。

3. 结果分析

```
pred_rf_test  <-  predict(rf_model, adult_test, type  =  'class')   #在测试集验证
table(pred_rf_test, adult_test$class)
sum(diag(table(pred_rf_test, adult_test$class)))/dim(adult_test)
```

具体结果分析如表 8－5 所示。

表 8－5　随机森林测试集混淆矩阵

pred_rf	< =50K	>50K
< =50K	10557	1316
>50K	803	2384

并计算出模型在测试集上的预测正确率接近 86%。

（三）可视化重要变量

重要变量分析图中分别显示了平均准确率降低（Mean Decrease Accuracy）和平均不纯度降低（Mean Decrease Gini）两个指标值。平均准确率降低是直接测量每种特征对模型预测准确率的影响，指标值越大，该变量的重要性越大。平均不纯度降低是基于节点不纯度降低的特征选择，该值越大表示该变量的重要性越大。

```
importance(rf_model)
varImpPlot(rf_model)
```

图 8－31 中可知，capital. gain 变量都排在首位，表明是最重要的，对模型预测效果影响最大；occupation、age 也较重要。race、sex 变量则相对不重要。

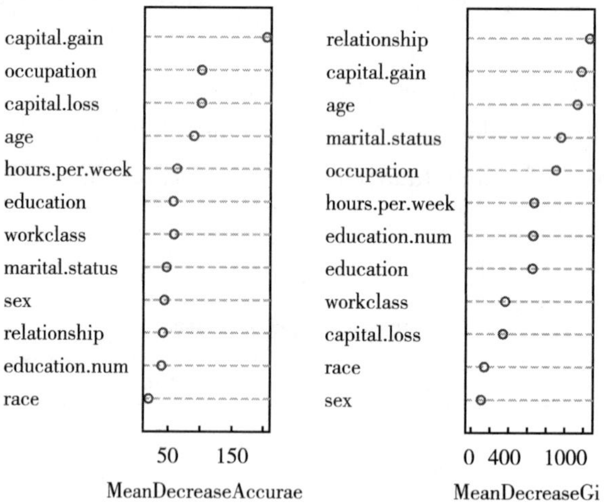

图 8－31　随机森林模型中两种测算方式下自变量重要程度

本知识点微课视频二维码

第四节　支持向量机分析实验

一、支持向量机分析原理

（一）支持向量机模型简介

1. SVM 概述

SVM 方法是 20 世纪 90 年代初瓦普尼克（Vapnik）等根据统计学习理论提出的一种新的机器学习方法，它以结构风险最小化原则为理论基础，通过适当地选择函数子集及该子集中的判别函数，使学习机器的实际风险达到最小，保证了通过有限训练样本得到的小误差分类器，对独立测试集的测试误差仍然较小。

支持向量机的基本思想是：首先，在线性可分情况下，在原空间寻找两类样本的最优分类超平面。在线性不可分的情况下，加入了松弛变量进行分析，通过使用非线性映射将低维输入空间的样本映射到高维属性空间使其变为线性情况，从而使得在高维属性空间采用线性算法对样本的非线性进行分析成为可能，并在该特征空间中寻找最优分类超平面。其次，通过使用结构风险最小化原理在属性空间构建最优分类超平面，使得分类器得到全局最优，并在整个样本空间的期望风险以某个概率满足一定上界。

其突出的优点表现在：（1）基于统计学习理论中结构风险最小化原则和 VC 维理论，具有良好的泛化能力，即由有限的训练样本得到的小的误差能够保证使独立的测试集仍保持小的误差。（2）支持向量机的求解问题对应的是一个凸优化问题，因此局部最优解一定是全局最优解。（3）核函数的成功应用，将非线性问题转化为线性问题求解。（4）分类间隔的最大化，使得支持向量机算法具有较好的鲁棒性。由于 SVM 自身的突出优势，因此被越来越多的研究人员作为强有力的学习工具，以解决模式识别、回归估计等领域的难题。

2. 求解过程

支持向量机的具体求解过程如下。

（1）设已知样本训练集：

$$T=\{(x_i,y_i),L(x_n,y_n)\}\in(X\times Y)^n \tag{8-1}$$

其中，$x_i\in X=R^n, y_i\in Y=\{-1,+1\}(i=1,2,L,n)$，$x_i$ 为特征向量。

（2）选择适当核函数 $K(x_i,y_i)$ 以及参数 C，解决优化问题：

$$\min_{\alpha}\frac{1}{2}\sum_{i=1}^{n}\sum_{j=1}^{n}\alpha_i y_i\alpha_j y_j K(x_i,y_i)-\sum_{j=1}^{n}\alpha_j$$

$$\text{s.t.} \sum_{i=1}^{n} \alpha_i y_i = 0, 0 \leqslant \alpha_i \leqslant C, i = 1,2,\cdots,n \tag{8-2}$$

得最优解：$\alpha^* = (\alpha_1^*, \cdots, \alpha_n^*)^T$。

（3）选取 α^* 的正分量，计算样本分类阈值：

$$b^* = y_i \sum_{i=1}^{l} y_i \alpha_i^* K(x_i, x_j) \tag{8-3}$$

（4）构造最优判别函数：

$$f(x) = \text{sgn}\left[\sum_{i=1}^{n} y_i \alpha_i^* K(x_i, x_j) + b^*\right] \tag{8-4}$$

一般地，用 SVM 做分类预测时必须调整相关参数（特别是惩罚参数 c 和核函数参数 g），这样才可以获得比较满意的预测分类精度，采用 Cross Validation 的思想可以获取最优的参数，并且有效防止过学习和欠学习状态的产生，从而能够对于测试集合的预测得到较佳的精度。

（二）最优分类面

支持向量分类的研究方法就是找到两个平行间距最大的边界，且这两个边界能够将所有的样本点能够正确分类，位于两个平行边界中间位置且与之平行的平面，即为所寻找的最优超平面，如图 8－32 所示。

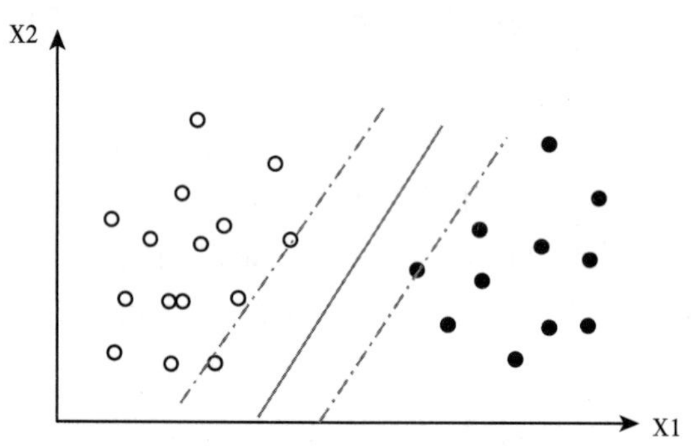

图 8－32　SVM 最优分类面

下面需要探讨的就是如何寻找到这样的超平面，超平面会因样本的可分性而导致差异，因此，我们可以把样本分为线性可分样本和线性不可分样本来进行分别考虑超平面。

1. 线性可分样本

线性可分样本又可分为完全线性可分样本和广义线性可分样本，完全线性可分样本是指两类样本点完全不交融，因此超平面可以将样本点 100% 的分为两类。然而在许多情况下，有些样本点会被错分，从而导致超平面没有办法完全划分两类样本，因此这种情况下，为广义线性可分样本，如图 8－33 所示。

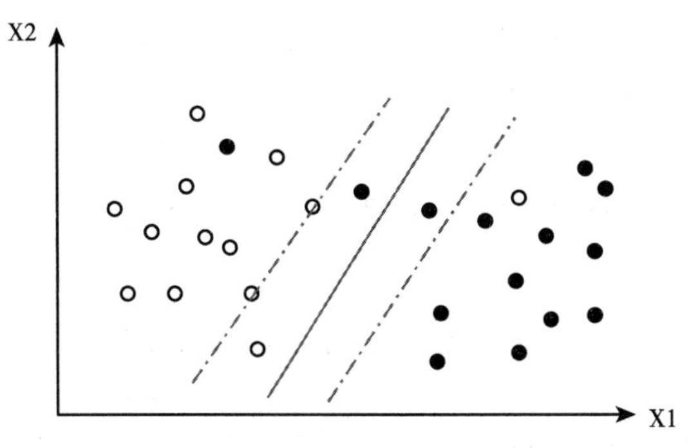

图 8－33　广义线性可分样本

（1）完全线性可分。在完全线性可分的情况下，确定超平面的步骤如下。

我们先回顾一下最初的问题，存在一个超平面 $\omega^T+b=0$ 可以把样本 100% 分开，同时存在两个平行于 H 的界面 H1 和 H2

$$\omega^T x_i + b = 1$$
$$\omega^T x_i + b = -1 \qquad (8-5)$$

使得距离 H 最小的样本点刚好落在两个平行的边界上，这样的样本被称为支持向量，因此其他所有的样本都会落在 H1 和 H2 之外。

当 $\omega^T+b>0$ 时，则 $y_i=+1$，当 $\omega^T+b<0$ 时，$y_i=-1$。因此当观测值 i 的输出值 $y_i=+1$ 时，$\omega^T+b>1$ 成立，当输出值 $y_i=-1$ 时，$\omega^T+b<-1$ 成立。它们可以表达为统一的公式为：$y_i(\omega^T x_i+b)-1>0$，而平行边界之间的距离为 $\lambda=2d=\frac{2}{\|\omega\|}$，根据上面的研究思路，寻找到最优超平面的方法就是使两平行平面之间的间隔最大，即使 ω 尽量的小，为了研究方便令 $\pi(\omega)=\|\omega^2\|/2$，目标是使得 ω 最小。于是可以构造下面的条件极值问题：

$$\min\ \pi(\omega)=\|\omega^2\|/2$$
$$\text{s.t.}\ y_i(\omega^T x_i+b)-1>0,\ i=1,2,\cdots,m \qquad (8-6)$$

（2）广义线性可分问题下的支持向量分类。如图 8－34 中，两个分类边界内部

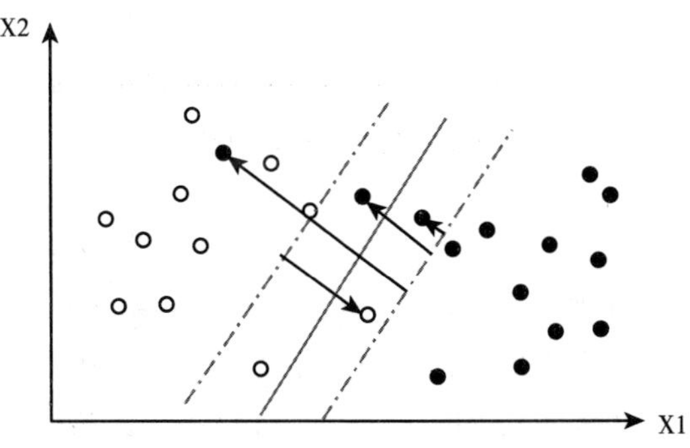

图 8－34　广义的支持向量分类

存在样本点，且有些样本点被错分，位于分类边界的另一侧，这样建立的支持向量分类被称为广义的支持向量分类。

在不能完全线性可分的情况下，两类样本有重叠的部分，超平面无法将样本完全分开，此时可以采取宽松的策略。在上面的约束条件中加入松弛变量 $\varepsilon_i>0$，从而约束条件调整为：

$$y_i(\omega^T x_i+b)\geqslant 1-\varepsilon_i,\varepsilon_i\geqslant 0,i=1,2,\cdots,m \tag{8-7}$$

其中，$\sum_{i=1}^{n}\varepsilon_i$ 是错分程度的总度量，由上式可知，只要 ε_i 足够大，就可以满足上面约束条件。正常情况下，为了防止 $\sum_{i=1}^{n}\varepsilon_i$ 过大，需要在目标函数中增加惩罚函数 $C>1$，从而目标函数可以表达为：

$$\min\left[\|\omega^2\|/2+C\sum_{i=1}^{m}\varepsilon_i\right] \tag{8-8}$$

当惩罚函数 C 相对较大时，意味着犯错的惩罚会更大，那么允许总的犯错程度比较低，分类的准确度就较高；当 C 较小时，犯错的惩罚会较小，允许总的犯错程度比较高，从而分类的准确度也下降。C 可以看为犯错成本，成本大时模型对误差惩罚大，从而导致一个更复杂的分类边界，有可能导致过拟合的问题；而当 C 较小时，又可能导致分类精度下降，从而不具有实际应用价值。

2. 线性不可分样本

线性不可分是指无法找到一条直线将两类样本分开，如图 8－35 所示。

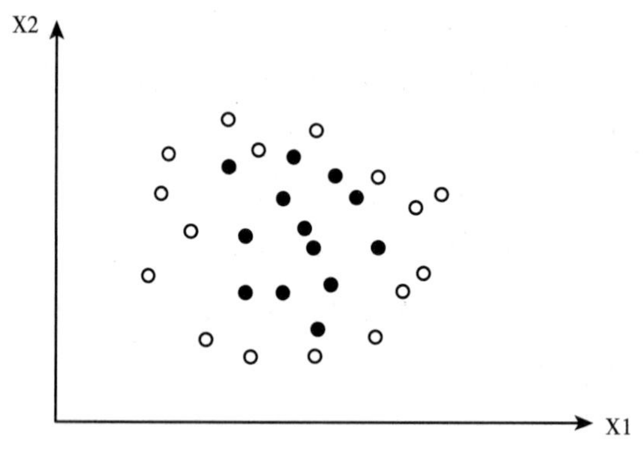

图 8－35　线性不可分

对于解决线性不可分问题，支持向量分类的核心思想是通过一个非线性映射函数 Φ( ) 将输入的原始数据映射到高维空间 M，然后再在这个空间中寻找最优分类超平面，从而通过这种非线性转换，解决原始数据的线性不可分问题，也就是说任何线性不可分的情况都可以通过适当的函数变化转化为线性可分的问题。

先考察一个最简单的非线性映射，例如，原始数据有两个输入变量 x_1，x_2，组成的所有乘积形式为 x_1^3，$x_1^2x_2$，$x_1x_2^2$，x_2^3，超平面为一个三阶多项式：

$$\omega_1 x_1^3 + \omega_2 x_1^2 x_2 + \omega_3 x_1 x_2^2 + \omega_4 x_2^3 + c = 0 \tag{8-9}$$

通过式（8－9）可知，对于所有的样本数据，首先可以算出其所有乘积，然后在映射到高维空间中，进而对超平面参数进行估计。这种做法如果在低维空间尚且可行的话，那么在高维空间中就可能造成维数灾难。因为随着各项乘积阶数的提高，模型被估计的参数会变得非常大，此时就会给 $\Phi()$ 的计算带来很大的困难。

因为需要利用非线性映射函数将 $\Phi()$ 所有数据从低维到高维的转换，因此拉格朗函数和决策函数可分别表达为：

$$L(\omega,b,a) = \sum_{i=1}^{m}\alpha_i - \frac{1}{2}\sum_{i=1}^{m}\sum_{j=1}^{m}\alpha_i\alpha_j y_i y_j(\Phi(X_i)^T\Phi(X_j)) \tag{8-10}$$

$$h(x) = \mathrm{Sign}[b + \sum_{i=1}^{I}\alpha_i y_i(\varphi(X)^T X_j)] \tag{8-11}$$

由式（8－10）、式（8－11）可知，参数和决策结果取决于转换之后的内积，因此内积计算是解决问题的重要一步。

为此，我们希望找到一个函数 $K(X_i, X_j)$，可以计算出转换之后的内积结果，即：

$$L(\omega,b,a) = \sum_{i=1}^{m}\alpha_i - \frac{1}{2}\sum_{i=1}^{m}\sum_{j=1}^{m}\alpha_i\alpha_j y_i y_j(\Phi(X_i)^T\Phi(X_j)) \tag{8-12}$$

$$h(x) = \mathrm{Sign}[b + \sum_{i=1}^{I}\alpha_i y_i K(X_j, X_j)] \tag{8-13}$$

那么，所有原来的函数和预测都可以在低维空间中运行。

可以看出，X_1、X_2 经过 $\Phi()$ 函数的转换后的内积，刚好等于两阶多项式函数 K 的结果。这里，函数 $K(X_2, X_1)$ 称为核函数。

（三）核函数

1. 核函数特征

核函数的应用非常广泛，一般来说它有以下特征。

（1）核函数的引入避免了“维数灾难”，大大减小了计算量，可以有效处理高维输入。

（2）核函数的使用无须知道非线性变换函数的形式和参数。

（3）核函数的形式和参数的变化会隐式改变从输入空间到特征空间的映射，进而对特征空间的性质产生影响，最终改变各种核函数方法的性能。

（4）核函数方法可以和不同的算法相结合，形成多种不同的基于核函数技术的方法，且这两部分的设计可以单独进行，并可以为不同的应用选择不同的核函数和算法。

2. 核函数分类

选择满足 Mercer 条件的不同内积核函数，就构造了不同的 SVM，这样也就形成了不同的算法。目前研究最多的支持向量机内积核核函数 K 的主要有四类。

（1）线性内核函数。主要用于线性可分的情形，它在原始空间中寻找最优线性分类器，具有参数少速度快的优势。

$$K(x_i, x_j) = (x_i^T x_j) \tag{8-14}$$

（2）多项式核函数。

$$K(x_i, x_j) = (\gamma x_i^T x_j + r)^d \tag{8-15}$$

多项式核函数属于全局核函数，其中，γ 为偏差，正常情况下是0，增大 γ 可提高准确度；d 为阶数，决定映射到高维空间的维度，一般小于 10。该核函数允许相距很远的数据点对核函数的值有影响。参数 d 越大，映射的维度越高，计算量就会越大。当 d 过大时，由于学习复杂性也会过高，容易出现“过拟合”现象。

（3）高斯径向基核函数（RBF）。RBF 属于局部核函数，当数据点距离中心点变远时，取值会变小。公式为：

$$K(x_i, x_j) = \exp\left\{-\frac{\|x_i - x_j\|^2}{\sigma^2}\right\} \tag{8-16}$$

所得的 SVM 是一种径向基分类器，它与传统径向基函数方法的基本区别是，这里每一个基函数的中心对应于一个支持向量，它们以及输出权值都是由算法自动确定的。高斯径向基核对数据中存在的噪声有着较好的抗干扰能力，由于其很强的局部性，其参数决定了函数作用范围，随着参数 σ 的增大而减弱。

（4）双曲正切核函数（Sigmoid 核函数）。

$$K(x_i, x_j) = \tanh(v(x_i \cdot x_j) + c) \tag{8-17}$$

这时的 SVM 算法中包含了一个隐层的多层感知器网络，不但网络的权值，而且网络的隐层结点数也是由算法自动确定的，而不像传统的感知器网络那样由人凭借经验确定。此外，该算法不存在困扰神经网络的局部极小点的问题。

在上述几种常用的核函数中，最为常用的是多项式核函数和径向基核函数。除了上面提到的三种核函数外，还有指数径向基核函数、小波核函数等其他一些核函数，应用相对较少。事实上，需要进行训练的样本集有各式各样，核函数也各有优劣。贝尔森斯和瓦林等（B. Bacsens and S. Viaene et al.）曾利用 LS-SVM 分类器，采用 UCI 数据库，对线性核函数、多项式核函数和径向基核函数进行了实验比较，从实验结果来看，对不同的数据库，不同的核函数各有优劣，而径向基核函数在多数数据库上得到略为优良的性能。

（四）SVM 的特征

SVM 具有很多很好的性质，因此他已经成为广泛使用的分类算法之一，下面简要总结以下 SVM 的一般特征。

（1）SVM 学习问题可以表示为凸优化问题，因此可以利用已知的有效算法发现目标函数的全局最小值。而其他的分类方法（如基于规则的分类器和人工神经网络）都采用一种基于贪心学习的策略来搜索假设空间，这种方法一般只能获得局部最优解。

（2）SVM 通过最大化决策边界的边缘来控制模型的能力。尽管如此，用户必须提供其他参数，如使用的核函数类型、为了引入松弛变量所需的代价函数 C 等。

（3）通过对数据中每个分类属性值引入一个哑变量，SVM 可以应用于分类数据。例如，如果婚姻状况有三个值｛单身，已婚，离异｝，可以对每一个属性值引入一个二元变量。

（4）本节所给出的 SVM 公式表述是针对二类问题的一些方法。

本知识点微课视频二维码

二、支持向量机分析实验案例

（一）数据预处理与 ksvm 函数

我们仍选择 adult 数据来进行支持向量机的模型实现。数据预处理及特征分析见决策树和随机森林部分，这里不过多陈述，将直接进行模型构建。

我们建立支持向量机模型，运用的是 ksvm 这个函数，这个函数在包 kernlab 中，所以我们事先需要导入相关的包与设定随机数种子。

```
library(kernlab)          #主要用于调用支持向量机函数 ksvm()
library(caret)            #用于在模型评价等方面的函数使用
set.seed(1234)            #设定随机数种子
```

ksvm 这个函数包含有 formula，data，kernal，type，kpar，C，prob. model 等参数，即 ksvm(formula，data，kernal，type，kpar，C，prob. model)

formula 是模型的表达式设定

data 是模型对应的数据集

kernel 是指核函数的设定，其设置的变量值通常是字符串类型：其中，

rbfdot 径向基“高斯”核函数

polydot 多项式核函数

vanilladot 线性核函数

tanhdot 双曲正切核函数

laplacedot 拉普拉斯核函数

besseldot 贝塞尔核函数

anovadot 是 ANOVA RBF 核函数

splinedot 样条核函数

type 参数表示是用于分类还是回归，还是异常检测，这取决于 y 是否是一个因子。y 是因子类型的对应为分类，y 是连续数值则对应为回归。

kpar 是核对应的超参数列表。

C 是惩罚系数。

prob. model 如果设置为 true，在分类模型中计算各个类别的概率。或在回归计算中，计算拟合残差的尺度（scaled）参数。默认为 False。

（二）构建 SVM 模型

1. 构建 svm 模型

```
svm_model  <-  ksvm(class ~. -fnlwgt, data = adult_train, kernel =
'rbfdot',kpar = list(sigma = 1)) # fnlwgt 为序号,非变量
pred_svm <- predict(svm_model, adult_train, type = 'response')
```

其中，type = 'response'指定预测结果是具体的某个类别。另外，在 adult_ test 上验证。pred_svm_test <- predict(svm_model, adult_test, type = 'response')，将报错：测试向量与模型不匹配，测试集 adult_test 与训练集 adult_train 变量 native. country 的表现不同，所以需要剔除这个变量在进行建模。

2. 构建 svm 模型（剔除 fnlwgt 序号、native. country 变量）

```
set. seed(1234)
svm_model1 <- ksvm(class ~. -fnlwgt -native. country, data = adult_train, kernel
= 'rbfdot',kpar = list(sigma = 1))
pred_svm_test1 <- predict(svm_model1, adult_test, type = 'response')
#查看混淆矩阵。
table(pred_svm_test1,adult_test$class)
```

测试集混淆矩阵如表 8 -6 所示。

表 8 -6　　SVM 测试集混淆矩阵

pred_ svm	< =50K	>50K
< =50K	10619	1835
>50K	741	1865

```
sum(diag(table(pred_svm_test1,adult_test$class)))/dim(adult_test)
```

最后我们得到了模型在测试集上的预测正确率，正确率约为 83%。

（三）模型优化

上述我们对支持向量机理论做了系统的阐述，同时进行了 R 语言的实战案例，这时，我们将整理前文内容，基于 adult 数据集，综合介绍利用 R 软件建立模型的完整过程。

在上述的建模案例中，我们采用的核函数是径向基“高斯”核函数（rbfdot）且惩罚系数固定为 1，这里我们分别采用径向基“高斯”核函数（rbfdot）、多项式核函数（polydot）、线性核函数（vanilladot）、双曲正切核函数（tanhdot）、拉普拉斯核函数（laplacedot）、贝塞尔核函数（besseldot）、ANOVA RBF 核函数（anovadot）、样条核函数（splinedot），并将惩罚系数赋值为 1、5、10。在时间和精力的允许下，尽可能建立更多的模型，最后通过各项指标对比选出最优模型。根据以上分析，R 语言实现代码如下：

```
set. seed(1234)
t <- c(1,5,10)
kernel_select <- c("rbfdot", "polydot","tanhdot", "vanilladot","laplacedot",
"besseldot", "anovadot","splinedot")
kpar_select <- list(list(sigma = 1),list(degree = 1, scale = 1, offset = 1),list
(scale = 1, offset = 1),list(), list(sigma = 1),list(sigma = 1, order = 1,
degree = 1),list(sigma = 1, degree = 1),list())
pre_ratio <- c()
for (i in 1 : 3){
  for (j in 1 : 8){
        svm_model <- ksvm(class ~. - fnlwgt - native. country, data = adult_
      train, kernel = kernel_select[j],kpar =kpar_select[[j]], C = t[i])
```

```
    pred_svm_test <- predict(svm_model, adult_test, type = 'response')
pre_ratio[j + (i-1) * 8] <- sum(diag(table(pred_svm_test,adult_test$class
)))/dim(adult_test)[1]
        }
}
```

在运行了上述的程序之后，我们得到了所有的 24 个模型的预测结果，具体结果如表 8-7 所示。

表 8-7　　SVM 优化模型结果

惩罚系数	rbfdot	polydot	tanhdot	vanilladot	laplacedot	besseldot	anovadot	splinedot
c=1	0.829	0.8453	0.6835	0.8452	0.8502	0.7777	0.7982	0.7483
c=5	0.8227	0.8454	0.6835	0.8454	0.8357	0.7649	0.7627	0.7483
c=10	0.8191	0.8454	0.6836	0.8454	0.8323	0.7624	0.757	0.7483

从上述结果我们看出，惩罚系数的大小对模型的影响较小，同时从上表中我们能够得到，当惩罚为 1，且采用 laplacedot 核函数时，效果最好（这里采用核函数默认系数）。

本知识点微课视频二维码

思考练习

请使用决策树、随机森林和支持向量机模型预测马是否患有疝气病。数据采用 UCI 数据库的疝气病预测病马数据，数据前 21 个指标为马的病症数据，最后一个为该马的标签。数据已被分为训练集和测试集（horseColicTraining. txt 和 horseColicTest. txt）。任务是使用训练集训练模型并预测测试集的标签，并要求将预测的测试集的标签错误率控制在 30% 以下。

第九章 资金流量核算分析实验

第一节 资金流量核算的基本概念及原理

一、资金流量核算的基本问题

国民经济核算是对国民经济运行过程的核算，而国民经济的运行过程是实物循环和资金循环的统一。实物循环是指产品和生产要素供给和使用的循环，通过对实物循环的核算，可以反映一定时期内产品市场和要素市场的供求平衡状况。资金循环则包括两部分：一部分是实物循环的镜像，即记录伴随产品和要素的实物流动所产生的价值流动；另一部分是涉及金融资产变动的各种金融交易。通过资金流量核算，可以深入地观察经济系统的运动。资金流量核算案例主要介绍资金流量核算的基本问题、资金流量核算的主要交易项目、资金流量表及其平衡关系和实物交易资金流量表的分析应用。

（一）资金流量核算的对象及核算范围

资金流量核算的对象不同于国内生产总值核算和投入产出核算，国内生产总值核算和投入产出核算的对象是货物和服务交易，主要涉及最终产品如何生产出来？如何被用于消费和资本形成等问题。资金流量核算的对象是收入分配和使用交易以及金融交易，回答的是产生的价值如何通过经济主体之间的收入分配、资金融通转化为对货物和服务的购买能力并最终实现消费和积累的目标。

资金流量核算中的资金流量有狭义和广义两种理解，狭义的资金流量主要指金融交易流量，广义的资金流量将范围扩大到收入分配流量和收入使用流量，是指整个社会资金的循环过程，体现了与实物循环对应的价值循环。因此，核算范围亦有狭义的分析框架和广义的分析框架，狭义的分析框架仅就金融交易编制资金流量表，通常由中央银行编制，一般按季度编制，实用性较强。广义的分析框架有两种选择：一种以储蓄为起点，包括金融交易和非金融投资；另一种以增加值为起点，包括金融交易，收入分配与使用、非金融投资等非金融交易。

（二）资金流量核算的基本框架和规则

资金流量核算以资金流量表为载体，基本框架可以通过资金流量表的结构来反映。资金流量表的结构一般采用交易项目 × 机构部门的交叉结构，横行标题列示收入的分配与使用、非金融投资、金融交易等交易项目和平衡项，纵列标题列示五大机构部门，在某一机构部门下列出“来源”与“运用”，来源记录收入和资金流入，运用记录支出和资金流出。

表 9 – 1 是一个常见的资金流量简表，横行列示主要交易项目：增加值、收入分配交易、可支配收入、消费支出等经常性交易和平衡项目，总储蓄、非金融投资、资金余缺等非金融资本交易和平衡项目，净金融投资、金融交易等金融交易和平衡项目。纵列列示五个机构部门：非金融企业部门、金融机构部门、政府部门、住户部门和国外部门。

表 9 – 1　　　　资金流量简表

机构部门	非金融企业部门		金融机构部门		政府部门		住户部门		国内合计		国外部门		合计	
交易项目	运用	来源	运用	来源	运用	来源	运用	来源	运用	来源	运用	来源	运用	来源
经常性交易和平衡项目 增加值 收入分配交易 可支配总收入 消费支出														
非金融资本交易和平衡项目 总储蓄 非金融投资 资金余缺														
金融交易和平衡项目 净金融投资 金融交易														

资金流量核算的规则遵循国民经济核算的总体原则，即：复式记账方法、权责发生制原则、以现期市场价格作为计价依据。表中存在两类平衡关系：一类是部门内部来源合计等于部门内部使用合计；另一类是对于某一交易项目来说，各部门来

源方合计等于各部门使用方合计。

（三）资金流量核算（实物交易）的基本问题

1. 资金流量核算（实物交易）的核算内容

中国资金流量核算包括两部分内容：实物交易部分和金融交易部分，下面主要阐述实物交易部分的基本问题。实物交易核算以新创造的增加值为起点，主要包括收入分配、收入使用、非金融投资三个环节的流量核算，核算内容的逻辑顺序如图9－1所示。收入分配是将当期生产的价值分配给各经济活动主体的过程，以及在此过程中所形成的各种收支活动；收入使用是指住户和政府部门将收入用于购买货物或服务以实现消费所花费的支出；非金融投资是指各部门进行的非金融资产交易。

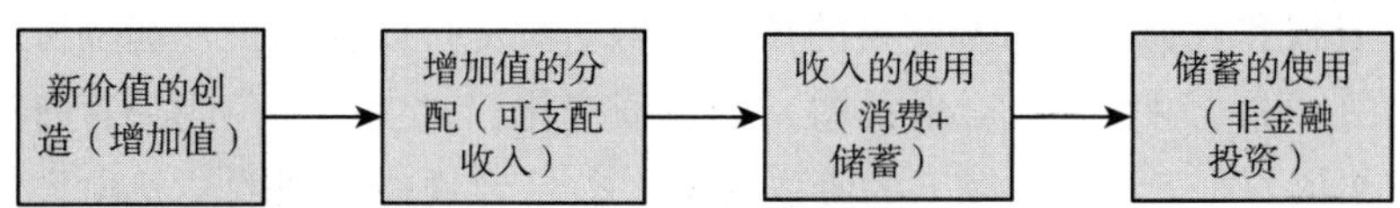

图9－1　资金流量核算（实物交易）内容

2. 资金流量核算（实物交易）的核算规则

核算过程中注意实物交易部分所包括内容与整个国民经济核算的对象应具有一致性，尤其要与GDP核算中关于生产核算的范围保持一致，不仅包括货币性交易，而且应该包括不具有货币交易形式的交易活动。核算规则是权责发生制，即在债权债务发生、转移或者取消时予以记录，即应付原则记录；同时按市场价格原则记录交易的价值量。

（四）资金流量核算（金融交易）的基本问题

1. 资金流量核算（金融交易）的核算内容

金融交易依附于金融资产而发生，因此金融交易分类的主要依据是不同金融资产类别，核算的基本思路是针对不同资产和负债的类别，记录其当期由于交易引起的净变化。

（1）货币黄金和特别提款权交易的核算。货币黄金和特别提款权作为货币当局的金融资产，其净获得是各国货币当局之间货币黄金和特别提款权交易的结果，因此一国货币黄金的特别提款权的获得（或处置）必然等于国外货币黄金和特别提款权的处置（或获得）。要注意的是，黄金的货币化（即黄金第一次记录为货币黄金）或非货币化（即黄金退出货币属性转而作为工业用黄金）不属于金融交易，属于资产其他物量变化。

（2）通货和存款交易的核算。通货持有量的净增加是各部门的金融资产变化，与此相对应，本国货币当期净发行额是金融机构的负债变化，外国货币净流入额是国外部门的负债变化。各部门存款净增加是各部门的金融资产变化，同时也是金融机构的负债变化。如果存款业务发生在国内与国外之间，就会出现发生在国外部门的金融资产变化和负债变化。

（3）债务性证券交易的核算。当期购买减处置的证券数额记录为各购置部门的金融资产变化，当期发行减兑付的证券数额则是各发行部门的负债变化。如果这些证券发行、兑付、购置、处置发生在国内和国外之间，国外部门就会发生金融资产变化和负债变化。

（4）贷款交易的核算。贷款净增加是各贷入部门的负债变化，同时也是金融机构的金融资产变化。如果贷款业务的某一方属于国外，则要在国外部门记录相关金融资产和负债变化。

（5）股权和投资基金份额交易的核算。当期新发行股权和投资基金份额是发行者所在部门（非金融企业或金融机构）的负债变化，对应的就是购买者所属部门的金融资产变化。对于二级市场上的股票交易，交易者均应按照购买减出售的净额记录金融资产变化。对于准公司，企业所有者权益的净增加是业主所属部门的金融资产变化，同时也是公司所在企业部门的负债变化。如果股权交易发生在国外与国内之间，形成外国直接投资，就要在国外部门记录其金融资产和负债变化。此外，投资基金份额的投资收入和外国直接投资企业的再投资收益应作为追加投资记录在内。

（6）保险、养老金与标准化担保计划专门准备金交易的核算。非寿险准备金包括预付的净保费和用于未决索赔的准备金，金融账户中记录非寿险准备金的变动，是金融机构的负债变化、投保人所在部门的金融资产变化。住户对人寿保险和养老金的净权益，按当期交易引起的增加扣除减少后的净额，记录为住户部门的金融资产变化以及金融机构的负债变化，对预付保费和未决索赔准备金，按期初到期末的变化量记录为投保人所属部门的金融资产变化及金融机构的负债变化。属于投保人的财产收入和养老金权益的应付投资收入应记录为保险和养老金投保人追加的金融投资。

（7）金融衍生工具和雇员股票期权的核算。金融衍生工具种类繁多，具体的核算方法不一。例如，在货币互换中开始有本金交换，随后有本金和利息的偿还，其中，本金的交易属于基本产品交易，应记入相应的项目，如贷款变化；金融衍生工具交易只记录因互换而发生的利息支付的净额。对于期权交易，应以期权费记录交易双方的资产或负债交易价值。

雇员股票期权交易按股票期权的价值进行核算，与雇员报酬中的股票期权相对应。如果雇员股票期权有可观测的市场价格，则按照市场价格记录其价值。

（8）其他应收应付款项交易的核算。其他应收应付款项的交易应按照当期发生与结算的净额分别记为应收单位所属机构部门的金融资产变化以及应付单位所属机构部门的负债变化。

2. 资金流量核算（金融交易）的核算规则

金融交易遵循国民经济核算的一般原则，即权责发生制和市场价格原则。对于纯粹的金融交易，应在金融资产所有权转移的时点进行记录；对于以货币为媒介的非金融交易中的金融交易，应在货物所有权转移或服务完成的时点进行记录。

此外，在具体数据归集时，金融交易核算还要执行取净额和合并原则。取净额是指针对同一个机构单位，只记录金融资产净增加和负债净增加，其中，金融资产净增加是金融资产获得减去金融资产处置的净额，负债净增加是指负债发生减去负债清偿的净额。

本知识点微课视频二维码

二、资金流量核算的主要交易项目

（一）净出口

净出口是指当期国内常住单位向国外非常住单位提供和从其获取货物与服务的价值差额，一般计算方法为：

$$净出口 = 出口 - 进口$$

在资金流量表中，净出口主要出现在国外部门的来源方。

（二）增加值

增加值是各生产单位从总产出价值中扣除其所含货物与服务消耗价值之后的余值，代表该生产单位汇集各种生产要素在生产过程中新创造的价值。

（三）劳动者报酬

劳动者报酬也成雇员报酬，是指劳动力所有者基于自己参与生产活动而获得的报酬。劳动者参与生产活动有两种方式：一种是作为其他经济单位的雇员；另一种是住户所拥有的非法人企业中的自雇者（即个体生产经营的业主及家庭里的其他参与人员）。作为住户所拥有的非法人企业中的自雇者，其兼具劳动者和出资者、经营者的双重身份，所获得的收入具有混合性质，即：混合收入 = 劳动者报酬 + 营业盈余。作为其他经济单位的雇员获得劳动报酬，其内容会超出通常所理解的工资的概念，是指雇员以劳动为前提所获得的全部报酬，其中包括货币工资和实物工资；

奖金、津贴、其他劳务收入、实物福利；雇主单位代雇员向社会保险计划缴纳的款项。

（四）生产税净额

生产税净额是生产税与生产补贴相减的差额。识别生产税的一个重要标志是它应该发生在生产者营业利润发生之前，在一定程度上可以附加于产品价格之上，通过生产产品的出售转嫁给购买者。生产税一般包括主营业务税金及附加、增值税、土地使用税、车船使用税、印花税、养路费、排污费、矿产资源补偿费、水电费附加、烟草专卖上缴政府的专项收入等。生产补贴是指政府为了保证生产者低于正常市场价格出售其产品，实现政府的政策目标，由政府对生产者的补贴，由于其方向与生产税方向相反，因此也被视作负税收。

（五）财产收入

财产收入是指由于资产的所有者将其所拥有的资产的使用权让渡给其他单位使用而从对方获得的回报。产生财产收入的资产只是让渡了使用权，而没有转移所有权；即只是发生了资产的租赁活动，而不是资产的买卖活动，不影响交易双方的资产存量。资产买卖活动中，双方的资产存量发生变化，出售方获得的支付不属于收入分配流量，资产类型会发生变化，非金融资产换成了金融资产。

一般来说，产生财产收入的资产只是某些特定类型的资产，包括金融资产（如存贷款和证券）和自然资源（如土地和矿藏），并不包括生产资产（如建筑物和机器设备）。

（六）初次分配总收入

初次分配总收入是各部门经过初次收入分配之后获得的生产性收入总额。与劳动者报酬、生产税、财产收入等部门间发生的收入分配流量不同，初次分配收入是一个从增加值开始，经过初次收入分配流量推算得到的总量。根据初次收入分配的流程，有如下核算等式：

企业部门初次分配收入 =（增加值 - 劳动者报酬 - 生产税净额）+ 财产收入净额
　　　　　　　　　　= 营业盈余 + 财产收入净额

住户部门初次分配收入 =（增加值 - 支付的劳动者报酬 - 生产税净额）
　　　　　　　　　　　+ 得到的劳动者报酬 + 财产收入净额
　　　　　　　　　　= 住户部门营业盈余 + 得到的劳动者报酬 + 财产收入净额

政府部门初次分配收入 =（增加值 - 支付的劳动者报酬 - 支付的生产税净额）
　　　　　　　　　　　+ 得到的生产税净额 + 财产收入净额
　　　　　　　　　　= 政府部门营业盈余 + 得到的生产税净额 + 财产收入净额

（七）经常转移

转移是指这样一种交易形式，即一个机构单位向另一个机构单位提供货物、服务或资产，并未同时从后一机构单位处获得任何货物、服务或资产作为回报。经常转移是指经常地和有规律地发生并会影响转移双方现期收入水平和消费水平的无偿转移。经常转移主要包括所得税、社会保障缴款和社会保险福利、社会救济福利、其他经常转移。所得税又称收入税，是政府针对住户和企业收入所征收的税，包括个人所得税、企业所得税、资本收益税、彩票收入税等。社会保障缴款和社会福利保险是围绕政府组织实施的社会保险计划所发生的经常性转移收支。社会保障缴款是住户部门为保证在未来某个时期能够获取社会保险福利给付而向政府缴纳的保费。社会保险福利是社会保险计划向投保人支付的保险金，如失业金、养老金和报销医疗费等。

（八）可支配总收入

可支配收入是体现各部门参与收入初次分配和再分配最终结果的总量，是机构部门当期可用于最终消费支出的最大数额。根据收入再分配过程可得：

可支配收入 = 初始收入 + 经常转移收入 - 经常转移支出

一国所有常住机构部门可支配收入的合计即为国民可支配收入，计算公式为：

国民可支配收入 = 国民总收入 + 来自国外的经常转移净额
= 国内生产总值 + 来自国外的原始收入净额 + 来自国外的经常转移净额

（九）最终消费支出

最终消费支出是指当期用于获得最终消费用货物和服务所花费的支出。具有消费功能的部门有三类，即政府部门、为住户服务的非营利机构部门和住户部门。政府的消费支出是指政府为直接满足个人需要或为满足全社会公共需要而在消费性服务和货物上花费的支出。为住户服务的非营利机构部门消费支出是指该部门为满足个人需求或可能的公共需要而在消费性货物和服务上花费的支出。居民个人消费是指住户在直接满足个人需求的消费性货物或服务上所花费的支出。

政府消费支出所负担的消费性货物和服务包括两部分：一部分由全社会共同享用，属于公共服务；另一部分通过实物社会转移最终为某类特定住户享用的货物和服务。为住户服务的非营利机构主要面向附属本机构的成员提供个人货物与服务。同时，也有一些非营利机构可能会提供公共服务，但除非这些公共服务是可计量的，否则为住户提供的非营利机构仅发生为个人所用货物与服务的消费支出。这些由政府部门或为住户服务的非营利机构部门支付，最终由住户所获得的货物和服务即为实物社会转移。

由此可知，各部门最终消费支出并不等于实际最终消费，二者的差别在于实物社会转移。对于政府部门和为住户服务的非营利机构部门而言，由于包含向住户部门的实物社会转移，因此，最终消费支出大于实际消费支出。而住户部门由于通过实物社会转移从政府部门和为住户服务的非营利机构部门获得了消费性货物和服务，因此最终消费支出小于实际最终消费。不同收入与消费之间的关系如图 9－2 所示。

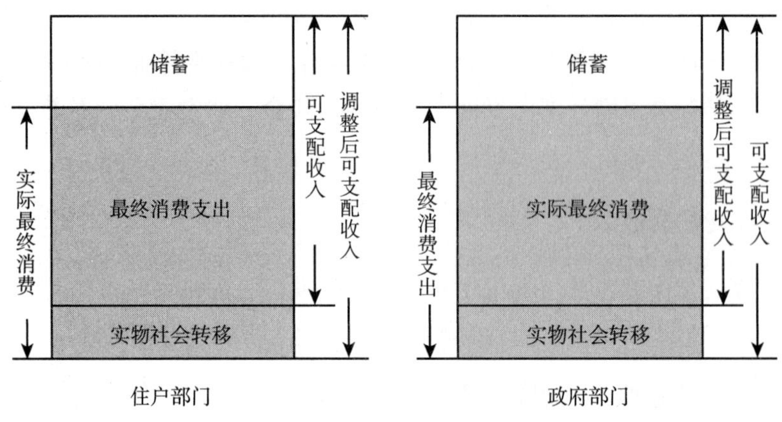

图 9－2　收入与消费对应关系示意

（十）总储蓄

储蓄是指可支配收入用于最终消费支出之后的余额，也等于调整之后可支配收入用于实际最终消费之后的余额，代表收入用于消费之后的结余。储蓄本身没有什么具体的实物形态，但从经济意义上看，它代表了可用于下一步进行非金融投资的资金来源，是一个经济学概念，与我们日常生活中所说的“储蓄存款”并不是一个概念，二者有一定关联，但不完全等价。

关于储蓄还需要补充两点：首先，只要一个机构单位可以从其他机构单位借入资金或者动用前期结余，它在一个核算期的消费有可能大于同期收入，即储蓄可以为负值；其次，储蓄有总储蓄和净储蓄之分，差别在于是否包括固定资本消耗。

（十一）资本转移

资本转移是指以资产所有权被转让造成转移双方资产增减为前提而不涉及现期收入的转移支付。资本转移会减少转出方的资产，增加接受方的资产，直接影响其转移支付方的投资水平或财富水平，属于非金融资产投资核算范畴。

区分经常转移和资本转移的依据是对象是不是资产，或是否与资产形成有关：

如果是资产，则为资本转移，否则为经常转移；如果转移的对象本身不是资产，但接受转移一方要以形成资产为目的使用，则应归入资本转移，否则为经常转移。此外，依据转移的一些特点也可以进行区分，资本转移通常规模大、频率低、发生无规律，经常转移通常规模小、频率高、常常是定期发生。

（十二）资本形成总额

资本形成是指各机构单位通过经济交易获得或处置生产资产的活动。具体包括固定资产净获得、存货变化和贵重物品净获得。

固定资产净获得是指核算期内获得的固定资产价值减去处置的固定资产价值。原则上来说，固定资产处置不能按照固定资产的历史成本价格记录，应按照实际交易价格记录。存货变化是指核算期内入库的存货价值减去出库的存货价值。存货出库和入库的价格应分别按照出库时和入库时通行的市场价格记录。贵重物品净获得是指核算期内获得的贵重物品价值减去出库的存货价值。贵重物品投资是指已经被社会公认的贵重物品的交易，因此贵重物品的交易仅限于已有物品的所有权的转手。如果一件物品首次被确认为贵重物品，则不能作为贵重物品投资看待，应作为资产其他物量变化核算。处置价值中历史成本价值与实际交易价值的差记录为持有资产损益。

（十三）净金融投资

净金融投资是指一个机构单位的所有非金融交易中资金来源总额与资金使用总额之间的差额，是所有非金融交易积累的结果。数值为正表示净贷出，为负表示净借入。当机构单位资金有余时，需要通过金融市场将剩余资金出借给其他单位使用，形成该单位的金融资产：反之，当机构单位资金有缺时，则需通过金融市场向其他单位借入资金，形成该单位的负债。这样，一个机构部门在当期投资资金余缺就可以表示为在金融市场的净贷出或净借入。

本知识点微课视频二维码

三、资金流量表及其平衡关系

（一）实物交易部分

以表 9－2 中 2018 年中国资金流量表为例，来说明两个基本的平衡关系。首先是纵向平衡，即部门内部的平衡，指的是各部门使用方合计等于来源方各交易项目合计，由此反映每一个部门内部收入与支出的来源项目和去向项目。结合中国资金流量表2018年数据，以非金融企业为例，当期收入及资金来源与支出及投资使用之间的内部平衡关系为：

使用方项目合计：劳动者报酬支付250203.4亿元+生产税净额支付87929.7亿元+财产收入支付60907.3亿元+经常转移支付32796.2亿元+资本形成总额支付227174.0亿元+其他非金融资产获得减处置支付51817.8亿元+净金融投资(-93337.5)，来源方项目合计：增加值576074.9亿元+财产收入27679.2亿元+经常转移收入1991.1亿元+资本转移收入11745.7亿元。由表9-2可以看出，非金融企业部门的净金融投资为负，存在净借入，说明非金融企业部门是一个资金短缺的部门。同时需要注意，净金融投资一般放在机构部门的使用方，表示资金的投资使用。

对于住户部门来说，当期资金来源与投资使用之间的内部平衡关系为：

使用方项目合计：劳动者报酬支付124589.2亿元+生产税净额支付1285.1亿元+财产收入支付10782.1亿元+经常转移支付86755.6亿元+最终消费支出406621.2亿元+资本形成总额支付102879.6亿元+其他非金融资产获得减处置支付(-33137.3亿元)+净金融投资120028.3亿元，来源方项目合计：增加值180639.9亿元+劳动者报酬收入475562.8亿元+财产收入39900.1亿元+经常转移收入70610.0亿元。住户部门的净金融投资为正，存在净贷出，说明住户部门是一个资金有盈余的部门。

对于整个国民经济来说，使用方项目合计为：支付劳动者报酬475027.4亿元+支付生产税净额95553.7亿元+财产支出154576.4亿元+经常转移支出193567.6亿元+最终消费支出506134.9亿元+资本转移支出11803.8亿元+资本形成总额402585.1亿元+净金融投资5435.6亿元，来源方合计为：增加值919281.1亿元+获得劳动者报酬475562.8亿元+获得生产税净额95553.7亿元+财产收入149087.0亿元+经常转移收入193434.3亿元+资本转移收入11765.7亿元。使用方和来源方合计为1844684.6亿元。在以上进行纵向平衡关系的分析时要注意不能把平衡项目的数值加进来，只需对各部门使用方和来源方的交易项目进行合计即可。

接下来是横向平衡，即部门之间的平衡，指针对每一个收入分配和资本转移交易项目，各部门使用方的合计等于各部门来源方的合计，可反映通过该分配手段，各种流量的来源部门和去向部门。以劳动者报酬为例，非金融企业部门2502034亿元+金融机构部门18799.9亿元+政府部门81435.0亿元+住户部门124589.2亿元+国外部门1192.8亿元，来源方合计：住户部门475562.8亿元+国外部门657.4亿元。由此说明，各部门支付的劳动者报酬主要流向了国内住户部门，一部分流向了国外部门，用于支付国外劳动者的劳动报酬。由于国外部门的来源方数据反映国外部门的收入及资金来源，对于国内部门来说对应着国内部门对国外的支付。

表 9-2　**2018 年中国资金流量表（非金融交易部分）**　单位：亿元

机构部门 交易项目	非金融企业部门		金融机构部门		政府部门		住户部门		国内合计		国外部门		合计	
	运用	来源	运用	来源	运用	来源	运用	来源	运用	来源	运用	来源	运用	来源
一、净出口												-7059.7		-7059.7
二、增加值		576074.9		70610.3		91956.1		180639.9		919281.1				919281.1
三、劳动者报酬	250203.4		18799.9		81435.0		124589.2	475562.8	475027.4	475562.8	1192.8	657.4	476220.2	476220.2
四、生产税净额	87929.7		6049.2		289.7	95553.7	1285.1		95553.7	95553.7			95553.7	95553.7
五、财产收入	60907.3	27679.2	72401.9	59909.7	10485.1	21597.9	10782.1	39900.1	154576.4	149087.0	15127.7	20617.1	169704.0	169704.0
（一）利息	28433.8	210373.7	64738.8	58942.6	8620.4	7243.9	10759.4	31552.8	112552.5	118813.0	8515.5	2254.9	121068.0	121068.0
（二）红利	24802.0	6475.1	4102.5	967.1		6522.9		3072.4	28904.5	17037.5	6475.1	18342.2	35379.6	35379.6
（三）地租	7668.8					7691.4	22.7		7691.4	7691.4			7691.4	7691.4
（四）其他	2.7	130.4	3560.5		1864.7	139.7		5274.9	5427.9	5545.0	137.0	19.9	5565.0	5565.0
六、初次分配总收入		204713.6		33269.0		116898.0		559446.5		914327.1				914327.1
七、经常转移	32796.2	1991.1	13590.0	6039.7	64673.6	119041.2	86755.6	70610.0	193567.6	193434.3	1833.0	1966.4	195400.6	195400.6
（一）所得税、财产税等经常税	27630.8		7692.9			49227.8	13904.1		49227.8	49227.8			49227.8	49227.8
（二）社会保险缴款						61347.8	61347.8		61347.8	61347.8			61347.8	61347.8
（三）社会保险福利					49586.7			49586.7	49586.7	49586.7			49586.7	49586.7
（四）社会补助	442.5				14868.7			15311.2	15311.2	15311.2			15311.2	15311.2
（五）其他	4722.8	1991.1	5897.1	6039.7	218.2	8465.6	11503.7	5712.1	18094.1	17960.7	1833.0	1966.4	19927.1	19927.1
八、可支配总收入		173908.6		25718.7		171265.6		543300.9		914193.8				914193.8

续表

机构部门 交易项目	非金融企业部门		金融机构部门		政府部门		住户部门		国内合计		国外部门		合计	
	运用	来源	运用	来源	运用	来源	运用	来源	运用	来源	运用	来源	运用	来源
九、实物社会转移					52496. 8			52496. 8	52496. 8	52496. 8			52496. 8	52496. 8
十、调整后可支配总收入		173908. 6		25718. 7		118768. 8		595797. 8		914193. 8				914193. 8
十一、实际最终消费					99513. 8		406621. 2		506134. 9				506134. 9	
（一）居民消费支出							406621. 2		406621. 2				406621. 2	
（二）政府消费支出					99513. 8				99513. 8				99513. 8	
十二、总储蓄		173908. 6		25718. 7		19255. 0		189176. 6		408058. 8		-1972. 4		406086. 4
十三、资本转移		11745. 7			11803. 8	20. 1			11803. 8	11765. 7	20. 1	58. 2	11823. 9	11823. 9
（一）投资性补贴		11745. 7			11745. 7				11745. 7	11745. 7			11745. 7	11745. 7
（二）其他					58. 2	20. 1			58. 2	20. 1	20. 1	58. 2	78. 2	78. 2
十四、资本形成总额	227174. 0		2005. 4		70526. 2		102879. 6		402585. 1				402585. 1	
（一）固定资本形成总额	219484. 1		2005. 4		70477. 6		101880. 7		393847. 9				393847. 9	
（二）存货变动	7689. 9				48. 5		998. 8		8737. 3				8737. 3	
十五、其他非金融资产获得减处置	51817. 8				-18086. 5		-33731. 3							
十六、净金融投资	-93337. 5		23713. 3		-44968. 5		120028. 3		5435. 6		-1934. 3		3501. 3	

表 9－3　**2018 年中国资金流量表（金融交易部分）**　单位：亿元

项目	非金融企业部门		金融机构部门		政府部门		住户部门		国内合计		国外部门		合计	
	运用	来源	运用	来源	运用	来源	运用	来源	运用	来源	运用	来源	运用	来源
净金融投资	－79875		74253		－46515		55348		－3211		－3211		0	
资金运用合计	－4163		185604		19147		135701		21413		21413		357702	
资金来源合计		75712		111350		65663		80353		333078		24624		357702
通货	231			2563	51		1969		2251	2563	312		2563	2563
存款	11724		－12	105210	16168		77092		104973	105210	643	405	105615	105615
活期存款	－766			18200	254		18712		18200	18200			18200	18200
定期存款	22350			96516	19532		54633		96516	96516			96516	96516
财政存款				－596	－596				－596	－596			－596	－596
外汇存款	－4011		－180	－4184	－13		－221		－4424	－4184	646	405	－3779	－3779
其他存款	－5849		168	－4726	－3010		3968		－4723	－4726	－3		－4726	－4726
证券公司客户保证金	－565		－181	－1229	－64		－366		－1177	－1229	－52		－1229	－1229
贷款		49160	125268	－6124		4448		78514	125268	125998	1913	1184	127181	127181
短期贷款与票据融资		23401	48348					24947	48348	48348			48348	48348
中长期贷款		50075	99607					49533	99607	99607			99607	99607
外汇贷款		－2246	－2854	43		33		2	－2854	－2168	1913	1228	－941	－941
委托贷款		－18364	－16554	－363		－2043		4260	－16554	－16510		－44	－16554	－16554
其他贷款		－3705	－3279	－5804		6458		－228	－3279	－3279			－3279	－3279
未贴现的银行承兑汇票	－6343	－6343	－6343	－6343					－12686	－12686			－12686	－12686
保险准备金	1071			11109		12117	22155		23226	23226			23226	23226

续表

项目	非金融企业部门		金融机构部门		广义政府部门		住户部门		国内合计		国外部门		合计	
	运用	来源	运用	来源	运用	来源	运用	来源	运用	来源	运用	来源	运用	来源
金融机构往来			8283	2201					8283	2201	1360	7442	9643	9643
存款准备金			-9970	-9610					-9970	-9610	360		-9610	-9610
债券	1049	18298	106833	45350	1049	48532	1047		109979	112180	5115	2915	115095	115095
政府债券	-4		43066		-40	48532	843		43865	48532	4623	-44	48488	48488
金融债券	6		45659	45350	533		28		46227	45350	465	1341	46691	46691
中央银行债券			7						7			7	7	7
企业债券	1048	18298	18102		556		176		19881	18298	28	1610	19908	19908
股票	3174	6758	1447	2696	297		1694		6612	9454	4015	1172	10626	10626
证券投资基金份额	8637		2771	18784	981		5601		17989	18784	795		18784	18784
库存现金			-516	-491					-516	-491		-25	-516	-516
中央银行贷款			9592	9592					9592	9592			9592	9592
其他（净）	-33845	1799	-52398	-62842	665	136	26511	184	-59067	-59067			-59067	-59067
直接投资	6384	13466							6384	13466	13466	6384	19850	19850
其他对外债权债务	4320	3175	-423	482		430			3897	4087	4087	3897	7985	7985
国际储备资产			1250						1250			1250	1250	1250
国际收支错误与遗漏		-10601								-10601	-10601		-10601	-10601

生产税净额主要由国内各机构部门流向政府部门。财产收支和经常转移收支在各部门间活跃流动。资本转移主要由政府部门流向非金融企业部门，各部门使用合计为：政府部门 11803. 8 亿元 + 国外部门 20. 1 亿元，来源方合计为：非金融企业部门 11745. 7 亿元 + 政府部门 20. 1 亿元 + 国外部门 58. 2 亿元。

（二）金融交易部分

和非金融交易一样，金融交易中也有两个基本的平衡关系：一个是部门内部的平衡关系；另一个是部门之间的平衡关系。

从一个部门来看，其运用方记录合计等于其来源方记录合计，结合中国资金流量表 2018 年数据（表 9 – 3），以政府部门为例，当期该部门参与金融市场交易的内部平衡关系为：资金运用合计 19147 亿元等于来源方负债净增加 65663 亿元与净金融投资（ –46515 亿元）的合计。

从部门之间来看，针对特定金融交易项目，各部门在来源方记录合计等于各部门在运用方记录合计，即各部门金融资产净增加合计等于各部门负债净增加合计，以贷款为例，最右侧合计栏中的来源和运用总是相等的，都是 127181 亿元。进一步可推导出，一部门金融资产增加等于其他部门负债增加或金融资产减少，一部门负债增加等于其他部门金融资产增加或负债减少。将上述平衡关系推广到一个经济总体，具体表现为国内金融资产净增加 336289 亿元等于国内负债净增加 333078 亿元 + 对国外净金融投资 3211 亿元。考虑到国内各部门之间发生的金融交易可以相互抵销，余下来的部分就是该经济总体与国外之间的关系，即有对外金融资产净增加 24624 亿元 = 对外负债净增加 21413 亿元 + 对国外净金融投资 3211 亿元。

本知识点微课视频二维码

第二节　资金流量表的分析实例

资金流量表涵盖了丰富的信息，在经济分析中具有重要的价值，对此所做的分析成为资金流量分析。

资金流量分析一般可以从两个方面入手：一方面，可以从行（交易项目）进行分析，得到部门之间的结构特征；另一方面，可以从列（机构部门）进行分析，得到部门内部的交易特征。除此之外，还可以立足经济总体，解释国民经济运行过程中的一些特点，本章接下来以2018年中国资金流量表为例，介绍资金流量分析的基本内容。表9-2、表9-3也可以从行的交易项目和列的结构部门两方面进行分析，交易项目分析可从劳动者报酬的部门结构、财产收入的部门结构、初始收入与可支配收入的部门结构、净金融投资的部门结构等方面开展，机构部门的分析可从部门内部的交易特征分析。

一、实物交易部分交易项目和平衡项分析

对交易项目的分析可以分为两个方面进行：一方面是对劳动者报酬、财产收入、经常转移、最终消费支出和资本形成等实际交易项目及部门结构的分析，这种分析属于对经济运行过程的分析；另一方面是对增加值、初始收入、可支配收入、储蓄和净金融投资等平衡项目及其部门结构的分析，这种分析属于对经济运行结果的分析。

（一）劳动者报酬的部门结构

为了能够更直观地分析，我们可以将各部门的劳动报酬数据制成饼状图。

将表9-2中金融机构部门、非金融企业部门、住户部门、政府部门和国外部门相应的劳动者报酬一行的数据导入Excel中，得到各个部门2018年的劳动者报酬支付表。选中表格的相应区域，点击“插入”键，再找到饼图选项，在饼图右侧点击“设置数据标签格式”键，在“数字”下的“类别”选项中调成“百分比”选项，将小数位数调整为两位，即可获得饼图，结果如图9-3所示。

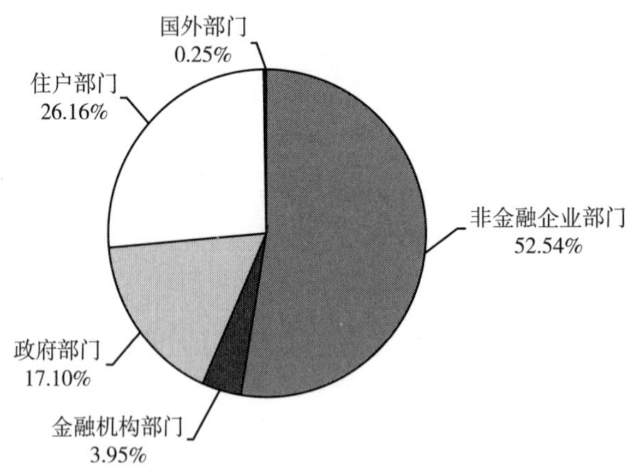

图9-3　2018年中国劳动者报酬支付的部门结构

结合表9-2和图9-3我们可以清楚地得到，2018年中国的住户部门共获得劳动者报酬475562.8亿元。从劳动者报酬支付的部门结构来看，我国经济中约

52.54%的劳动者报酬来自非金融企业部门，表明非金融企业部门是最大的劳动者报酬支付部门；金融机构部门支付的劳动者报酬则很少，因为与非金融企业部门相比，金融机构显然不是主要的吸收就业部门；约26.16%的劳动者报酬来自住户部门，表面上中国经济中依然存在“自给自足”的特点，其原因首先与中国存在大量农户和城镇个体户的现实状况有关，其次与核算中对个体经营收入的处理方式有关，在中国，这些混合收入相当大的部分会和雇员报酬一起记录为劳动者报酬；政府支付的劳动者报酬也很可观，在一定程度上反映出中国政府规模之大；但是2018年中国从国外获得的劳动者报酬仅相当于劳动者报酬支付总额的0.25%，可以忽略不计。

（二）财产收入的部门结构分析

从表9-2中得到各个部门的财产收入的来源与运用的数据，并将其进行简单处理得到财产收入净额的表格，制成柱形图。

在空白Excel表格中的B1格至F1格中分别填上金融机构部门、非金融企业部门、住户部门、政府部门和国外部门，在A2至A4中分别填上财产支付、财产收入及净额。表9-2中各部门的财产收入运用的数据即为各部门财产支付，财产收入来源的数据即为各部门财产收入，将各数据重新填入，净额的数值即为财产收入减去财产支出，以非金融企业部门为例，净额就为财产收入27679.2亿元减去财产支出60907.3亿元，即-33228.1亿元，同理推至非金融机构部门、住户部门、政府部门和国外部。选中表格的A1至F4区域，点击“插入”，选择“簇状柱形图”，得到的柱状图如图9-4所示。

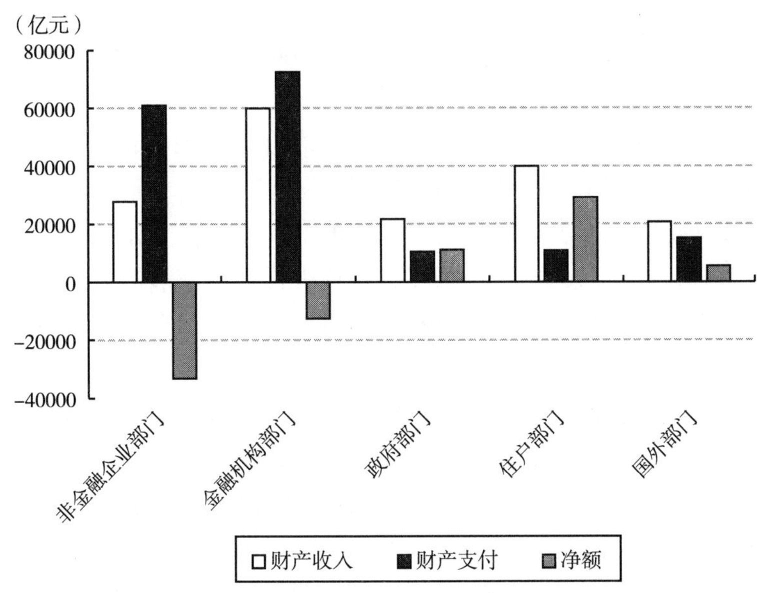

图9-4　2018年中国各机构部门的财产收支状况

通过2018年中国各机构部门的财产收支状况图，可以看到各部门呈现显著不同的特点：(1) 非金融企业部门是最大的财产收入净支付部门，其所支付的财产收入占国内生产各部门财产收入支付的35.9%，但其所获得的财产收入占国内各部门财产收入来源的16.3%，因此财产收入净额为很大的负值，2018年为-33228.1亿元；(2) 金融机构部门财产收入的收支规模都很大，其所获得的财产收入和支付的财产收入分别占全国的35.3%和42.7%，财产收入净额为较小的负值-12492.2亿元；(3) 政府部门财产收入的收支额都较小，其所支付的财产收入和获得的财产收入分别占全国的6.2%和12.7%，财产收入净额为11112.8亿元；(4) 住户部门财产收入的支付非常少，而获得的财产收入相对较多，是最大的财产收入净获得部门，2018年财产收入净额为29118亿元。

财产收入的部门分布状况是由各部门的经济活动特点所决定的：非金融企业部门需要大量融入资金，因此要以利息或红利的形式向资金所有者支付财产收入；金融机构部门执行金融中介职能，从存款人那里融入资金，然后借给贷款人使用，因此会发生大量的利息收支，通过获取利差实现盈利；政府部门虽有存款利息收入，但由于通过发行国债而融资，因此利息收支差额较小。住户部门作为主要的存款方，获得的利息收入远大于支付的财产收入，因此成为最大的财产收入净获得部门。从国内与国外之间的财产收入收支状况来看，红利是中国与国外部门进行财产收入分配的主要形式，2018年中国对外支付红利15127.7亿元，从国外收入红利20617.1亿元，出现了5489.4亿元的差额。

(三) 初始收入与可支配收入的部门结构

从表9-2中得到各个部门的增加值，初次分配总收入和可支配收入的数据，并将其进行简单处理，制成百分比堆积柱形图。

在空白Excel表格中的B1格至E1格中分别填上金融机构部门、非金融企业部门、住户部门和政府部门，在A2至A4中分别填上增加值，初次分配总收入和可支配收入。将对应数据填入表格内，选中表格的A1至F4区域，点击“插入”，在“全部图表”内选择“百分比堆积柱形图”，选中得到的柱形图后点击右键，选择“选择数据”，在“数据生成方向”选择“每列数据作为一个系列”得到的柱状图如图9-5所示。

2018年中国国民总收入和国民可支配总收入的机构部门分布如图9-5所示，可以看到，非金融企业部门是增加值的主要创造者，其增加值占国内生产总值的62.7%，其次是住户部门，占19.7%，其他两个部门创造的增加值较少，政府部门占10%，金融机构部门占7.7%。经过初次分配，与国内生产总值的部门分布相比，国民总收入的部门分布发生了很大的变化：(1) 非金融企业部门在支付了劳动者报酬、生产税净额和财产收入之后，其初次分配总收入在国民总收入中的份额明显低

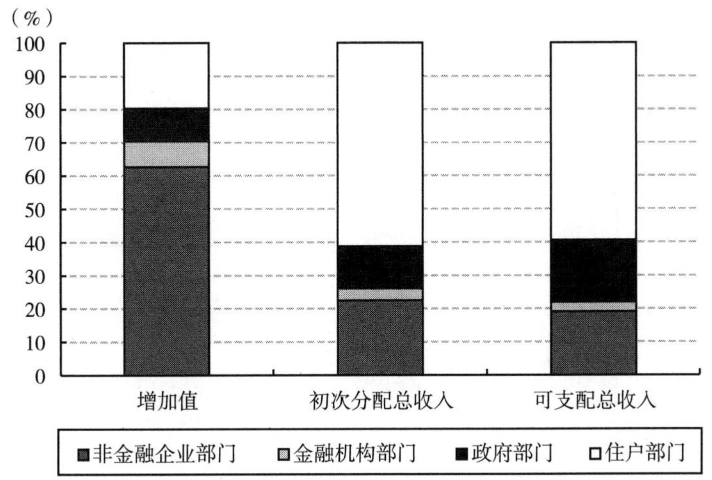

图9-5　2018年中国国内生产总值、国民总收入与国民可支配收入的部门结构

于其增加值在国内生产总值中的份额，仅为22.4%；（2）政府部门由于得到大量的生产税净额，因此得到的初始收入大于其创造的增加值，份额提高到12.8%；（3）住户部门得到大量的劳动者报酬和财产收入，成为最大的初始收入占有部门，在国民总收入中占有61.1%的份额；（4）金融机构部门与非金融企业部门的境况类似，只是规模变化较小，在国民总收入中的份额降至3.6%。经过收入再分配之后，收入的部门分布基本没有发生大的变化：（1）非金融企业部门和金融机构部门在支付了所得税之后，在国民可支配收入中的份额进一步下降，分别降至19%和2.8%；（2）政府部门在收到各部门缴纳的所得税之后，在国民可支配收入中的份额进一步提高到18.7%；（3）住户部门获得的经常转移收入略大于支付的经常转移，在国民可支配收入中的份额略微有所提高，为59.4%。总的来说，经过收入分配，全社会当年创造的价值发生了由企业部门向住户部门和政府部门的大规模流动。

（四）净金融投资的部门结构

从表9-2中得到金融机构部门、非金融企业部门、住户部门和政府部门的净金融投资的数据，并将其进行简单处理，制成柱形图。

在空白Excel表格中的B1格至E1格中分别填上金融机构部门、非金融企业部门、住户部门和政府部门，在A2填入净金融投资。将对应数据填入表格内，选中表格的A1至E2区域，点击“插入”，在“全部图表”内选择“柱形图”，得到的柱状图如图9-6所示。

由图9-6可以得出，2018年中国对外净金融投资为5435.6亿元，表明从经济总体来看，中国国内非金融投资资金来源充足，有剩余资金投资于国际金融市场。从各机构部门的净金融投资状况来看，住户部门有巨额的资金盈余，金融机构部门

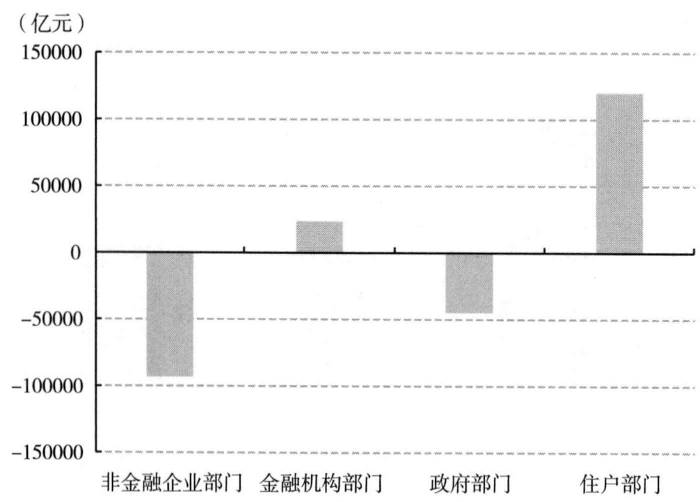

图9-6 2018年中国净金融投资部门结构

和政府部门略有盈余，而非金融企业部门则为高额的赤字，即在非金融投资过程中出现了资金短缺。

（五）实物交易部分中机构部门分析——部门内部的交易特征分析

机构部门分析需要按照经济运行过程分环节进行，可以在每个运行环节内部进行分析，如收入初次分配分析、收入再分配分析、消费分析以及非金融投资分析等，下面以住户部门为例进行分析说明。

从表9-2中得到住户部门劳动者报酬、生产税净额和财产收入的运用和来源的数据，即可制成住户部门初次分配流量结构表，具体表格如表9-4所示。

表9-4　　2018年住户部门初次分配流量结构

项目	运用		来源	
	金额（亿元）	比重（%）	金额（亿元）	比重（%）
劳动者报酬	124589.2	91	475562.8	92
生产税净额	1285.1	1	—	—
财产收入	10782.1	8	39900.1	8
合计	136656.4	100%	515462.9	100%

通过2018年住户部门各种收入初次分配流量可以看到，无论是从收入还是从支出来看，劳动者报酬都是住户部门最主要的初次分配手段，在收支流量中的比重均超过90%，相比之下，财产收入在住户初次分配环节上只起很小的作用，在收入流量中的比重不足10%，这可以反映出中国目前的初次分配特征，即以“按劳分配”为主体，财产收入在住户的初次分配环节只起着很小的作用，处于从属地位。

二、金融交易部分交易项目分析

（一）金融投资的总体结构分析

从表 9－3 中得到贷款、存款、证券、金融机构往来、准备金和中央银行贷款等数据，并将其进行简单处理，制成条形图。

在空白 Excel 表格中的 A1 格至 N1 格中分别填上贷款、存款、证券、其他（净）、金融机构往来、准备金、中央银行贷款、证券投资基金份额、保险准备金、国际储备资产、其他对外债权债务、直接投资、通货、库存现金和未贴现银行承兑汇票，将对应数据填入表格内，选中表格的 A1 至 N2 区域，点击“插入”，在“全部图表”内选择“柱形图”，得到的柱状图如图 9－7 所示。同理，在空白 Excel 表格的 A1 到 M1 处分别填上金融机构往来、国际储备资产、存款、其他对外债权债务、准备金、库存现金、其他（净）、通货、证券公司客户保证金、证券投资基金份额、贷款、证券和直接投资，将对应数据填入，并制成条形图，如图 9－8 所示。

2018 年中国国内各部门的金融资产净增加为 2141 亿元。从部门分布来看，非金融企业部门的金融资产净增加是－4163 亿元，负数反映该部门储蓄小于投资，资金短缺或不足。在金融机构部门、政府部门、住户部门中，金融机构部门的金融资产净增加最多，住户部门次之，政府部门增加的最少。

从金融资产的分布来看（见图 9－7），2018 年中国金融投资以贷款、存款和证券为主，表明中国目前的金融结构仍然以间接融资为主。同时还可以看到，在国际金融投资方式（不含国际储备资产）中，中国已经转向以直接投资为主，表明中国参与国际投资的方式取得了多元化发展。

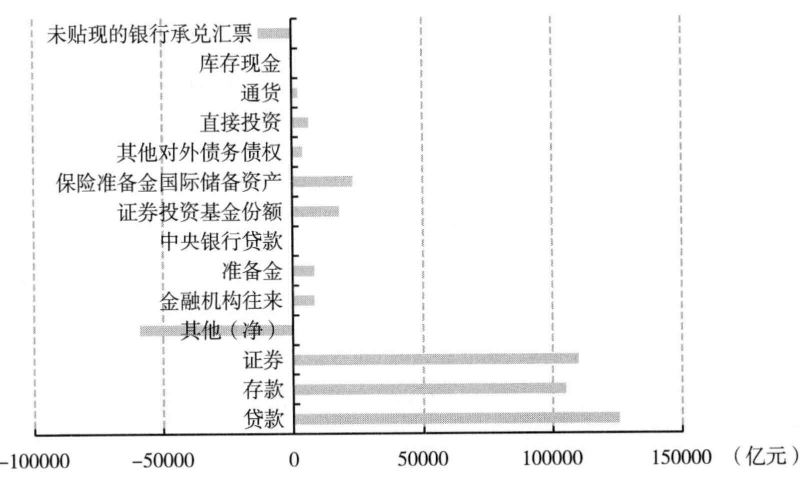

图 9－7　2018 年中国金融投资的资产结构

进一步观察净金融投资的资产结构（见图 9－8），可以看到，从各种金融资产的净投资（即金融资产的净获得减去相应负债的净发生）来看，我国总体上正的净金融投资主要是由金融机构往来和国际储备资产净投资的高额正值所决定的；中国证券投资和直接投资都表现为较大的负值，显示出中国国内金融投资和国际金融投资都存在直接投资方式的发展滞后于间接投资方式的特征。

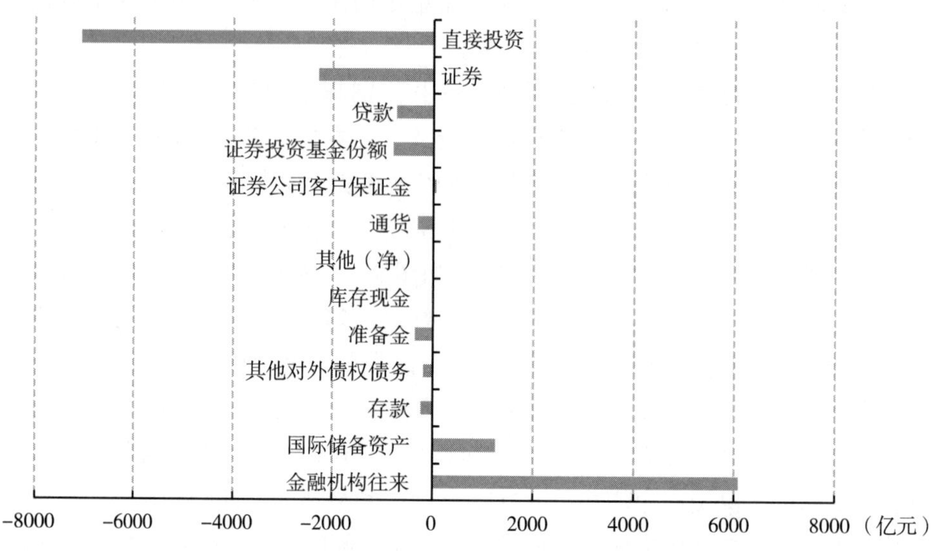

图 9－8　2018 年中国净金融投资的资产结构

（二）证券投资的部门结构分析

从表 9－3 中得到非金融企业部门、金融机构部门、政府部门和住户部门的数据，并将其进行简单处理，制成柱形图。

在空白 Excel 表格中的 B1 格至 E1 格中分别填上非金融企业部门、金融机构部门、政府部门和住户部门，A2 和 A3 格分别填入来源与运用，将对应数据填入表格内，选中表格的 A1 至 E3 区域，点击“插入”，在“全部图表”内选择“柱形图”，得到的柱状图如图 9－9 所示。

在中国资金流量表上，证券投资包括证券和证券投资基金份额，其中证券包括债券和股票。2018 年中国国内各部门的证券资产净增加 134580 亿元，负债净发生 140418 亿元。从部门分布来看（见图 9－9）：（1）从事证券投资（即资产增加）的主力军是金融机构部门，占到全部证券投资的 82.5% 左右；（2）从各部门的证券融资（即负债增加）状况来看，金融机构部门和政府部门是最大的证券融资部门，分别占证券融资的 47.6% 和 34.6%。

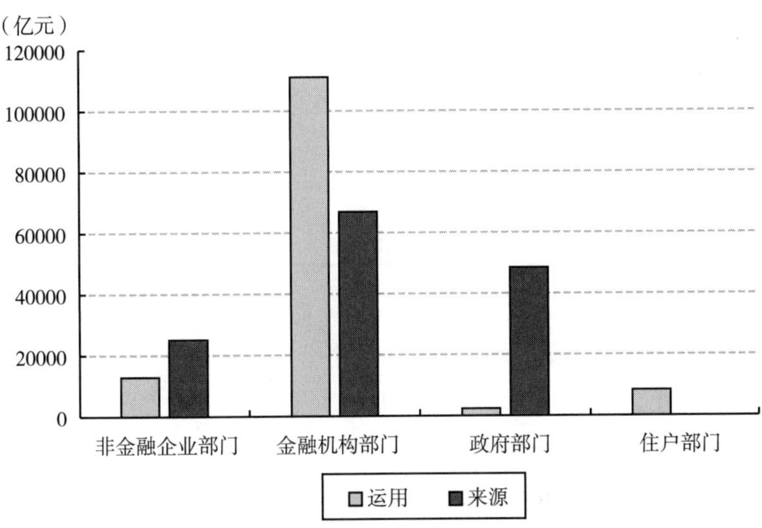

图9－9　2018年中国证券投融资的部门结构

三、金融交易部分机构部门的分析

机构部门的分析主要是针对各部门内部的金融交易特点进行分析，下面以非金融企业部门和住户部门为例进行分析。

（一）非金融企业部门融资渠道分析

从表9－3中得到非金融企业部门的贷款、证券、直接投资、中央银行贷款、其他对外债权债务和未贴现银行汇票的数据，并将其进行简单处理，制成柱形图。

在空白Excel表格中的A1格至G1格中分别填上贷款、证券、直接投资、中央银行贷款、其他对外债权债务和未贴现银行汇票，A2和G2格分别填入对应数据，选中表格的A1至G2区域，点击“插入”，在“全部图表”内选择“柱形图”，得到的柱状图如图9－10所示。

非金融企业部门是最大的资金短缺部门。由图9－10可以看到，非金融企业部门融资主要方式是证券，占融资总额的60%以上，其次是贷款，占比约为30%，这种结构反映出中国企业以间接融资为主的特点。此外，还可以看到，国际市场是非金融企业部门的重要融资渠道，其中以直接投资为主，占非金融企业部门融资总额的8%左右。

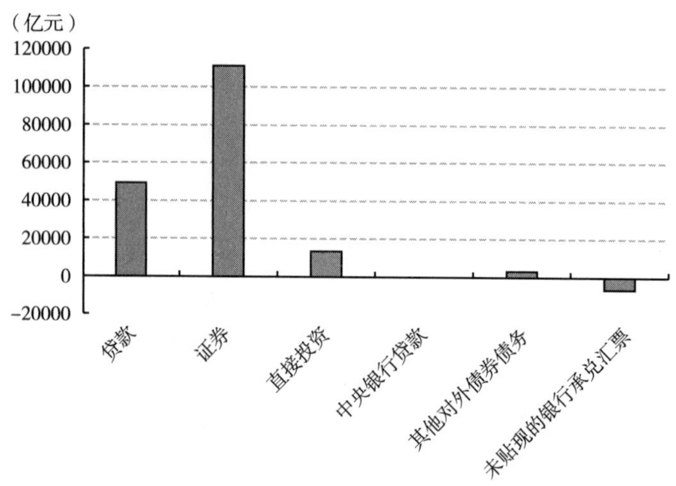

图 9－10　2018 年非金融企业部门的融资结构

（二）住户部门的投资方式分析

从表 9－3 中得到住户部门的通货、存款、证券公司客户保证金、保险准备金、证券、证券投资基金份额和其他（净）数据，在空白 Excel 表格中的 A1 格至 G1 格中分别填上通货、存款、证券公司客户保证金、保险准备金、证券、证券投资基金份额和其他（净），A2 和 G2 格分别填入对应数据，选中表格的 A1 至 G2 区域，点击“插入”，在“全部图表”内选择“饼图”，得到的饼图如图 9－11 所示。

住户部门是最大的资金盈余部门，由图 9－11 可以看到，住户部门将盈余资金调剂出去的主要方式是存款，占到其金融投资总额的一半以上。随着理财意识的增强和理财产品的发展，住户部门将大量低收益的存款调整为较高收益的理财类资产，因此，包括理财在内的其他资产成为住户部门金融投资的重要渠道。投保是住户部门金融投资的第三重要方式，约占投资总额的 1/6。相对而言，证券投资规模较低，总体上来看，显示出住户部门以间接投资为主的特点。

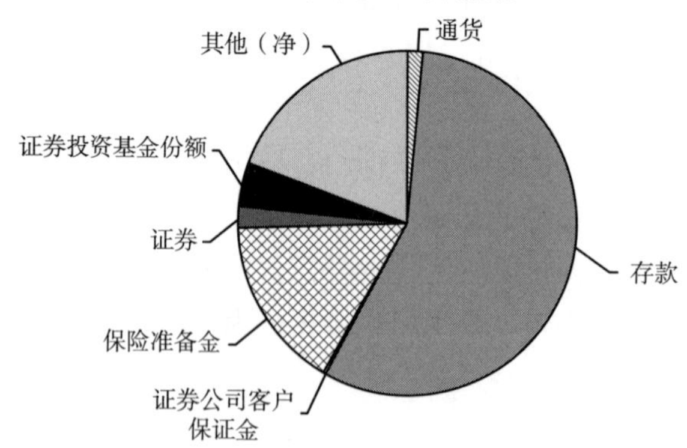

图 9－11　2018 年住户部门的金融投资结构

需要指出的是，上面所介绍的主要是资金流量静态分析的一些基本内容，在实际研究中内容极为丰富，不仅有静态分析，而且有动态分析，还可专门对某个部门的资金流量进行系统分析，或者专门针对某个交易项目进行深入的统计研究，从而对整个国民经济运行状况开展更深入的研究。

本知识点微课视频二维码

思考练习

1. 已知企业增加值 180 亿元，支付劳动报酬 60 亿元，支付生产税 10 亿元，政府生产补贴 0.2 亿元，上缴政府所得税 30 亿元，支付财产收入（包括分红、利息等）20 亿元，支付医疗、食堂、学校等非物质生产部门 5 亿元，支援灾区捐款 0.1 亿元，利息收入 1.3 亿元，资本转移收入净额 10 亿元，资本形成总额 70.4 亿元。

要求：

（1）计算企业初次分配总收入；

（2）计算企业可分配总收入；

（3）计算企业总储蓄；

（4）计算企业净金融投资。

2. 某企业在一时期内购入机器设备价值 3500 万元，同期报废生产机器一台价值 460 万元，购入软件花费 320 万元，获赠一片土地价值 4300 万元，出售厂房一块价值 1400 万元。同时期初原材料价值 450 万元，半成品和产成品价值 630 万元；期末原材料价值 670 万元，半成品和产成品价值 840 万元。

要求：根据以上材料，计算该企业本期的固定资本形成总额、存货增加以及资本形成总额。

参考文献

［1］贾生华，温海珍．房地产特征价格模型的理论发展及其应用［J］．外国经济与管理，2004（5）：42－44＋49.

［2］孙玉环．房地产特征价格指数编制方法与应用研究——以大连市商品住宅市场为例［M］．北京：中国社会出版社，2009：65－140.

［3］罗竟佳．基于 PCA/ICA 的多数据流关联及模式发现［D］．大连：大连理工大学，2009.

［4］游家兴．如何正确运用因子分析法进行综合评价［J］．统计教育，2003.

［5］周志华．机器学习［M］．北京：清华大学出版社，2016.

［6］（美）卡巴科弗著，王小宁等译．R 语言实战（第 2 版）［M］．北京：人民邮电出版社，2016.

［7］高敏雪，李静萍，许健．国民经济核算原理与中国实践（第 4 版）［M］．北京：中国人民大学出版社，2018.

［8］Banker R D，Charnes A，Cooper W W．Some Models for Estimating Technical and Scale Inefficiencies in DEA［J］．Management Science，1984，32：1613－1627.

［9］Charnes A，Cooper W W，Rhodes E．Measuring the efficiency of decision making units［J］．European Journal of Operational Research，1987，2（6）：429－444.

［10］Färe R，Grosskopf S，Norris M，et al．Productivity growth，technical progress，and efficiency change in industrialized countries［J］．The American Economic Review，1994，84（1）：66－83.

［11］Mohamed El Fodil Ihaddaden（2020）．farrell：Interactive Interface to Data Envelopment Analysis Modeling based on the Benchmarking R package. R package version 0. 2. 0. https：//github. com/feddelegrand7/farrell.

［12］Wilson P W．FEAR：A software package for frontier efficiency analysis with R［J］．Socio-Economic Planning Sciences，2008，42（4）：247－254.

［13］Tone K．A slacks－based measure of efficiency in data envelopment analysis［J］．European Journal of Operational Research，2001，130（3）：498－509.

图书在版编目（CIP）数据

统计学专业综合实验/宋马林主编. —北京：经济科学出版社，2022. 1

ISBN 978 -7 -5218 -3061 -3

Ⅰ. ①统… Ⅱ. ①宋… Ⅲ. ①统计学 - 实验 - 高等学校 - 教材 Ⅳ. ①C8 -33

中国版本图书馆 CIP 数据核字（2021）第 232242 号

责任编辑：初少磊　杨　梅
责任校对：郑淑艳
责任印制：范　艳

统计学专业综合实验
宋马林　主编
杨烨军　崔连标　副主编
经济科学出版社出版、发行　新华书店经销
社址：北京市海淀区阜成路甲 28 号　邮编：100142
总编部电话：010 -88191217　发行部电话：010 -88191540
网址：www. esp. com. cn
电子邮箱：esp@ esp. com. cn
天猫网店：经济科学出版社旗舰店
网址：http://jjkxcbs. tmall. com
北京季蜂印刷有限公司印装
787 ×1092　16 开　17. 25 印张　350000 字
2022 年 4 月第 1 版　2022 年 4 月第 1 次印刷
ISBN 978 -7 -5218 -3061 -3　定价：60. 00 元
（图书出现印装问题，本社负责调换。电话：010 -88191510）